U0331843

企业财税合规一本通

毛伟峰 著

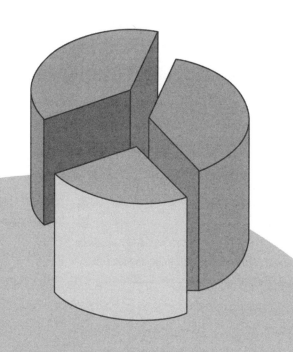

清华大学出版社
北 京

内 容 简 介

金税四期启动后，企业面临的财税风险与日俱增，财税合规是企业规避财税风险的根本之道。本书基于作者多年的行业实操经验和实际案例，从企业顶层设计、账务处理、资金管理、业务开展、纳税申报、节税避税、税务稽查与财税合规体系建设等角度剖析了企业财税领域的主要风险点，并针对具体问题给出了切实可行的合规化处理方法和应对策略。

本书有案例、有方法、有工具、有流程，对企业所有者、决策者、财税人员和法务工作者都有较高的参考价值和指导意义。

本书封面贴有清华大学出版社防伪标签，无标签者不得销售。

版权所有，侵权必究。举报：010-62782989，beiqinquan@tup.tsinghua.edu.cn。

图书在版编目（CIP）数据

企业财税合规一本通 / 毛伟峰著 . -- 北京：清华
大学出版社，2025.1. -- (新时代·管理新思维).
ISBN 978-7-302-68117-5

Ⅰ. F279.23；F812.423

中国国家版本馆 CIP 数据核字第 2025M9W008 号

责任编辑：刘　洋
封面设计：徐　超
版式设计：方加青
责任校对：王荣静
责任印制：沈　露

出版发行：清华大学出版社
　　　　网　　　址：https://www.tup.com.cn，https://www.wqxuetang.com
　　　　地　　　址：北京清华大学学研大厦 A 座　　　　邮　　编：100084
　　　　社 总 机：010-83470000　　　　　　　　　　邮　　购：010-62786544
　　　　投稿与读者服务：010-62776969，c-service@tup.tsinghua.edu.cn
　　　　质 量 反 馈：010-62772015，zhiliang@tup.tsinghua.edu.cn
印 装 者：大厂回族自治县彩虹印刷有限公司
经　　销：全国新华书店
开　　本：170mm×240mm　　　　印　张：17.5　　　字　　数：294 千字
版　　次：2025 年 3 月第 1 版　　　印　次：2025 年 3 月第 1 次印刷
定　　价：79.00 元

产品编号：107291-01

自 序

FOREWORD

在 2022 年底的第三届"一带一路"税收征管合作论坛上，时任国家税务总局局长王军透露了金税四期的最新动向，王局长明确表示，金税四期开发工作即将完成。一时间，金税四期成为财税圈的热词。

自从 1994 年分税制改革后，金税工程各期建设相继启动，已历经一、二、三期。其中，金税一期聚焦增值税专用发票，部署应用增值税专用发票交叉稽核系统，探索了"以票管税"的新做法；金税二期聚焦增值税发票开票、认证、报税和稽核等，探索实施全链条监管体系，构建增值税"以票管税"新机制；在此基础上，2016 年开始实施金税三期，面向税收征管主要业务、工作流程、岗位职责，构建税收征管新体系，并在国税、地税征管体制改革之后并库上线，实现原国税、地税两套系统流程统一、数据合流和功能升级。至此，金税工程成为覆盖所有税费种类、支撑税务人员在线业务操作、为纳税人提供涉税事项办理业务的信息系统。金税四期是运用高科技手段，结合我国税收管理实际设计的高科技管理系统，将全天候、全流程、全方位服务企业。金税四期一旦全面推开，我国将迎来"以数治税"时代。

我从事财务工作已有 20 多年，做财务咨询工作也有 8 年，近期有部分企业担心金税四期发现其违法行为，向我打听和学习如何规避或应对金税四期的全面监控，这种做法不可取，即使违法行为一时未被金税四期监控系统发现，未来也会有更加完善的金税五期、金税六期出现。税务机关开发的监控系统日益先进，监管能力也日趋强大，且税务机关对于欠税有终身追讨权，不受时效约束。值得注意的是，很多违法行为曝光并不是来自税务机关的主动稽查，而是被上下游企业违法行为牵连出来或来自知情人举报。因此，并不是违法行为暂时未被金税四期发现，企业就可以高枕无忧。

随着税收大数据应用不断深入，各项税务稽查和监管越发严格。作为企业来说，想要长远发展，应该尽早实现财税合规，规避风险，金税四期正是要倒逼企业实现合规经营。

无论是金税几期，企业决策都应考虑税收成本。税收成本是企业的法定成本，只要交易行为、持有的财产或所得符合税收法定构成要件，企业便需履行纳税义务。因此，企业在作出投资、采购、生产、销售、人才招聘和股权激励等决策前，应考虑将会产生什么税，产生多少税，是否可以选择少缴税且合法的交易方式、经营模式等，而不是完全不考虑税收成本，待作出决策并实施后又为了少缴税而逃税或虚开发票。

企业实现财税合规，应从规范自身纳税行为入手，不要看到别人做两本账自己也做两本账，别人虚开发票自己也跟着虚开发票，不要想当然地认为不虚开发票企业就无法生存。国家在立法、制定税务规范性文件时，除了考虑国家税收的及时足额入库外，还会考虑企业生存问题，因此制定了很多税收优惠政策。近年来，国家减税降费力度很大，但部分企业因为缺乏专业指导而没有享受到这些政策，它们为达到少纳税的目的而盲目设立私人账户隐瞒收入，或者通过虚开发票虚增成本，这些做法都不可取。

在数字化时代，合理、合法、合规纳税才是企业立于不败之地的基础。从这个角度来讲，企业也许需要专业财税指导，才能更好地享受税收优惠政策，精准纳税，从而平衡成本。

一家企业要生存发展，需要全体员工的努力，也需要国家创造的良好经营环境。当企业产生盈利后，需要分成三份，一份以税收的方式交给国家，一份以薪酬福利的方式分给员工，最后一份留给创业者本身，这样企业才能合规经营、稳健发展。

最后，希望各家企业尽早规划好财务合规路径，早日做到财税合规，减少财税风险，使企业健康地发展。

毛伟峰

经济学家林毅夫指出:"合规管理是依法治企的必经之路。"

合规(compliance),是指企业及其员工在开展业务时应符合本国及业务所在国的法律法规、企业内部的规章制度及职业操守和行业公认并普遍遵守的职业道德和行为准则等。

合规是影响企业正常经营的最重要因素之一,也是企业竞争力提升及实现可持续发展的基本保障。

企业合规涵盖企业经营的方方面面,如公司治理、合同管理、反垄断、劳动用工、知识产权、财务与税收、网络与数据安全、海外投资经营等。

管理学上有一个著名的"木桶理论"(Cannikin Law):用一个木桶装水,如果组成木桶的木板参差不齐,那么,木桶能盛多少水,是由最短的那块木板所决定的。

如果将企业比作一只木桶,企业的研发、生产、质量、技术、市场、销售、信息管理组成了一个木桶,那么,制约企业发展与企业合规的短板是什么呢?

我发现很多企业管理者是技术或业务出身,具备财税专业背景的管理者寥寥无几,导致企业在财税合规与内控管理上的认知和技能都比较匮乏,财税管理与财税合规是众多企业的短板。

据不完全统计,公司的风险有80%来自财税风险,有60%以上的企业存在中度以上的财税风险。

企业面临严峻财税风险的根源在于内部缺乏严格的财税内控与合规制度,存在各种不合规的财税操作,在面对复杂的税收监管政策法规时,容易出现税务风险。尤其是随着金税四期的启动、国内税制的进一步完善、大数据技术的普遍应用,企业正面临来自税务机关越来越严格的监管和较大的涉税风险。在 2021 年的税务稽查中，仅"虚开发票"这一项，被查处的企业就多达44 万家。

时代在变，环境在变，企业需要改变现状，摒弃惯性思维和路径依赖，积极拥抱财税合规，尽快融入税收监管新形势，才能真正做到高枕无忧。

财税合规管理，是现代企业管理的必修课，也是基本功，科学实施财税合规管理对企业有着重大意义，不仅可以提升企业在经济市场中的竞争性，还能助力企业规避风险，同时也有利于推动企业内部责任制度的落实，提高企业经营管理水平，实现企业可持续发展。

推进财税合规进程，需紧密结合企业所处的财税政策环境，本书第一篇阐述的正是财税合规环境。当下而言，最值得企业关注的政策环境莫过于新公司法的出台及金税四期的全面实施，随着税、警、关、银、检、法协作联动机制的不断完善，它们将会对企业财税合规实操产生重大影响，企业财税合规管理将成为企业实现规范化、现代化治理，持续健康发展的必由之路。

财税合规体系是本书第二篇要讲解的内容，企业财税合规管理体系是企业合规顶层设计、组织制度和企业合规管理制度的总称。它是企业财税合规的"程序法"，是企业财税合规的组织与制度保障。

企业应当建立财税合规管理体系，做好财税合规的顶层设计，打造完善的财税合规内控系统，确保所有业务活动都遵守相关的法律法规。要求企业从决策层到管理层，再到员工层，都具备一定的合规意识，定期开展培训和宣传活动。必要时，企业可以和第三方专业机构开展合作，获取专业的财税合规服务。

企业财税合规，通俗来讲，包含两大部分内容，即财务合规和纳税合规，也是本书第三、四篇所要讲解的内容。

财务合规要遵循会计准则，纳税合规需遵循税法，两者既有联系又有区别。要注意的是，税务合规，财务不一定合规；财务合规，税务不一定合规。二者要作为一个整体来考量，统一辩证地看待。

经营过程中，企业常常会出现一些不合规的财务处理方式，包括：发票虚开；个人流水太大，公私不分；账外资金回流；库存账实不符，货币资金账实不符；支出无票、取得不合规票据；账外收款，隐匿收入等。诸如此类的违规操作，是企业财税风险的集中爆发点。

第三篇分享的财务合规内容，不仅能帮助企业规避上述违规操作，还能让企业建立合规的账务、资金管理机制，同时在业务开展、合同管理和劳动用工领域帮助企业"知合规之意，行合规之道"。

本书第四篇内容核心为纳税合规，所谓纳税合规，是指企业各项业务都要遵从税法的规定，依法纳税。税法不是单一概念，包括增值税、企业所得税、个人所得税、消费税、印花税等。每个税种（tax type），都有严谨而细致的规定。企业的每项业务，都需要匹配到具体的税法条目。有时，一项业务可能还会涉及多项税法规定，需要企业去了解自己应该按税法缴纳哪些税款，并遵守相应的要求。

纳税合规的意义在于：一方面可以帮企业"赚钱"，近年来，财政部、税务总局为减轻企业负担，出台了大量的税收优惠政策，只有做到合规纳税，才能用好、用对税收优惠政策为企业谋利益；另一方面可以避免给企业和企业家带来损失与风险，如果企业涉嫌虚开发票、偷税等行为，不仅企业要面临巨额的罚款，企业家甚至可能因此而锒铛入狱。

财税合规对于企业而言至关重要，它涉及企业的合法性、稳定性和可持续性。如果企业不遵守相关的法律法规，将会面临一系列潜在的风险和损失。本书将从以上四篇来详细介绍财税合规的实操方法与策略，帮助企业更好地管理财务和税务，规避财税风险。

目　录　　CONTENTS

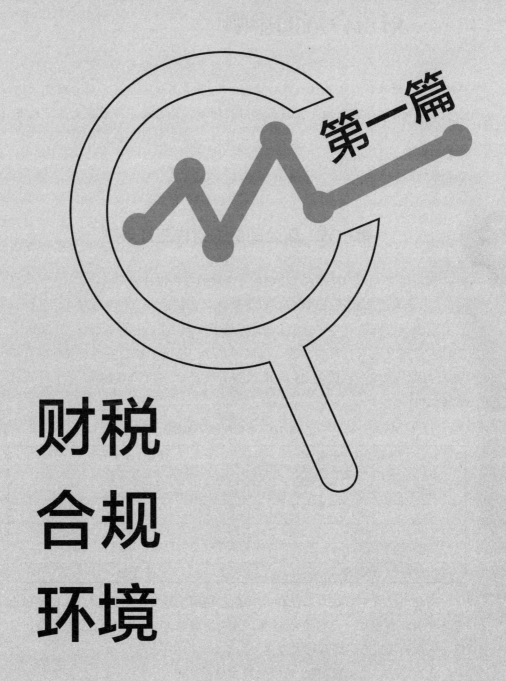

第一篇

财税
合规
环境

第一章 法律环境：新公司法对企业财税合规的影响

新公司法在注册资本、实缴资本、出资形式、股东与实控人的权利、企业注销等方面增加了很多新规定，一系列的改变必将引起一系列的企业实务和财税问题，公司股东与管理者应重新审视股权架构、公司注册、减资与注销等问题，提前做好谋划，化解潜在财税风险。

第一节 新公司法的财税王炸条款

新公司法[①]，严格来讲，其实是公司法的最新修订版。

《中华人民共和国公司法》（以下简称《公司法》）自1993年12月29日公布以来，已历经大大小小六次修订或修正（表1-1）。第六次修订于2019年启动，经过全国人大常委会四次审议，并经广泛征求社会各界意见，修订后的公司法于2023年12月29日正式审议通过，并于2024年7月1日正式施行。

表1-1　公司法修订情况

修订（正）时间	修订（正）范围
1999 年	个别条款
2004 年	个别条款
2005 年	全面修订
2013 年	个别条款
2018 年	个别条款
2023 年	全面修订

新公司法共十五章、二百六十六条，实际增减、修改超过1/4，在股东出资责任与权益保护、公司资本制度、公司治理制度、公司决议效力、公司登记与注销等规定方面均有较大变化。

此次修法，堪称自1993年以来最大规模的修订，对理论、实务之影响极

---

① 全称为《中华人民共和国公司法》。

为深远。作为商事领域最基本的法律，新公司法必然会重新塑造中国的企业生态。其中，涉及企业财税领域的修订条款众多，下面重点讲一下称得上王炸级的财税条款修订，权做抛砖引玉。

一、认缴制改为限期实缴制

本次修订前的公司法，注册资本为认缴制（2013年修正）。所谓认缴制，通俗来讲，即股东可以自行约定一个出资期限，可以是10年、20年、50年，甚至更久，其间无须实际缴纳注册资本金，不仅有违真实性原则，也有悖于客观常识。

自2013年公司法全面实施注册资本认缴登记制以来，有效解决了实缴登记制下市场准入资金门槛过高制约创业创新、注册资金闲置、虚假出资验资等突出问题。注册资本认缴登记制度放宽了市场准入限制，提高了股东资金使用效率，降低了资本登记交易成本，强化了公司主体责任，并在推进公司治理现代化、夯实经济发展微观基础、优化营商环境等方面发挥了积极作用。同时，也带来了一些消极影响，由于注册公司无须股东实际出资，创业变得草率，甚至可能促使部分人盲目地投身创业，从而催生出大量的空壳公司、皮包公司，一方面虚化了注册资本表示公司资金信用的作用，增加了市场交易信用的判断评估成本，以致出现公司多年实际出资为"零"的现象；另一方面在法律制度层面弱化了对公司股东出资的法律约束，客观上影响了投资的真实性和有效性，提高了发生债权股权纠纷的概率，对市场环境造成了很大的干扰，造成了资源浪费。

鉴于此，新公司法对公司出资方式作出了重大调整，由无限期认缴制改为限期认缴制（表1-2）。

表 1-2　新旧公司法出资条款对比

2018版公司法	2023版公司法	修订要点
第二十六条　注册资本有限责任公司的注册资本为在公司登记机关登记的全体股东认缴的出资额。法律、行政法规以及国务院决定对有限责任公司注册资本实缴、注册资本最低限额另有规定的，从其规定	第四十七条　有限责任公司的注册资本为在公司登记机关登记的全体股东认缴的出资额。**全体股东认缴的出资额由股东按照公司章程的规定自公司成立之日起五年内缴足。**法律、行政法规以及国务院决定对有限责任公司注册资本实缴、注册资本最低限额、股东出资期限另有规定的，从其规定	增加有限责任公司自公司成立之日起五年内缴足出资额的规定

新公司法第二百六十六条规定：

本法施行前已登记设立的公司，出资期限超过本法规定的期限的，除法律、行政法规或者国务院另有规定外，应当逐步调整至本法规定的期限以内；对于出资期限、出资额明显异常的，公司登记机关可以依法要求其及时调整。具体实施办法由国务院规定。

该条规定关注点为：认缴制改为限期实缴制，适用范围不仅包括新成立的公司，也包括存量公司。新公司法施行前已经设立的公司，股东认缴出资期限将逐步调整为不超过五年，对于过往有些公司认缴期限为数十年甚至为长期的，公司登记机关将要求其及时调整。

二、认缴出资额加速到期

新公司法第五十四条规定：

公司不能清偿到期债务的，公司或者已到期债权的债权人有权要求已认缴出资但未届出资期限的股东提前缴纳出资。

尽管新公司法第四十七条规定股东可以在五年内缴足认缴的出资额，但如果公司不能清偿到期债务，为了保护债权人的利益，公司或者债权人有权要求股东提前缴纳出资。此为新公司法的认缴出资加速到期制，明显区别于原认缴制。

三、新增股权、债权作为非货币财产的出资形式

新公司法新增了股权、债权作为非货币财产的出资方式（表 1-3）。

表 1-3　新旧公司法非货币财产出资条款对比

2018 版公司法	2023 版公司法	修订要点
第二十七条　出资方式 股东可以用货币出资，也可以用实物、知识产权、土地使用权等可以用货币估价并可以依法转让的非货币财产作价出资；但是，法律、行政法规规定不得作为出资的财产除外。 对作为出资的非货币财产应当评估作价，核实财产，不得高估或者低估作价。法律、行政法规对评估作价有规定的，从其规定	第四十八条　股东可以用货币出资，也可以用实物、知识产权、土地使用权、**股权**、**债权**等可以用货币估价并可以依法转让的非货币财产作价出资；但是，法律、行政法规规定不得作为出资的财产除外。 对作为出资的非货币财产应当评估作价，核实财产，不得高估或者低估作价。法律、行政法规对评估作价有规定的，从其规定	新增"股权、债权"作为非货币财产的出资形式

上述规定，新增了股权、债权等出资形式，但股权、债权出资属于非货币财产出资，应当经过严格的评估程序，并办理相应的产权过户、权利转让等手续，才合法有效。另外，股权、债权出资不涉及增值税，但涉及所得税（企业所得税或个人所得税）。

四、连带责任、赔偿责任及失权制度

新公司法增加了公司股东的违约责任和董事会的相关责任及处罚条款。

（一）前后股东连带责任

新公司法第八十八条规定：

股东转让已认缴出资但未届出资期限的股权的，由受让人承担缴纳该出资的义务；受让人未按期足额缴纳出资的，转让人对受让人未按期缴纳的出资承担补充责任。

未按照公司章程规定的出资日期缴纳出资或者作为出资的非货币财产的实际价额显著低于所认缴的出资额的股东转让股权的，转让人与受让人在出资不足的范围内承担连带责任；受让人不知道且不应当知道存在上述情形的，由转让人承担责任。

股权转让并非一转了之，受让人如果不按期足额缴纳出资，转让人也要承担责任。且无论中间转让几次，整个转让链条上的参与人都有可能承担相关责任。

（二）新增董事会（董事）对股东出资的催缴义务及赔偿责任

新公司法第五十一条规定：

有限责任公司成立后，董事会应当对股东的出资情况进行核查，发现股东未按期足额缴纳公司章程规定的出资的，应当由公司向该股东发出书面催缴书，催缴出资。

未及时履行前款规定的义务，给公司造成损失的，负有责任的董事应当承担赔偿责任。

董事会对股东的出资情况要做到催缴、审查；否则，有可能承担赔偿责任。

（三）将股东出资不足对股东承担违约责任修订为对公司承担赔偿责任

修订前的公司法规定，股东未按期足额缴纳出资的，除应当向公司足额缴纳外，还应当向已足额缴纳出资的股东承担违约责任。而修订后的公司法则规定，未按期足额缴纳出资的股东，对给公司造成的损失承担赔偿责任（表1-4）。

表1-4　新旧公司法出资条款对比

2018版公司法	2023版公司法	修订要点
第二十八条　出资义务 股东不按照前款规定缴纳出资的，除应当向公司足额缴纳外，还应当向已按期足额缴纳出资的股东承担违约责任	第四十九条　股东应当按期足额缴纳公司章程规定的各自所认缴的出资额。 股东未按期足额缴纳出资的，除应当向公司足额缴纳外，**还应当对给公司造成的损失承担赔偿责任**	新增股东未足额缴纳出资额的赔偿责任

（四）明确规定公司可以对未足额出资的股东除权（失权制度）

新公司法第五十二条规定：

股东未按照公司章程规定的出资日期缴纳出资，公司依照前条第一款规定发出书面催缴书催缴出资的，可以载明缴纳出资的宽限期；宽限期自公司发出催缴书之日起，不得少于六十日。宽限期届满，股东仍未履行出资义务的，公司经董事会决议可以向该股东发出失权通知，通知应当以书面形式发出。自通知发出之日起，该股东丧失其未缴纳出资的股权。

公司股东未按规定出资，有可能导致股东资格的丧失。原来的股东资格丧失至少需要股东会决议通过，而新公司法规定只需经董事会决议就可向股东发出失权通知。

第二节　存量公司如何平稳过渡

新公司法中最受瞩目的条款要数"变无限期认缴制为有限期认缴制"，且该规定对存量公司同样生效。

2013年公司法规定了公司认缴登记制。随后10年间，投资者按照登记认缴制设立了众多公司。国家市场监督管理总局统计，我国公司数量从2014年的1 303万户增长至2023年11月底的4 839万户，增长了2.7倍，其中99%属于小微企业。

该期间新注册的公司绝大多数都面临着实缴制的挑战，如果处理不善，将会带来一系列财税风险，如何合法合规地应对这一挑战，是很多公司都要面临的一道关卡。

针对实缴的新规定，公司有三种调整方式。

一、减资

如果公司存在注册资本虚高的情况，或无法在规定期限内完成实际出资，要及时减资。

减资后，企业仍然要面临实际出资的问题，要在规定期限内完成出资。否则，逾期出资将会面临罚款、股东资格丧失等处罚。

出资过程中要注意两个问题。

（一）利用过桥资金出资

新公司法出台前，某些需要出资而又没有资金的股东，通常会采取利用过桥资金进行出资的方式，即将过桥资金打入公司账户，造成已出资的假象，完成出资后便快速转出。

股东利用过桥贷款资金出资的行为会被认定为抽逃出资，对公司债务需承担补充赔偿责任。

▶【案例 1-1】
股东利用过桥资金出资，承担补充责任

深圳 A 公司于 2016 年 12 月 5 日成立，股东为张某（持股比例为 47%，出资额 47 万元）、周某（持股比例为 53%，出资额 53 万元）。

2022 年 8 月 6 日，该公司注册资本由 100 万元增加为 1 100 万元，验资报告证明了张某、周某增资的事实，变更后股东为张某（持股比例为 47%，出资额 517 万元）、周某（持股比例为 53%，出资额 583 万元）。

该笔 1 000 万元的增资，实为两位股东借来的过桥资金，在验资完成后当日即被转出，且一直未再转回到公司账户。

后因 A 公司欠付客户 B 公司货款 145 万元，B 公司诉至法院，要求 A 公司偿还欠款，股东张某、周某承担连带责任。B 公司申请法院调出了 A 公司 1 000 万元增资转出的银行转账记录。A 公司股东张某、周某主张该款项用于购买设备，但未提供证据。

本案经深圳中院一审、广东高院二审、最高院再审，最终判定：张某、周某在各自抽逃出资的范围内承担补充责任。

利用过桥资金虚假出资，又快速转出，很容易被认定为抽逃出资，风险

极大，应予以规避。虚假出资本身也会面临处罚，新公司法第二百五十二条规定：

公司的发起人、股东虚假出资，未交付或者未按期交付作为出资的货币或者非货币财产的，由公司登记机关责令改正，可以处以五万元以上二十万元以下的罚款；情节严重的，处以虚假出资或者未出资全额百分之五以上百分之十五以下的罚款；对直接负责的主管人员和其他直接责任人员处以一万元以上十万元以下的罚款。

（二）实缴资本到账后待多久

实缴资本进入公司账户后要待多久，并没有固定的时间限制。不过，实缴资本一旦进入公司账户，就不能再随意转到股东个人账户，应当用于公司正常的经营支出和采购支出。比如，用来采购原材料、支付工资、招待费、差旅费、房租、税费等，只要能提供相应的票据即可。甚至，公司账户中的钱也可以借给股东使用，但股东借款需要在每年的 12 月 31 日前还回，否则容易被认定为股东分红或资金抽逃。

总之，进入公户的出资款，是不能再随意放到股东的个人口袋的，除非以分红的名义转出，但需要缴纳个人所得税。

从该角度看，其实新公司法对出资条款的新规定，从一定程度上也是为了增加税收，出资款一旦进入公司账户，必然要涉及各种增值税、所得税等。

（三）利用虚假无形资产出资

新公司法规定股东可以利用股权、债权等在内的无形资产进行出资，于是便有中介机构提出所谓的"注册资本限期实缴的解决方案"，即蛊惑股东申报虚假知识产权、虚假评估后作为股东出资。

该方案有以下几个方面的风险。

（1）虚假的知识产权涉及虚假出资问题，涉及刑法。

（2）虚假的知识产权出资后，相关的无形资产与生产经营无关，其摊销不得税前扣除，涉及企业所得税。

（3）股东在公司经营期间取得的与公司经营业务相关的知识产权会被认定为职务发明。职务发明属于公司资产，股东不得用其作为股东个人资产增资，相关的摊销也不得税前扣除。

（4）无形资产出资涉及股东个人 20% 的个人所得税。

因此，如果涉及无形资产的虚假出资，风险极大，得不偿失。

二、股权变更转让

相关公司如果已经确认到期不能缴纳注册资本金的话，也可以考虑转让股权。根据《股权转让所得个人所得税管理办法（试行）》的规定，股东如果低价转让股权需要有正当理由，比如：

（1）能出具有效文件，证明被投资企业因国家政策调整，生产经营受到重大影响，导致低价转让股权。

（2）继承或将股权转让给其能提供具有法律效力身份关系证明的亲人。

（3）相关法律、政府文件或企业章程规定，并有相关资料充分证明转让价格合理。

（4）股权转让双方能够提供有效证据证明其合理性的其他合理情形。

如果无正当理由，税务机关将会进行核定。

▶【案例 1-2】

零元转让股权不合法

王某名下有一家有限责任公司，注册资金 100 万元，全部属于认缴，实收资本为 0 元，王某 100% 控股。经过两年经营，公司账上有未分配利润 100 万元，即净资产 100 万元。王某现在要将公司股权全部转让给刘某，股东决议中标明的转让价格 0 元。

请问：该股权转让价格 0 元是否合法？0 元价格不合法，需要核定股权转让收入。计算方法如下：

（1）股权对应的净资产公允价值份额 =100 万元 ×100%=100（万元）。

（2）因此核定股权转让价格 =100（万元）。

正如上述案例，对于股权转让，主管税务机关通常会利用净资产核定法来核定股权转让收入，即股权转让收入要按照每股净资产或股权对应的净资产份额进行核定。

实际转让价格低于核定价格的转让行为，都是不合法的。

三、注销公司

如果公司股东既无力完成出资，股权也没有转让的价值和可能性，且公司没有实际业务经营，建议做注销处理。

新公司法第二百四十条规定：

公司在存续期间未产生债务，或者已清偿全部债务的，经全体股东承诺，可以按照规定通过简易程序注销公司登记。

通过简易程序注销公司登记，应当通过国家企业信用信息公示系统予以公告，公告期限不少于二十日。公告期限届满后，未有异议的，公司可以在二十日内向公司登记机关申请注销公司登记。公司通过简易程序注销公司登记，股东对本条第一款规定的内容承诺不实的，应当对注销登记前的债务承担连带责任。

此项规定，简化了公司清算、申报等注销程序。

公司注销实操中，分以下两种情况。

（一）公司没有债务

如公司没有债务，只需全体股东对公司在存续期间未产生债务或者已清偿全部债务进行承诺，便可注销公司。

（二）有债务未清偿

办理注销时，如果有到期债务不能清偿，债权人可以申请破产，按企业破产法规定，该出资额要加速到期，换言之，必须要补齐。

按照《最高人民法院关于适用〈中华人民共和国公司法〉若干问题的规定（二）》相关规定，公司解散时，股东尚未缴纳的出资均应作为清算财产。股东尚未缴纳的出资，包括到期应缴未缴的出资，以及依照公司法规定分期缴纳尚未届满缴纳期限的出资。

另外，公司注销时，账上的实收资本、未分配利润还涉及税务问题。

（一）实收资本涉税问题

公司注销时，账上的实收资本如何做税务处理，例如：某公司是一家自然人持股的公司，准备注销时账面还有 50 万元的实收资本。那么，该自然人股东在分回 50 万元实收资本时，是否需要缴纳个人所得税？

如果自然人股东仅收到 50 万元的分回款，则无须缴纳个人所得税。如果退还的款项超过 50 万元，则需要缴纳个人所得税。

（二）未分配利润涉税问题

未分配利润同样涉及纳税问题，具体分两种情况。

1.有限责任公司注销时未分配利润的涉税问题

举例来说，A 公司属于一人有限公司，近期准备注销清算，账面上存在未分配利润 100 万元，请问注销时需要缴纳个人所得税吗？

答案是需要缴纳。公司在注销清算时，账面上若是有盈余公积等，也要按照自然人股东的股份份额来计算分红的个税，A 公司的股东要按照股息红利所得缴纳 20% 的个税 20 万元。

2. 合伙（个人独资）企业注销时未分配利润的涉税问题

借一个例子来说明该问题：

B 企业属于合伙企业（或者个人独资企业），近期准备注销清算，账面上未分配利润 100 万元，请问注销时合伙人需要缴纳个人所得税吗？

合伙企业和个人独资企业的未分配利润是税后经营所得，在进行股利分配或者公司注销时都无须再缴纳税款。

简言之，在注销时，个人独资企业和合伙企业的未分配利润不需要缴纳个税，而股份有限公司和有限责任公司都是需要缴纳个人所得税的。

第三节　企业减资中的涉税处理

"你好！毛老师，我想咨询一下减资的问题。听说新公司法今年实施，注册资本要在 5 年内缴足呀？我们公司在 2017 年成立的时候申报注册资本 1 000 万元。目前情况来看，短期内可能无法实缴到位，所以想办理减资。"

2023 年 12 月 29 日，十四届全国人大常委会第七次会议表决通过新修订的《公司法》，于 2024 年 7 月 1 日起施行。公司法修订后，我接到了大量来自企业的类似关于减资的咨询。

在注册资本方面，新公司法完善了认缴登记制，由认缴制改为实缴制，同时，将实缴出资信息作为公司强制公示事项，还配套出台了催缴出资、股东失权及出资加速到期等制度，并加大了对违反实缴出资相关法律责任的行政处罚力度。

公司法曾于 2013 年修正过，当时，公司的注册资本由分期缴纳制改为认缴制，取消了最低注册资本限额，也没有规定股东出资的法定期限。

认缴制下，由于股东出资期限没有任何限制，理论上讲，公司股东可以永远不用实缴出资。因此，在实务中就出现了诸如盲目认缴、天价认缴、期限过长等突出问题，为数不少的公司出资期限甚至超过 50 年、出资数额几亿至数十亿元，违反真实性原则、有悖于客观常识。

客户赵先生是某公司的负责人、大股东，他告诉我，在 2019 年办理公司注册手续时，为了彰显实力，他原计划申报注册资本 1 000 万元，但不小心多写了一个"0"，注册资本变为 1 亿元。"现在要求实缴，实缴一个亿……这个真的挺难。"

新公司法改为实缴制，让大量认缴制下注册成立而又无力完成实缴的公司，纷纷启动了减资程序。企查查数据显示，新公司法公布后的半个多月时间内，全国就有超 1.2 万家企业完成了注册资本减资。

例如，深圳某科技有限公司发布公告，称拟将注册资本由 1 000 万元人民币减少至 50 万元人民币。这相当于注册资本缩水了 95%。2024 年 1 月 4 日，广东某上市公司也发公告称，拟将下属子公司的注册资本从 3 亿元减少至 3 500 万元。

对于注册资本比较高却几乎没有实缴资本、未来也没有实力实缴的公司，可以通过两种渠道解困。

第一，注销。长期不经营的"空壳公司""僵尸公司"，可以通过依法注销程序，一劳永逸消除经营隐患。

第二，减资。将虚高的注册资本通过合法的减资程序"瘦身"到合理的轨道上。

一、实缴缓冲期

为推动存量公司依法有序调整注册资本，《国务院关于实施〈中华人民共和国公司法〉注册资本登记管理制度的规定》已于 2024 年 7 月 1 日起实施，第二条规定为：

2024 年 6 月 30 日前登记设立的公司，有限责任公司剩余认缴出资期限自 2027 年 7 月 1 日起超过 5 年的，应当在 2027 年 6 月 30 日前将其剩余认缴出资期限调整至 5 年内并记载于公司章程，股东应当在调整后的认缴出资期限内足额缴纳认缴的出资额；股份有限公司的发起人应当在 2027 年 6 月 30 日前按照其认购的股份全额缴纳股款。

公司生产经营涉及国家利益或者重大公共利益，国务院有关主管部门或者省级人民政府提出意见的，国务院市场监督管理部门可以同意其按原出资期限出资。

该规定为存量公司设置了过渡期，便利有限责任公司调整出资期限、股份有限公司缴足股款。

二、公司减资实操流程

新公司法将公司注册资本额改为实缴制后，企业要避免走入另一个极端，即把注册资本调减得过小，在注册资本仍有其信用功能的情况下，注册资本与公司的业务尽量相匹配才是最合适的。

企业减资实操流程如图 1-1 所示。

图 1-1　企业减资实操流程

因各地办事机构要求不尽一致，详细内容请以企业所在地办事机构要求为准。

三、减资如何做税务处理

（一）对未实缴出资部分减资

企业对未实缴出资部分进行减资的情况下，公司无须向股东实际支付减资对价，公司净资产未减少，这类减资通常不产生税务影响。

▶【案例 1-3】

未实缴部分减资，不产生税费

自然人 A 和有限公司 B 作为股东在 2022 年共同设立 C 有限责任公司，持股比例分别为 40% 和 60%，股东认缴注册资本共 500 万元。设立当年，自然人 A 和有限公司 B 已经分别实缴注册资本 40 万元和 60 万元，剩余未实缴注册资本将在接下来的规定期限内缴纳。若 C 公司决定就未实缴出资部分减少注册资本 200 万元，按持股比例，自然人 A 减资 80 万元，B 公司减资 120 万元。这种情况下，减资对个人股东和企业股东都不会产生税务影响。

（二）对已实缴出资部分减资

企业对已实缴出资进行减资的情况下，若仅减少实收资本，对企业股东和个人股东来说，通常都被认为是单纯的股东投资成本收回，减少对被投资企业的长期股权投资的计税基础而无须缴税。若减资涉及被投资企业累计未分配利润和累计盈余公积的，企业股东和个人股东分别适用企业所得税法和个人所得税法下不同的规定。

1. 企业股东减资的税务处理

根据《国家税务总局关于企业所得税若干问题的公告》（国家税务总局公告 2011 年第 34 号）第五条的规定，投资企业从被投资企业撤回或减少投资，其取得的资产中，相当于初始出资的部分，应确认为投资收回；相当于被投资企业累计未分配利润和累计盈余公积按减少实收资本比例计算的部分，应确认为股息所得；其余部分确认为投资资产转让所得，应作为企业应纳税所得额，按企业所得税适用税率纳税。

2. 个人股东减资的税务处理

根据《国家税务总局关于个人终止投资经营收回款项征收个人所得税问题的公告》（国家税务总局公告 2011 年第 41 号）第一条的规定，个人因各种原因终止投资、联营、经营合作等行为，从被投资企业或合作项目、被投资企业的其他投资者以及合作项目的经营合作人取得股权转让收入、违约金、补偿金、赔偿金及以其他名目收回的款项等，均属于个人所得税应税收入，应按照财产转让所得项目适用的规定计算缴纳个人所得税，税率为 20%。

▶【案例 1-4】────────────────────

个人股东减资的涉税处理

自然人甲和有限责任公司乙作为股东，在 2020 年共同设立 A 有限责任公司，股份比例分别占 40% 和 60%。股东认缴注册资本共 500 万元，且在 2020 年设立时已经全部实缴出资。截至 2024 年 1 月 1 日，A 公司未分配利润为 100 万元。若 A 公司决定在 2024 年 1 月 1 日减资 300 万元，其中减少注册资本 200 万元，减少未分配利润 100 万元。按照持股比例，自然人甲减少注册资本涉及金额 80 万元，乙公司减少注册资本涉及金额 120 万元，自然人甲分配利润所得 40 万元，乙公司分配利润所得 60 万元。

因此，自然人甲共收到现金 120 万元，对 A 公司的长期股权投资计税基础相应减少 80 万元，确认财产转让所得 40 万元，该部分所得应缴纳个人所得税 40 万元 × 20%=8 万元。乙公司共收到现金 180 万元，对 A 公司的长期股权投资计税基础相应减少 120 万元，确认投资资产转让所得为 60 万元，需按相应税率缴纳企业所得税 60 万元 × 25%=15 万元。

实务中，除股东间等比例减资外，企业还可能存在定向减资的情况。做定向减资，股东之间如何确定减资金额以及减资后的股权比例计算较为复杂，企业须按实情谨慎处理。

第二章 政策环境：金税四期倒逼企业财税合规化

功能强大的金税四期在全国各大省区市逐步落地试点，税务管理实现了从"以票控税"到"以数治税"的全新升级。金税四期利用大数据、云计算等技术手段，实现了对企业的全面监控，能够及时发现企业的异常情况和违法行为，如零申报、虚开发票、虚列费用、隐瞒收入等。企业对应行为一旦被发现，将会受到严厉的处罚，如罚款、没收、追缴、纳入黑名单等。

税收领域已经迈入"强制规范"的新纪元，倒逼企业不得不进行合规经营、诚信纳税。

第一节　纳税政策：金税四期监管新动态

纳税政策，企业需要特别关注金税四期，金税工程是国家贯彻落实税收政策、进行税收征管的重要依托及平台。

金税四期是我国金税工程的构成部分，是一个覆盖全国的庞大税收征管系统，在我国经济社会生活中发挥着举足轻重的战略作用。金税工程已经经历了一期、二期和三期，当前，金税四期已开始在全国范围内试点。

金税四期是国家税务总局用来监管企业的一项重要工具，是智慧税务，是金税三期的"打怪升级"版。举个例子，玩吃鸡游戏，如果一直吃不到鸡，该怎么办？花钱买装备，更新装备。税务机关也一样，为了"打怪"（打击不合规的企业），同样需要升级装备，这就是金税四期的由来。

一、金税工程发展简史

金税工程从一期到四期，一直致力于推动税收征管方式从"收税"到"报税"再到"算税"，税收征管流程从"上机"到"上网"再到"上云"，税收征管效能从"经验管税"到"以票控税"再到"以数治税"（表2-1）。

表 2-1 金税工程发展简史

经验管税	1979 年	引入增值税
	1994 年	1. 增值税由价内税调整为价外税 2. 国发〔1993〕85 号：推行分税制改革，国税与地税分离 3. 增值税、营业税、消费税三大税种为主的流转税体系确立 4. 金税工程一期启动
	1995 年	**金税一期**在全国 50 个试点单位上线
	1996 年	金税一期因手工采集数据、错误率高等问题，停止运行
	1998 年	**金税二期**启动，建设交叉稽核系统，试点防伪税控系统
	1999 年	停止发售 10 万元手写发票
	2002 年	停止发售 1 万元手写发票
	2003 年	国税函〔2003〕817 号：陆续全面停止手写发票，手写版专用发票一律不得作为增值税扣税凭证。金税二期共上线四个子系统： 1. 增值税防伪税控开票子系统 2. 防伪税控认证子系统 3. 增值税稽核子系统 4. 发票协查信息管理子系统
以票控税	2005 年	国务院审议通过金税三期工程项目建议书
	2007 年	国家发改委批准金税三期工程可行性研究报告
	2008 年	国家发改委正式批准初步设计方案和中央投资概算，标志着**金税三期**工程正式启动
	2013 年	建设"一个平台、两级处理、三个覆盖、四个系统"全方位大数据税务识别系统
	2016 年	财税〔2016〕36 号：全面推行营改增，增值税成为我国最主要流转税税种
	2018 年	中共中央办公厅、国务院办公厅印发《国税地税征管体制改革方案》，国税、地税合并
以数治税	2021 年	**金税四期**启动，在金砖国家税务局长会议上，国家税务总局局长王军发言称，我国正在向"以数治税"时期迈进，金税四期启动实施建设。 中共中央办公厅、国务院办公厅印发《关于进一步深化税收征管改革的意见》，要求着力建设以服务纳税人缴费人为中心、以发票电子化改革为突破口、以税收大数据为驱动力的具有高集成功能、高安全性能、高应用效能的智慧税务
	2023 年	基本建成税务执法新体系、税费服务新体系、税务监管新体系
	2025 年	预计将基本建成功能强大的智慧税务，实现以数治税

二、金税四期的主要功能

从金税一期到金税四期，可以看出国家在税收监管上是逐步在收紧，革新征收方式的技术手段也在发生质的变化。

发展到金税三期，功能已经非常强大，它是一项全面的税收管理信息系统工程，依托大数据和云计算等新技术手段，通过互联网将市场监管、公安、税务、社保、统计、银行等相关行政管理部门权限打通，实现了同其他部门的联网，金税三期致力于搭建"一个平台、两级处理、三个覆盖、四个系统"。

（1）一个平台。一个平台指包含网络硬件和基础软件的统一的技术基础平台。

（2）两级处理。两级处理是指依托统一的技术基础平台，逐步实现数据信息在总局和省局集中处理。

（3）三个覆盖。三个覆盖指应用内容逐步覆盖所有税种，覆盖所有工作环节，覆盖国地税，并与相关部门联网。

（4）四个系统。四个系统指通过业务重组、优化和规范，逐步形成以征管业务系统为主，包括行政管理、外部信息和决策支持在内的四个应用系统软件。

而金税四期是"以数治税、以数控税"，也就是用大数据来治税，属智慧税务。

金税四期，在延续金税三期系统强大功能的基础上，核心功能保持不变，新增加的功能主要包括以下方面（图2-1）。

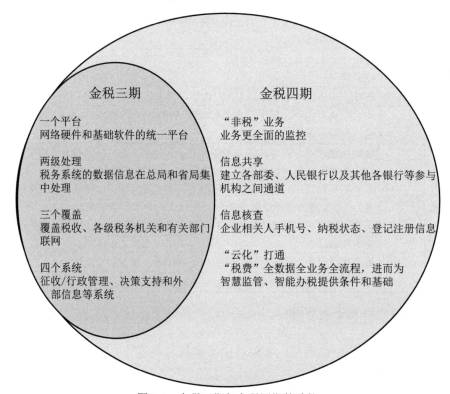

图 2-1　金税三期与金税四期的功能

（1）非税业务管控，企业最关注的社保也将纳入税务机关管理，并通过金税四期工程进行征管。

（2）与人民银行的信息联网，进行严格的资金管控。

（3）企业相关人员身份信息及信用的管控。

（4）云化服务，全流程智能办税。

金税四期的特点可以用四个"全"来概括：全智能，全流程，全业务，全方位。金税四期将通过以数治税构建智慧税务。依托金税四期构建智慧税务的主要框架，可以总结为："两化、三端、四融合。"

（1）两化。两化是指数字化升级和智能化改造两个方面。

（2）三端。三端是指纳税人、税务人、决策人。

（3）四融合。四融合是指将实现从"算量、算法、算力"到"技术功能、制度效能、组织机能"，从"税务、财务、业务"到"治税、治队、治理"的一体化深度融合。

三、金税四期的监管手段

在金税四期面前，无论是自然人还是企业，几乎都是透明的存在。每一个自然人的纳税数据和相关信息都会被全面覆盖。比如：在哪里上班？收入多少？有几个孩子需要抚养？有几个老人需要赡养？纳税多少？

在大数据技术加持下，能够打通企业、银行、税务等相关部门的网络链路，实现对企业业务的全面监控；实现对企业相关人员手机号码、企业纳税状态、企业登记注册信息核查的三大功能。金税四期可以做到：让违法者处处碰壁，让守法者处处绿灯。

后续，金税四期会更多利用人工智能手段，让智能系统进行自主分析，相对而言，覆盖的范围会更广，筛查出来的问题会更加全面和精准。金税四期的监管手段包括以下三方面。

（一）全电发票推行

建成全国统一的电子发票服务平台，成功推出全面数字化的电子发票，是金税四期的重要成果。目前，全电发票在我国大部分省区市已开展试点工作，对企业的税务合规提出了更高的要求。

（二）智慧税务监管

智慧税务也是金税四期的重要监管手段。随着互联网、大数据、人工智能等先进技术的发展，智慧税务通过法人税费信息"一户式"、自然人税费信息"一人式"智能归集，可以实现对同一企业或个人不同时期、不同税种、不同费种之间，以及同规模同类型企业或个人相互之间税费匹配等情况的自动分析监控，以此全面驱动税务执法、服务、监管制度创新和业务变革，全面提升税收征管效能和税收治理水平。

（三）跨部门信息共享

通过数字化手段，实现金融、海关、市场监管、公安、支付平台等其他涉税方数据共建、数据共享、数据协同、数据治理，彻底打破部门信息化"横向隔离"，实现多方信息共享。

第二节 金税工程：倒逼企业合规化经营

2024 年，金税四期已全面启动，企业的所有业务，资金都会摆在明面上，个人的资金收入、流水、支出也会摆在明面上，以前的买票、虚开发票将彻底行不通。

金税四期依托算法，系统将自动提取数据、自动计算税额、自动生成申报，实现从"报税"到"算税"。通过云计算，着力建设"无风险不打扰、有违法要追究、全过程强智控"的新体系，实现从"上网"到"上云"。

在这种背景下，任何财税违规的想法都要就此打住，否则将会面临税务稽查和税务处罚。甚至以往行得通的一些约定俗成的财税不规范操作，也将在金税四期面前失灵，借助几个小案例做一下警示。

▶ 【案例 2-1】

购买发票，此路不通

A 公司为了省税，向 B 公司购买了咨询费发票。

在金税三期时，只要 A 公司编制的业务需求合理、B 公司确实有对应的资金流，而且 B 公司正常纳税，这笔交易很难被稽查。

金税四期上线后，这种交易会很容易被稽查出来。因为 A 公司给出去的资金，一定会通过其他途径返还。只要返还途径涉及 A、B 双方任意股东或员工的个人账户，都会被第一时间预警。

▶【案例 2-2】

私户收付款风险大

李某是一家建筑公司的老板，他经常用自己的私人账户来进行支付工程款、发工资等公务支出，目的是节省手续费、避免发票麻烦、减少纳税额。

这种看似很聪明的做法，在金税四期面前实则非常危险。金税四期启动后，税务机关可以通过大数据分析，发现李某的私人账户与公司业务有关联，若有超额划款、不合规转账等可疑交易，李某就可能被税务机关查账、冻结账户、处以罚款甚至追究刑责。同时，李某的信用记录也会受到影响，影响其今后的贷款、招投标等资格。

以上两个例子，只是金税四期对企业可能产生的一些影响，还有更多的影响等着大家去发现和应对。

一、对企业的影响

在金税工程监管下，企业更多的财税数据将被税务机关全方位、全业务、全流程、全智能地掌握，即从"以票控税"到"以数治税"。

（一）以票控税转变为以数控税

金税四期上线以后，企业更多的数据将被税务机关掌控，金税三期是以票控税，而金税四期是以数控税，税务机关将运用大数据、人工智能等新一代的信息技术对企业进行监管。

（二）全面监控企业非税业务

过去，税务检查之所以费时费力，在于纳税人的信息分别被不同的部门掌握，如市场监督管理局的工商登记信息、银行的转账流水信息、海关的通关信息等。

相对金税三期，金税四期最大的变化之一是纳入了非税业务，比如"银税互联"，私户收款（包括微信、支付宝）隐匿收入和私户发工资逃避个税都不再可行。

"非税"业务的监管，对于很多企业来说是致命的。如"银行取现""企业公户转款（非税业务）"都会纳入监管范围。企业管理者再想通过不开发票达到省税的目的，将会很难，因为"非税"行为将会通过银行系统、商品检测系统、物流系统三方面反映到税务系统，税务机关检测到"非税"行为后，会根据大数据进行分析，很容易就能稽查出来。除此之外，公款私用，也将会被轻易稽查。

（三）全面监控营业收入

过去，企业可以通过私人账户、微信、支付宝等方式隐瞒收入，但金税四期系统不仅会通过企业申报的数据来验证是否存在异常，还会对企业银行账户、企业相关人员银行账户、上下游企业相关台账等数据进行检查比较。无论是大额的公共转账还是私人转账，都将受到严格监督。如果主营业务成本长时间超过主营业务收入，则更容易被稽查，异常费用更可能引起税务问题。

（四）全方位监管纳税人个人卡交易

金税四期上线以后，对纳税人的监管也是全方位、全业务、全流程、全智能的，特别是个人卡交易，个人名下如果有一张银行卡涉案，5 年内不能开新户、禁用手机支付（包括微信、支付宝），所有的业务都得去柜台办理，同时计入个人征信，基本告别信用卡和房贷。

（五）个人资产近乎透明

金税四期上线以后，对于高收入人群来说，伴随着自然人纳税人识别号的建立和新个税中首次引入的反避税条款，个人资产基本上是透明的，随着大数据的不断深入和渗透，隐藏在底层的"背后交易"事项将很快露出水面。

二、财税合规是唯一出路

以数治税时代，反馈到企业身上，税务机关将对虚开增值税发票、骗取出口退税、偷逃税、重点行业涉税违法、主要税种涉税违法等进行智能分析，同时联合其他部门稽核，打破部门间的信息壁垒，使企业的违法成本大幅增加，对企业财税合规的要求也会更高。

一处违法，处处受限。金税四期的数字化监管会倒逼企业经营更加合规合法，是趋势，也是必然，企业必须搭建好内在的合规管理体系，基于风险制订方案。

（一）风险自查

在令人闻之色变的金税四期面前，企业当如何自查存在的风险呢？其实，也不难，只要按照以下几个方面去做就可以了。

（1）检查企业开户信息是否真实、完整、准确，及时更新变更信息。

（2）检查企业收支情况是否合规、合理、透明，避免使用私人账户进行公务交易。

（3）检查企业纳税申报是否按时、按规、按额完成，避免逃避或少缴税款。

（4）检查企业信用记录是否良好，及时纠正不良行为，提高信用评级。

企业应该学会定期自查，了解自身各个业务环节是否存在财税不合规之处。如果有，应及时纠正，避免被金税四期监管预警。企业定期自查，是最能有效防范税务风险的合规手段，且经济实用。

（二）避免对抗和侥幸心理

面对监管，我听说有少数企业担心金税四期会发现其违法行为，就四处打听和学习如何规避或应对金税四期的全面监控。这种做法实在是不可取，即使违法行为一时未被金税四期监控系统发现，未来也会有更加完善的金税五期、金税六期出现。顺应政策要求对企业财税操作进行合规化改造才是根本之举，要避免对抗和侥幸心理。

（三）强化合规纳税意识

企业管理者应强化财税合规意识，在制定企业管理制度及内控制度时，应考虑涉税风险，从企业内部管理上树立合规纳税意识、建立纳税合规流程管理体系，杜绝涉税风险。当然，合规必然产生成本，企业可从自身规模、人员素质、业务流程、业务的复杂程度、业务涉税类型、业务牵涉的税收优惠政策等角度进行综合考量，找到合规成本与风险之间的平衡。

（四）财务合规与税务合规并重

财务合规是税务合规的前提和基础，只有做好财务合规，才能为税务合规和筹划提供操作空间。目前，许多中小企业仍然存在"外账"和"内账"并行的问题，在实际经营中还存在虚开发票、跨年收入不结转、乱用会计科目、长期挂账结转坏账、关联交易不规范等问题。在金税四期全税费数据云化打通的情况下，企业两账合一是必然趋势。同时，要按照《中华人民共和国会计法》（以下简称《会计法》）和企业会计准则的要求规范财务报表数据，做到财务合规，这样既能降低财务风险，又能确保税务合规。

（五）精确解读税务政策

在"减税降负"的背景下，国家和地方政府会不断推出各种税收优惠政策，而合理运用这些政策是合规税筹的基础。企业可以通过外聘税筹团队或培养内部税务管理团队或专员，及时关注并解读国家或地方的税收优惠政策，掌握监管动态，结合自身经营情况对可能发生的违法行为预警，减少信息不对称。为管理层提供分析意见，降低决策失误带来的税收政策利用不合理或税务不合规的风险。同时，加强与主管税务部门的沟通，缩小税企信息差距，进一步降低涉税风险。

第三节　财税风险：企业应规避的六种行为

一、虚开发票

2023 年 4 月，国家税务总局南宁市税务局第三稽查局经检查发现，南宁市某商贸有限公司在 2022 年 6 月 1 日至 2022 年 10 月 31 日期间，主要存在以下问题：为他人（为自己）开具与实际经营业务情况不符的增值税专用发票 68 份，金额 6 248.39 万元，税额 812.29 万元。

处罚结果为：依照《中华人民共和国税收征收管理法》等相关法律法规的有关规定，对该商贸有限公司处以罚款 31 万元的行政处罚并依法移送司法机关。

该案例最值得关注之处在于，南宁市税务局第三稽查局在对违法企业的检查中，使用了金税四期中的大数据分析技术，其操作要点有以下几方面。

（1）从增值税发票电子底账管理系统中调出该企业申领的发票数量及发票代码、发票号码，结合发票号码提取该企业开具的销项专 / 普票票面信息，着重对"购方名称"、数量及"货物品名"进行分析和归类，并将销项金额与当期的纳税申报表申报的销售收入金额进行比对，看是否一致。

（2）对该企业相同期间的进项发票信息进行提取，着重对"销方名称"、数量及"货物品名"进行分析和归类，并将当期抵扣的发票金额与当期的纳税申报表申报的进项税金额进行比对。

（3）将上述开具发票的货物品名与取得发票的品名进行比对，对比分析同名称货物，有无进销项数量不匹配或无相应购进货物品名的情况，统计进销货物品名相符且取得发票反映的货物数量大于开具发票所反映的货物数量的发票受票方，并查询其是否为非正常户。

（4）对该企业向税务机关报备的银行账户资金往来信息进行检查核实，

包括：针对上下游企业，区分对公户、私户资金往来，结合转账时间、频率、历史记录进行分析，总结规律，分析异常。除此之外，结合人员工资、物流费用等各项费用的银行流水记录，进行分析对比。

上述案件的数据信息主要涉及企业的基本情况、发票核定信息、发票领购信息、增值税纳税申报情况、开具增值税发票信息。主管税务机关可从企业的申报资料和税务发票系统中查询和获取这些内容，涉及的银行账户资金流水资料，税务机关也可通过银行来提取。

通过以上案例，可以看到税务机关已经在利用金税四期大数据分析手段，结合企业的资金账户流水，采集资金往来单位名称，通过与发票中的购销方企业名称进行比对，来验证和判断上下游关系，再根据资金流、业务流和发票流是否一致来分析判断企业是否存在涉税问题和异常。

税务机关在税务稽查中非常重视发票的"三查"问题，即"查税必查票""查账必查票""查案必查票"，这就要求企业在开票问题上格外注意"三流一致"，就是资金流、发票流、合同流相统一，并尽可能做到货物流的统一（形成"四流一致"）。

金税四期的实施将推动"电子发票"向"数字发票"的转变，监管也将进入云化新阶段。通过企业内外部、上下游、财务数据等多方面对比，核实发票的真实性和合理性。由于"数字发票"的特点，不再只是上传发票抬头和金额信息，而是全部票面信息都将受到税务系统的监管。对于企业中存在的虚开发票行为（如无真实交易开票、开票金额与交易金额不符、他人代开发票等），大数据分析将使税务系统更快地识别异常。税务系统对发票信息的掌握可能超过企业本身，因此，发票使用管理的合规化将是必然趋势。

除虚开发票外，下列行为也是金税四期监控的重点，要予以规避，以免给企业带来财税风险。

二、隐瞒收入

实操中，许多公司因为客户端允许对方不提供发票，股东们会采用个人账户、微信等第三方收付款平台收款的方式隐瞒收入。这属于典型的账外经营，而账外经营的风险是巨大的，这种现象普遍存在于电商企业，但是伴随着金税四期的实施，与公司相关的股东、法人等高管的个人卡流水将会成为监管的重点。目前也有电商企业因为隐匿收入被处以巨额处罚。

▶【案例 2-3】

电商企业隐瞒收入被处罚

国家税务总局浙江省税务局发布信息，杭州某公司逃避缴纳税款。经查，该公司在 2014 年 1 月至 2021 年 6 月期间，不缴或少缴应纳税款 21 237.93 万元。这次倒查 7 年，突破了过去倒查 3 年的惯例。

依据相关法律规定，国家税务总局杭州市税务局第三稽查局对其处以追缴税款 21 390.99 万元的行政处理、处以罚款 14 866.55 万元的行政处罚。也就是说，加上补缴和罚款金额，该公司被罚总金额达到 3.6 亿元。

税务部门这一严惩偷税行为的举措，给电商行业商家敲响了警钟。税务不合规的商家，势必被重罚。

还有部分企业交易会采取"阴阳合同""关联交易"模式进行恶意筹划逃避个税。由于涉及金额较大，因而需要承担较高的税负，采用"阴阳合同"掩饰真实交易金额，可以将部分收入隐藏，从而逃避缴纳税款。

金税四期系统能够通过公司收入和成本费用等财务经营指标，与同行业企业的财务指标进行对比分析，预警异常情况，同时通过企业银行账户、企业相关人员的银行账户、上下游企业相关账本数据、同行业收入、成本、利润情况等来稽查核对。因此，股东们要特别注意，千万不要试图借助不合规手段隐瞒收入，一定要通过合理的业务规划，将实际税负率控制在合理水平。

三、公账转私账

有些公司股东以"备用金"名义将公司公账转入个人账户，逾期归还甚至不归还。或者企业通过成立多个公司，分散发放高管及股东奖金，或直接用账外收入发放奖金，以此达到避税的目的。虽然公司的所有权归属股东，但是公司的利润必须在缴纳相应的企业所得税或代缴个人所得税后再分配到企业股东和自然人股东手中。

金税四期上线后，分析监控功能与信息共享系统加入对股东银行账户及保险账户的监控，股东们再试图通过分散发奖金避税，或者利用股东个人卡收钱来避税，将会带来巨大风险。金税四期更是强化了对个人账户交易的监管，特别是以下三种情况将被重点监控。

（1）任何账户的现金交易，超过 5 万元。

（2）公户转账，超过 200 万元。

（3）私户转账超 20 万元（境外）或 50 万元（境内）。

企业需谨慎对待公转私操作，确保所有资金流转符合税法规定，避免因违规操作而带来不必要的风险。公私账一定要区分开来，公账只能用于企业经营，通过正常申报纳税才能使法律风险相对可控。如果公账与私账收付款确实无法避免，企业应当聘请专业的法律顾问咨询评估有关风险，以期作出有效的应对处理。如果是税务风险，也可聘请税务专业团队来进行架构调整及筹划，做出合法合规的节税方案。

四、虚增成本

虚增成本简单来说就是在没有取得合规票据的情况下，虚列成本的行为。有很多企业股东因为支出款项无法取得合规票据或者企业利润本身较高，便直接虚增成本以求降低"账面利润"，从而降低相应比例的所得税，违规享受小微企业所得税优惠政策。

在金税四期的监管下，这些企业的发票数据在税务机关的监管系统中会一览无余，特别是即将全面普及的"全电发票"，这就要求企业必须合理规划自身业务领域，取得合规的发票，在税前列支，让企业的利润以及税负率符合预期。

而过去那种简单地通过虚开无实际交易内容的发票、虚列工资薪金支出等形式来虚增成本的行为，将很容易触发金税四期系统警示，从而引起税务机关的核查。

五、滥用优惠政策

国家在不同时期往往会给"相对弱势"的企业留出一定的优惠政策，如小规模纳税人增值税免税政策、小微企业所得税优惠政策、研发费用加计扣除政策、软件企业增值税即征即退以及所得税两免三减半政策等。而很多收入较高的企业股东，利用税收优惠政策，成立子公司或关联公司，把收入、利润转向税收洼地，但其真正业务还是由总公司负责。

自《财政部　税务总局关于权益性投资经营所得个人所得税征收管理的公告》（财政部　税务总局公告 2021 年第 41 号）生效以来，对权益性投资合伙企业经营所得的审查越发严格。持有股权、股票、合伙企业财产份额等权益性投资的个人独资企业、合伙企业，一律适用查账征收方式来计征个人所得税。

金税四期上线后，以大数据为背景支撑的信息核查系统与部委共享系统，能够分析出"洼地"是否具有真实业绩、是否与其他洼地外公司有隶属关联关系。一旦系统投入使用，税收优惠将再也不是避税天堂。因此，企业应该根据自身的业务来合理规划，以符合享受优惠政策的相关条件，使企业的税负控制在合理水平，增强企业竞争力。

六、偷逃个税

当前，我国个人所得税的起征点是 5 000 元，一些企业为了增加管理成本，找很多人头来充数，通过个税系统申报工资，且没有缴纳相应社保，工资全部为现金发放，没有有效工资发放凭证。甚至也不乏采取冒用他人身份信息，虚列人员、分解工资等方式逃避代扣代缴个税义务的企业。

▶【案例 2-4】
金税系统发现企业违规破绽

广东省鹤山市税务局稽查局根据举报信息对某制造企业实施税收检查，通过核查"账实"差异、细审工资费用数据，查实该企业冒用他人身份信息，采取虚列人员、分解工资的方式逃避代扣代缴义务，偷逃个人所得税 20 多万元。

面对稽查人员出示的证据，企业承认违法事实。该局依法对企业作出追缴税款、加收滞纳金的处罚，罚款共计 40 多万元。

案例 2-4 中，虽然是由于举报引起税务机关的关注，但是举报信并没有实质性的证据，税务机关是依靠金税四期系统中的同行业信息和征管数据发现了企业的破绽。

另外，长期按照最低标准申报，再通过账外发工资的形式降低社保缴纳基数，会导致账外发的工资不能在计算企业所得税时扣除，增加企业纳税成本，倒逼企业隐瞒收入，引发更大的税务风险。

第四节　金税四期对财务人员工作的影响

正如著名经济学家亚当·斯密（Adam Smith）所说："税收是文明社会的重要基石。"而金税四期正是我国在这一基石上的又一重要举措。它不仅影响着每一位纳税人，也影响着企业纳税链条上的每一名工作人员，尤其是企业的财务人员。在每一家企业中，财务都是一个极其重要的岗位，这里的财务人员包含会计、出纳、财务主管等。

金税四期和金税三期工程相比，最大的变化在于，税收征管方式从"报税"到"算税"，征管流程从"上网"到"上云"，征管效能从"以票管税"到"以数治税"。金税四期的税务系统将纳入其他政府部门的"非税"业务数据，通过企业非税业务数据来推算企业应纳税金额，企业所有流水都在税务监控范围内，原来企业惯用的逃税伎俩将会失效。

对于合规守法经营、依法纳税的个人和企业而言，金税四期是利好；而对于不法违规企业，金税四期则是极大的利空；对于财务人员而言，则是利好、利空参半，风险与机遇并存。

一、风险：财务人员违规做账将带来巨大危险

财会从业人员经常挂在嘴上的一句调侃之言是："会计是拿着卖白菜的钱，干着卖白粉的活。"非常形象地表达了企业基层财会人员的现状：地位低、收入低、不受重视，却要承担非常大的风险，主要是企业违规的风险，尤其是以违反税法规定最普遍。

据不完全统计，我国财会持证人员多达 2 100 万之众，其中大部分都任职于中小微企业。在先前的大环境影响下，大多中小微企业的财税操作本身就不规范，让众多的财会人员处于非常煎熬的工作状态中。大多数情况下，并不是他们想违规操作，而是形势所迫，不得不随波逐流，否则就会丢掉饭碗。

金税四期来临后，财务人员的上述两难处境，或将"被迫"结束，因为金税四期不仅在倒逼企业实现财税合规，同时也在倒逼财务人员实现合规操作。

面对金税四期的上线，财务人员做账必须建立在真实业务的基础之上，一定要反映业务的来龙去脉，回归业务真实的商业本质，触碰"红线"、不合规、无中生有的账务处理和税务处理必将给自己带来巨大风险。

那么，财务人员的"红线"在哪里？如果踩到"红线"，将面临哪些风险？

《中华人民共和国刑法》（以下简称《刑法》）第二百零一条至二百零九条就是企业和财务人员的"红线"。当违反国家税收征管制度，造成国家税收损失，情节严重时便有可能构成犯罪，其中最常见的有逃税罪、虚开增值税专

用发票罪、骗取出口退税罪。逃税罪的最高量刑为 7 年有期徒刑，虚开增值税发票罪与骗取出口退税罪最高量刑均为无期徒刑。一旦触犯这些罪名，将带来灾难性后果。因此，正常经营的企业没必要为小利做假账或者虚开发票，拿工资办事的财务人员更没必要去以身试险。

▶【案例 2-5】 ————————————————————

兼职会计因虚开发票被判刑 8 年

在（2019）豫刑终 83 号案中，李某为 3 家公司的兼职会计，经税务部门核查发现，2016 年 2 月至 2016 年 10 月，李某任职的 3 家公司向客户先后虚开增值税专用发票 308 份，截止到案发，其中有 273 份发票已经被认证抵扣，涉及票面金额 2.58 亿元，税款 3 760.15 万元。

李某作为涉案人员被提起公诉，一审后，李某认为量刑过重，于是提起了上诉，在李某看来，自己只是上述几家公司的兼职会计，获得的只是工资报酬，充其量算是虚开发票的共犯，认为对自己的量刑过重。

法院经过二审认定：李某的犯罪行为是在涉事公司老板的指使下做的，具有一定的被动性，在犯罪活动中起辅助作用，应认定为从犯。但因其虚开金额巨大，最终判决李某犯虚开增值税专票、用于抵扣税款发票罪，判处有期徒刑 8 年，罚金 10 万元。

▶【案例 2-6】 ————————————————————

会计做两套账逃税被判刑

根据（2015）普刑初字第 138 号信息，贵州省普安县人民检察院指控某水泥厂会计人员危某犯逃税罪。

检察机关认为，危某是该水泥厂会计，通过做两套账的违规操作方式，隐瞒收入 5 919 593.7 元，少申报增值税金额 860 111.9 元，逃税金额占应缴纳税额比例为 58.59%。通过虚开运输发票金额 1 078 179.95 元，认证抵扣增值税 75 510.39 元，两项合计，认定危某涉嫌逃税 935 622.29 元。

危某辩解称："向税务申报多少收入，不是我这个会计决定的，都是单位领导定的。"

法院审理则认为，危某身为该水泥厂的会计人员，负责该厂的税务申报工作，是直接责任人员，应以逃税罪追究刑事责任，判处危某有期徒刑 3 年，缓刑 5 年，罚金 3 万元。

在实务中，很多财务人员都面临类似的处境，有人会对案例中的责任人报以同情，有类似操作的则会认为自己很委屈，因为都是按照老板的要求做的，为何处罚那么重？

其实，《刑法》第二十七条规定："在共同犯罪中起次要或者辅助作用的，是从犯。对于从犯，应当从轻、减轻处罚或者免除处罚。"

注意，从犯也是犯罪，从轻、减轻处罚，并不意味着零处罚。

因此，财务人员规避风险的根本之道在于向严重财税违规操作坚决说"不"，这不仅是对企业负责，也是对自己的保护。

二、机遇：全面职能转型

金税四期带给财务人员的风险不只是财税违规风险，还有职业风险。

曾有一名企业管理者这样向我抱怨："毛老师，我前段时间要求公司会计做一份节税筹划方案，结果她给我的方案根本没有任何参考价值，像这种只会记账又不能给公司创造价值的财务，我留着干吗，还不如辞退算了！"

该老板的用人心理不是个例，足以给财务从业人员敲响警钟。

大浪淘沙，这是一个最好的时代，也是一个最坏的时代，一切取决于如何选择。财务人员要善于从以下方向持续精进，才能化风险为机遇。

（一）合规做账

面对金税四期的严监管，财务人员需将不做假账、不敢做假账作为实际行动指南。今后，企业财务不敢再做内、外两套账，原来意义上的内账会计大概率会消失，千万不要把自己再定位为内账会计。

（二）进行职能转型

在原来的核算职能上增加业务流程管控、财务信息化建设等职能。财务部门将需要更多复合型人才，传统意义上的账房先生将失去大多数市场，不主动改变会面临失业风险。

（三）关注公司业务业绩情况

财务人员要多关注公司业务情况，为寻找业务增长点提供财务支持。原来不少企业将财务通过不正当手段逃税金额作为财务人员存在的价值，这样是极其危险的，未来是完全行不通的。偷逃税款变成基本不可实现的事情，各公司税收趋于相对公平，公司将把更多精力放在提升效率、降低成本、获取更多销量上去，整体会趋于良性发展，财务人员也应往这一方向努力。

（四）精通税务筹划

金税四期的推广和实施，可能使企业在税务系统面前成为无所遁形的"透明人"，过往的财税违规操作没有了市场。然而，合规的税务筹划和降低税务风险仍然是企业的必要需求，这种工作终归要落到企业财务人员身上。企业需要的不是只会算账的会计师，而是精通税务筹划的财务人。一个财务人员的价值不仅在于对数字的把握，还在于可否为公司创造更多的价值。

金税四期的上线必定会对现有市场上工作的财务人员造成一波不小的冲击，而那些真正精通税务筹划的人会在大环境下变成更加抢手的"香饽饽"，企业对于这样的人才开始求贤若渴，整个税收市场将会正规化、规范化，走向更高的一层楼。

第二篇

财税
合规
体系

第三章 公司治理合规：财税合规的顶层设计

顶层设计，是企业在规划和决策层面上进行战略性的布局和安排，财税战略设计是企业顶层设计的重要构成部分。企业顶层设计中财税顶层设计工作需要前置，在企业筹建期就要着手进行，以确保企业在市场竞争中获得长期的竞争优势，并从源头上规避一些财税风险。

第一节 合规：道德问题 or 法律问题

合规一词，系舶来品，是指对企业的一种规范化管理，管理依据包括行政监管法规、刑事法规、行业准则、商业惯例及商业道德规范等。因此，我国学者将合规问题又细分为刑事合规、行政合规、伦理合规等。合规是指符合规范要求，这里的"规"是包括标准、法规、法则、原则、道德等在内的各种规范的总称。

企业合规，是指企业的经营活动必须符合法律、法规、商业伦理、社会道德。企业的合规管理，是指企业为了使自己的行为符合上述要求，而采取的一系列管理措施和经营行为。

简而言之，合规指的是：合（符合）+ 规（法律规范等）。

其中的"规"指的是：外法 + 内规 + 道德规范。

（1）外法：法律法规、监管规定、行业规范、国际准则。

（2）内规：企业规章制度等。

（3）道德规范：企业对内、对外的商业道德承诺等。

其中，企业规章制度大多是由外法转化而来，以及企业对自身的更高的要求标准。

企业合规的本质在于通过建立一种防范、识别和应对违法违规行为的机制，在企业内部形成依法依规经营的惯例和文化。

一、企业合规的起源

企业合规的概念首次被提出是在 20 世纪 60 年代的美国，其在西方世界引起广泛关注则是在 20 世纪 70 年代。

1976 年，美国最大也是全球规模最大的军火商洛克希德·马丁（Lockheed Martin）公司，被曝出曾通过向日本政要行贿的方式来销售军火，涉案金额高达 1 000 多万美元。

参议院全国公司调查委员会在随后的调查中发现，上述行贿行为并非孤例，该手段被洛克希德·马丁公司广泛用于沙特阿拉伯、土耳其、西班牙、巴西和菲律宾等海外市场。随后，在参议院全国公司调查委员会实施的一项特赦计划中，还有多达 400 多家的美国公司承认曾为了拓展海外市场而向客户支付过可疑款项，极大震惊了美国社会。

这一系列事件，直接促使 1977 年美国《反海外腐败法》（FCPA）的出台。

随后，巴林银行事件、安然事件、世通公司事件等一系列因大型跨国公司或公司职员违反商业道德而导致公司崩溃破产的案例，使人们越来越意识到企业道德与合规的重要性。

业界开始反思企业经营、管理和良好发展所必须面对的一个重要问题，即如何在企业文化中强化道德与合规，以平衡片面、过度地追逐利润给企业带来的负面影响和危机。

2002 年，美国国会高票通过了《萨班斯法案》，该法案对企业治理、会计执业监管、证券市场监管等作出了众多新的规定。

《萨班斯法案》所建立的法律合规模式，超越了过去以规则为基础的模式，通过直接与企业管理机构董监事会、高级管理人员、会计师事务所进行对话，来促使他们承担起企业健康发展的责任，确保经营管理决策和企业文化更侧重于道德伦理结果，而不仅仅局限于遵守法律规定。

2002 年，美国公司中首次出现"首席道德与合规官"，是由公司董事会任命，向董事会汇报，全面负责企业的道德与合规政策的制定、管理和执行。目前，全球大型跨国公司和世界 500 强企业大多都设立了"首席道德与合规官"（CECO）或"首席合规官"（CCO）。

二、我国企业合规现状

2018 年 11 月 1 日，习近平总书记在民营企业座谈会上的讲话中指出："守法经营，这是任何企业都必须遵守的原则，也是长远发展之道。"无数企业的兴衰沉浮一再证明：依法合规经营，是企业稳健发展、基业长青的基石。

在西方国家，企业合规机制已经有半个多世纪的发展历史，如今已经成为一种越来越重要的企业治理方式。在我国，企业合规机制是舶来品，直至2018年，我国行政监管部门才开始尝试在企业中全面推动合规管理体系的建设。

2021年3月，我国十三届人大四次会议通过了"十四五"规划，将企业合规管理列为国家发展战略的重要内容。规划中明确提出，引导走出去企业"加强合规管理"，并"推动民营企业守法合规经营"，企业合规建设的范围从国有企业扩大到民营企业。国家之所以如此重视企业合规管理，把这一事项提升到国家战略层面，是因为，在中国，企业合规问题由来已久，企业不规范经营行为在经济转型发展升级过程中的制约作用越来越凸显。

2023年7月，国家市场监督管理总局认证认可技术研究中心启动了财税合规师培养培训及人员能力验证工作，旨在通过创新育才机制，建立财税合规管理体系，推动企业经营决策，完善企业风险管理机制，为企业经营发展贡献人才力量。

即将全面上线的金税四期，又进一步推动了国内企业合规的进程，很多企业包括中小企业都将企业合规管理提上日程。例如，华为公司成立了道德委员会，作为企业合规管理的顶级决策机构。

未来，合规将成为每一家企业都不得不认真对待的一个重要命题。

三、合规治理的法律意义与道德意义

合规之"规"具有法律规则和道德规范的双重属性，因此，企业合规治理也具有法律意义和道德意义。

2004年，美国联邦量刑委员会对《组织量刑指南》进行了修订，其中的一大亮点就是引入"组织文化"这一概念，强调企业文化的构建不仅要促进企业及其从业人员守法，还要着力促进"道德行为"。

2010年，美国《组织量刑指南》再次修订，将原来的首席合规官改为"首席道德与合规官"，提高了道德在合规管理中的地位并增强了其作用。西方许多企业将合规管理部门称为"道德与合规部"，将该部门负责人称为"首席道德与合规官"，将企业合规体系称为"道德与合规体系"。

企业合规计划的实施，需要一种以企业伦理为核心的企业文化来支撑，这种文化鼓励、引导企业高管和普通员工依法依规进行经营与管理。学界也把这种企业文化称为"合规文化"。

诚信经营、合规运作，正是企业合规计划的基本目标，它不仅有助于企业治理，也有助于社会治理，是企业应尽的社会责任。随着企业合规计划在全球企业界的普及，国际标准化组织在 2014 年制定了《合规管理体系指南》，其最大特点在于融入企业文化，将合规嵌入企业文化与员工行为模式的塑造之中，使其成为企业的核心价值观和公司治理的基本结构与方式。

由此可见，一部企业合规的发展史，昭示了从合规到合乎道德、从合规管理到企业文化建设的演进逻辑。简言之，合规的历史就是从法规管控到"文化自觉"的历史，就是从"外部强制"到"道德自律"的历史。

因此，企业合规既包含依法依规经营、避免遭受损失的道德意义，同时也成为行政监管部门作出宽大监管处罚的依据，以及刑事执法机关作出宽大刑事处理的理由。这当然意味着企业合规既具有道德问题的属性，也属于一种重要的法律制度。

不仅如此，对于那些存在违法违规行为的企业而言，建立合规机制，不仅仅属于一种道德义务，更属于一种法律义务，因为国家法律和行政监管法规中确立了强制合规的制度，行政法和刑法开始将企业合规确立为一种执法激励机制，不履行合规管理义务，企业就有可能受到行政处罚或者被追究刑事责任，并因此承担诸多方面的损失。从道德问题变成法律问题，这恰恰是企业合规得到普遍确立的制度保障。

认清合规的"道德"本质，其重大意义在于：合规不是强加的义务，是企业的内在需求，因此合规需要自觉。合规以守住底线为根本，以确保企业安全为宗旨，因此合规需要自律。合规永远没有最完美的标准，因此合规需要坚持。

企业合规的更重大意义表现在：一家合规的企业才是值得信赖的。

第二节　企业财税合规的概念与规定

管理学上有一个著名的木桶理论，其基本假设为：一个木桶能盛多少水并不是由桶壁上最长的那块木板决定的，而是取决于桶壁上最短的那块木板。

将企业视作一只木桶，企业的技术、研发、生产、质量、销售、仓储、物流、人力、财务、税务等则是木桶上的一块块木板，其中任何一块存在短板，都会制约企业的发展。

我认识的企业管理者中，财务出身的很少，其中道理不难理解，从事财务工作后，人的性格也就会变得越来越保守、谨慎、死板，不懂得变通、创新和冒险，这和企业管理者所需要的特质恰恰相左。因此，财税也就成了很多企业早期管控中的一个重大缺口和短板，而且还有一些企业由于各种条件所限而将早期的记账报税工作外包给第三方财务咨询公司，对财税的管控更加弱化，财税不合规的隐患巨大。

在企业日常经营中，老板最担心的莫过于财务处理方式、历史遗留问题、财税不合规问题等。由于自己不懂财税，缺乏财税相关知识体系，企业本身就利润薄，还要不断在财税方面"挖坑""填坑"。

在金税四期背景下的强制规范时代，老板比拼的不再仅仅是赚钱能力、赚到多少钱，而是赚到的钱是否安全。早日进行财税合规、规范经营，才是企业的长远经营和健康发展之道。

一、财税合规的概念

企业合规涵盖企业经营的各个板块，包括公司治理合规、合同合规、反垄断合规、劳动用工合规、知识产权合规、财税合规等，财税合规是企业合规体系的一个重要构成部分。

财税合规，指企业要尊重财务和税务方面的相关法律法规与规章制度，建立健全的财务和税务管理制度、完善的内部控制和监督体系，确保企业的财务和税务活动符合法律法规的要求，有效防范和化解财税风险。

财税合规，通俗来讲，即财务合规与税务合规，企业的一切经济活动需符合国家法律、法规、方针政策及企业内部控制制度等要求。

（一）财务合规

财务合规，即企业的一切经济活动、财务核算都要在一定的框架内进行，要符合国家会计法、会计准则的要求，如收入的确认、资金的往来、存货的计价、成本的结转等，都要符合规范。

实务中，企业财务合规通常涉及以下方面。

1. 法律法规遵从

在财务操作中遵守适用的法律法规，包括财务报告准则、税法、工资和劳动法等。

2. 内部控制机制

财务合规要求建立和维护一套有效的内部控制制度，确保财务信息的准确性和可靠性。内部控制包括财务报告流程、审计、风险管理和资产保护等。

3. 信息披露机制

财务合规要求企业按照法定要求及时和准确地披露财务信息，使利益相关方能够了解企业的财务状况和运营情况。

4. 反洗钱和反腐败机制

财务合规要求企业采取措施预防洗钱和腐败行为，包括进行尽职调查、监控资金流动、报告可疑交易等。

5. 外部审计机制

财务合规要求企业接受独立的外部审计，以验证其财务报告的准确性和合规性。财税合规能够保护企业的合法权益，还能够为企业提供法律合规的经营环境，推动企业的可持续发展。

（二）税务合规

税务合规，即企业要尊重各项税法的规定，合规报税，依法纳税。

税法不是单一概念，中国现行的税种共18个，分别是：增值税、消费税、企业所得税、个人所得税、资源税、城市维护建设税、房产税、印花税、城镇土地使用税、土地增值税、车船税、船舶吨税、车辆购置税、关税、耕地占用税、契税、烟叶税、环保税。

其中，已通过立法的有12个，分别是：个人所得税、企业所得税、车船税、环境保护税、烟叶税、船舶吨税、耕地占用税、车辆购置税、资源税、契税、城市维护建设税、印花税。

一般企业都会涉及的税种包括如下7个：增值税、城市维护建设税、教育费附加、地方教育附加、印花税、个人所得税、企业所得税。

企业的每项业务和收入都能匹配到相应的税种和税法条目，某些业务还有可能涉及多项税法规定。企业相关人员要加强对税法和相关政策的学习与研读，避免出现疏漏。

财务合规和税务合规，二者属不同领域，既有交叉，又有区别。值得注意的是，财务合规，未必税务合规。税务合规，财务也不一定合规。

例如，公司采购收到收据，财务如实记录，财务上是合规的。但是由于没有发票，在计算所得税时无法进行抵扣，如果抵扣，则不符合税务要求。这就是"财务合规，但税务不合规"。

因此，针对财税合规的问题，要综合考量，既要从税务合规角度来衡量财务合规问题，也要从财务合规角度来考虑税务合规问题，二者要统一进行，不可割裂。

二、如何实现财税合规

很多企业之所以很难做到财税合规，不仅是由于缺乏人力、物力、财力，不具备健全的财税内控体系，还有财税思维的欠缺。要实现财税合规，这些要素都不可少。

（一）建立合规的内控管理思维

财税合规，思维先行。企业决策者首先要具备财税思维，企业处于不同的发展阶段、不同的发展规模，对财税的要求和定位也不一样。在企业初创期，老板的注意力往往放在营销、生产、产品、市场、班子建设等方面，等企业发展到一定规模，老板们会逐渐发现财税的重要性，并不是说财税在这个阶段才变得重要，而是企业发展前期，属于拓荒期，多会出现财税管理上的盲区，老板也不具备财税思维。

相对于企业成熟期，在发展早期，企业决策者更应具备财税思维，将财税问题前置，从公司成立之日起提早做好财税规划和财税管控。重视、建立财税合规经营的思维，从而推动公司财务、业务的合规经营。

（二）做好组织架构设计与权责分配

合理的组织架构设计与权责分配是实现财税合规和规避财税风险的基本前提。通常，大中型、成熟期的企业已经发展得相对完善，拥有完善的财务部门、财税团队和财税管理机制。而成长期的小公司，或出于成本考虑，或由于认知上的盲区，未能充分考虑到组织架构及权责分配，导致组织架构不合理，岗位设置和权责分配混乱，甚至一人身兼数职，给公司带来了很大的风险。比如，我们常常看到社会上有财务人员把公司的资金偷偷转走，或者销售人员飞单，带走客户资料或公司重要资产等，这都是由于企业的内控出现了问题。

（三）制定并落实财务内控制度

财税合规，制度先行，企业应根据自身实情来制定财务管理制度与内控制度。制度确立后，需强化对财务人员和相关人员的培训，提升员工对合规的认知，培养合规意识，确保相关制度在企业内部得到全面贯彻落实。

三、企业财税合规的标准

企业是否已经做到财税合规？如何判断呢？下面提供三个标准。

（1）制度是否健全。首先评估公司的财务管理制度，包括核算制度是否合理、核算机制是否健全、核算系统是否稳定、核算数据是否完整等。

（2）会计政策是否符合规定。判断公司的核心会计政策，包括收入确认、坏账计提、资产折旧与摊销、成本结转等，是否符合会计准则和法规的要求。

（3）税种是否得以厘清。要厘清公司的主要涉税税种，重点关注增值税、个人所得税和企业所得税。从税务逻辑的角度出发，检查公司的税务数据和财务数据，政策是否统一，口径是否一致。如果出现明显差异，需要追踪差异的原因，看是否已经存在风险。

第三节　企业顶层设计与财税顶层设计

在从事财税咨询过程中，我发现很多企业存在以下问题：

企业管理者要求节税，财务人员无从下手或违规操作；

企业上下游无法配合提供合理票证；

企业税务工作仍基于以被动应付税务机关为核心的传统工作理念；

金税四期监管越来越严，企业账外逃税已无处遁形，却又无可奈何；

企业高税负、低收益导致转型艰难，税务工作寸步难行；

企业无法通过财务手段实现降本增效、提高收益；

企业存在偷税把柄，受制于同行和企业内部高管；

……

企业之所以陷入以上困境，皆因企业决策者没有在财税维度进行企业顶层设计和财税顶层设计，企业管理者未能从企业运营的本质出发，导致 AB 账、偷逃税、成本高、利润降低、内控混乱、税负无规划等问题丛生，不仅制约着企业向更高层次迈进，也为企业和管理者带来极大的财税风险，轻则被行政罚款，重则会有牢狱之灾。

因此，企业顶层设计和财税顶层设计工作，一定要前置，在企业筹建期就要着手进行，不可本末倒置。

何为顶层设计？即对企业全局进行谋划，制订出全面规划，企业的顶层设计囊括商业模式、组织架构、股权架构、资本运作、企业治理、企业战略、企业愿景、财税战略等方面。对于股权结构、企业组织结构、法人治理结构都要做具体化、可行性安排，涉及相应的规则，对项目的进度与关键资源分配和进度发展做到有效把控。

一、商业模式设计

根据埃森哲（Accenture）咨询公司的定义，商业模式至少要满足以下两个必要条件：一是商业模式必须是一个整体，有一定结构，而不仅仅是一个单一的组成因素。如收入模式、向客户提供的价值、组织架构等，这些都是商业模式的重要组成部分。二是商业模式的组成部分之间必须有内在联系，这个内在联系把各组成部分有机地关联起来，使它们互相支持、共同作用，形成一个良性的循环。

根据上述理解，可以把商业模式分为两大类。

（一）运营性商业模式

这种模式的重点是用来解决企业与环境的互动关系，包括与产业价值链环节的互动关系。运营性商业模式创造的是企业的核心优势、能力、关系和知识，主要包含以下两方面的内容。

1. 产业价值链定位

产业价值链定位即企业处于什么样的产业链条中，在这个链条中处于何种地位，企业结合自身的资源条件和发展战略应如何定位。

2. 营利模式设计

营利模式设计即指企业从哪里获得收入，获得收入的形式有哪几种，这些收入以何种形式和比例在产业链中分配，企业是否对这种分配有话语权。

（二）策略性商业模式

策略性商业模式对运营性商业模式加以扩展和利用，其主要涉及企业经营的以下几个方面。

1. 业务模式

企业向客户提供什么样的价值和利益，包括品牌、产品等。

2. 渠道模式

企业如何向客户传递业务和价值，包括渠道倍增、渠道集中/压缩等。

3. 组织模式

企业如何建立先进的管理控制模型，如建立面向客户的组织结构、通过企业信息系统构建数字化组织等。

用最直白的话来讲，商业模式就是公司通过什么途径或方式来赚钱。简言之，饮料公司通过卖饮料来赚钱，快递公司通过送快递来赚钱，网络公司通过点击率来赚钱，通信公司通过收话费赚钱，超市通过平台和仓储来赚钱等。只要有赚钱的地方，就有商业模式存在。

商业模式本质就是关于企业做什么、怎么做、怎么营利的问题，是商业规律在经营实践中的具体应用，回答好这些问题，也就完成了商业模式设计。

二、企业主体组织形式设计

所有的企业都是经营主体，也是会计核算主体、纳税主体。

企业的组织形式设计，目的是明确法律身份，即是选择设立有限责任公司，还是选择设立承担无限责任的个人独资企业、合伙企业，甚至是不具有企业身份的个体工商户，或者子公司、分公司。

不同类型的主体在法律风险、交税逻辑、分配机制上存在较大的差异。比如有限责任公司缴纳的是企业所得税，给股东分红还要缴纳个人所得税；个人独资企业只需要缴纳个人所得税，可以直接将利润分配给个人，无须再缴纳个人所得税。主体设计的另一个问题是公司注册地点的选择，地域的差异在纳税管理中主要体现为政策差异和税收返还差异。比如在一些税收洼地和高新区都有针对某些特定企业的税收优惠政策，这些都可能对纳税结果产生重大影响。

三、企业产权设计

企业产权即企业归属权的问题，产权设计最核心的是进行股东身份的确定与设计，我们创建公司时，要面临选择自然人股东还是法人股东，选择个人独资企业还是合伙企业。其中，自然人和法人的选择对于纳税的结果影响很大，自然人股东未来取得分红必须缴纳 20% 的个税，法人股东未来取得分红则免缴个人所得税。

四、股权架构设计

产权设计完成，确定公司股东后，接下来要考虑公司的股权架构设计。

股权架构的设计涉及融资、分红、权益分配等重要问题，而不同的股权分配方式，会对公司的发展产生深远的影响。

因此，创业者需要充分了解股权架构设计的各种方法，进行科学、合理的设计。股权设计过程中，还需要考虑到公司的长远发展规划和财税规划，以及各种可能的股权变动情况，确保设计的股权架构能够支持公司的长期发展。

另外，股权架构的设计也需要考虑到不同的投资人类型和不同的投资轮次，以满足不同的投资需求。

五、资产架构设计

资产架构设计，即解决资产放置和归属的问题。比如资产应该放在自然人还是法人名下，应该放在 A 公司还是 B 公司名下，应该统一放在一个集团公司名下还是分开放入不同公司。

在资产架构设计中，我们通常考虑的因素有资产折旧摊销对税收的影响、风险控制，以及未来资产再次处置时关于税收的问题，这些因素又与资产对应的业务模式纠缠在一起，使得企业决策更加复杂。

六、治理结构设计

公司治理结构，是出于实现公司资源有效配置的目的，由公司所有者（股东）对公司的经营管理和绩效进行监督、激励、控制和协调的一整套制度性安排，直接关系到公司的发展方向和业绩情况，事关股东的核心利益，至关重要。

新公司法对公司治理结构作出了一些调整，企业在设计公司治理结构时，要注意以下变化。

（1）允许公司只设董事会、不设监事会，公司只设董事会的，应当在董事会中设置审计委员会行使监事会职权。

（2）简化公司组织机构设置。对于规模较小或者股东人数较少的公司，可以不设董事会，设一名董事，不设监事会，设一名监事；对于规模较小或者股东人数较少的有限责任公司，经全体股东一致同意，可以不设监事。

（3）为更好保障职工参与公司民主管理，规定职工人数 300 人以上的公司，除依法设监事会并有公司职工代表外，其董事会成员中应当有公司职工代表。公司董事会成员中的职工代表可以成为审计委员会成员。

（4）对股份有限公司董事会审计委员会和上市公司董事会审计委员会的议事方式和表决程序做了规定。

七、财税顶层设计

企业的财税顶层设计是指企业制定的财税管理政策和措施的总体规划与设计。它包括企业的财务体制、税务体制、财务管理、预算管理、税务筹划、财务风险管理等多个方面，是企业财务和税务管理的重要基础与框架。企业财税顶层设计的完整蓝图如表 3-1 所示。

表 3-1　企业财税顶层设计的完整蓝图

子　项　目	内　　容
财务管理体系设计	通过设计企业财务管理体系，明确财务管理职责和权限，制定标准化的财务处理流程和制度，实现企业财务管理的科学化和规范化
预算管理体系设计	制定企业的预算管理体系，包括预算编制、执行、控制等方面，确保企业预算的科学性和精细化管理
税务管理体系设计	制定企业的税务管理体系，包括纳税申报、结算、税务复议等方面，确保企业税务管理的合法合规和稳定
风险管理体系设计	针对企业面临的财税风险和挑战，制定相应的风险管理体系，包括风险识别、评估、防范、控制等方面，确保企业财务运作的安全与稳定
财税信息化建设	通过建设财税信息化平台，实现企业财务和税务管理的数字化与自动化，提高工作效率和准确性，降低管理成本和风险

第四节　不同组织形态企业涉税分析

现代企业组织形式按照财产的组织形式和所承担的法律责任，可以分为个体工商户、个人独资企业、合伙企业和公司制企业四大类，选择不同的企业组织形态，会直接影响纳税人的税负和后期的纳税筹划。

一、个体工商户

根据《促进个体工商户发展条例》第二条的规定："有经营能力的公民在中华人民共和国境内从事工商业经营，依法登记为个体工商户的，适用本条例。"

个体工商户有如下特点。

（1）投资主体只能是自然人，即个人或家庭，而不能是企业。

（2）个体工商户要以其个人家庭财产承担无限责任。

（3）个体工商户不能设立分部。

（4）个体工商户名称只能叫"店、工作室、商行、经营部"，不能叫公司。

（5）个体工商户以业主为个人所得税纳税义务人，即个体工商户只需要缴纳个人所得税，而无须缴纳企业所得税。

二、个人独资企业

《中华人民共和国个人独资企业法》第二条规定："本法所称个人独资企业，是指依照本法在中国境内设立，由一个自然人投资，财产为投资人个人所有，投资人以其个人财产对企业债务承担无限责任的经营实体。"

（一）缴纳税种

个人独资企业无须缴纳企业所得税，只需缴纳个人所得税。《中华人民共和国企业所得税法》（以下简称《企业所得税法》）第一条第二款规定："个人独资企业、合伙企业不适用本法。"而适用《中华人民共和国个人所得税法》（以下简称《个人所得税法》），按《个人所得税法》第二条"经营所得"项目征收个人所得税。

（二）征收方式

税务机关对个人独资企业个人所得税的征收方法有两种：一种是查账征收，适用于会计核算比较齐全的；另一种是核定征收。具体采用哪种征收方法，由主管税务机关确定。

三、合伙企业

《中华人民共和国合伙企业法》（以下简称《合伙企业法》）第二条规定：

本法所称合伙企业，是指自然人、法人和其他组织依照本法在中国境内设立的普通合伙企业和有限合伙企业。

普通合伙企业由普通合伙人组成，合伙人对合伙企业债务承担无限连带责任。本法对普通合伙人承担责任的形式有特别规定的，从其规定。

有限合伙企业由普通合伙人和有限合伙人组成，普通合伙人对合伙企业债务承担无限连带责任，有限合伙人以其认缴的出资额为限对合伙企业债务承担责任。

合伙企业的主要特点如下。

（一）不需要缴企业所得税，缴纳个人所得税

根据《合伙企业法》第六条"合伙企业的生产经营所得和其他所得，按照国家有关税收规定，由合伙人分别缴纳所得税"之规定，以及《企业所得税法》第一条第二款"个人独资企业、合伙企业不适用本法"之规定，合伙企业并无企业所得税纳税义务，其所得由各合伙人按照相关规定申报缴纳个人所得税。

（二）以每一个合伙人为纳税义务人

合伙企业的合伙人可以是自然人，也可以是法人或其他组织。合伙企业以每一个合伙人为纳税义务人。合伙企业合伙人是自然人的，缴纳个人所得税；合伙人是法人和其他组织的，缴纳企业所得税。（财税〔2008〕159号）

四、公司制企业

公司制企业，是由两个以上的投资人（自然人或法人）依法出资成立，有独立的法人财产，自主经营、自负盈亏的法人企业。出资者按出资额对公司承担有限责任。

（一）公司的种类

公司制企业分为两种：有限责任公司和股份有限公司。

《公司法》第四条规定："有限责任公司的股东以其认缴的出资额为限对公司承担责任；股份有限公司的股东以其认购的股份为限对公司承担责任。"

（二）子公司与分公司

按《公司法》的规定，公司可以设立子公司与分公司，二者的区别见《公司法》第十三条规定："公司可以设立子公司。子公司具有法人资格，依法独立承担民事责任。公司可以设立分公司。分公司不具有法人资格，其民事责任由公司承担。"

（三）缴纳企业所得税

公司需缴纳企业所得税，企业所得税是指以公司、企业法人取得的生产经营所得和其他所得为征税对象而征收的一种所得税。

除了缴纳所得税外，以上所有类型组织都需要缴纳增值税。

对比了以上组织，在创业时，应当如何选择组织形态呢？

以我名下的公司"峰毅财务咨询有限公司"为例，其属于有限责任公司，除了这种公司形态，在注册成立公司时，还有表 3-2 的几种选择。

表 3-2 公司组织形态

选项	企业名称	企业性质	企业类型
选择 1	峰毅财务咨询有限公司	有限责任公司	法人
选择 2	峰毅财务咨询股份公司	股份有限公司	法人
选择 3	峰毅财务咨询中心	个人独资企业	非法人
选择 4	峰毅财务咨询合伙企业	合伙企业	非法人
选择 5	峰毅财务咨询工作室	个体工商户	非法人

企业在注册阶段，可根据自身情况和定位来选择法人企业与非法人企业，其纳税区别见表 3-3。

表 3-3 法人企业和非法人企业的纳税区别

类　　别	种　　类	征　收　方　式
法人企业	有限责任公司 股份有限公司	查账征收，企业需要有账本和发票，先交增值税、企业所得税，分红时再交个人所得税
非法人企业	个体工商户 个人独资企业 普通、有限合伙企业	核定征收，无须缴纳企业所得税，只需缴纳增值税和经营所得的个人所得税

非法人企业的纳税是根据全年应纳税所得额来进行征收的，只需根据经营所得，交个人所得税即可。不同的额度，对应不同的税率（表 3-4）。

表 3-4 非法人企业纳税额度一览表

级数	全年应纳所得税额	税率	速算扣除数
1	不超过 30 000 元的	5%	0
2	超过 30 000 元至 90 000 元的部分	10%	1 500
3	超过 90 000 元至 300 000 元的部分	20%	10 500
4	超过 300 000 元至 500 000 元的部分	30%	40 500
5	超过 500 000 元的部分	35%	65 500

相对而言，法人企业纳税征收比较严格，采用查账征收的方式来征税，对于发票的要求也比较高。

选择哪一种企业更有利于避税呢？答案不是绝对的，要基于商家的实际收入情况，增值税是都需要缴纳的。非法人企业一旦盈利，当年就要缴纳个人所得税。而法人企业的个人所得税则只有在分红时才缴纳，不分红就无须缴纳。

不过, 在做企业顶层设计、组织形态选择和商业决策时, 纳税和税负情况并不是唯一考虑因素, 也要综合考量公司未来发展、资本实力、合伙人因素、融资需求等多个维度, 才能作出最优选择。

▶【案例3-1】————————————

某商贸公司的财税顶层设计

杭州 A 商贸有限公司是一家主营健康食品的企业, 经销商是一批微商, 有两千多家, 一个月流水一万多笔, 财务的数据管理是非常复杂的。我们团队介入后发现, 公司规模不算大, 公司较多, 有9个关联公司 (表3-5), 前期未做规划与定位, 导致开设了许多不合理的公司。

表3-5 A商贸有限公司实际关联公司

序号	公 司 名 称	公司规划	核 算 主 体
1	杭州 A 商贸有限公司	需注销	
2	杭州 A 商贸有限公司合肥分公司	需注销	
3	B(上海)生物科技有限公司	融资主体	融资业务
4	C(浙江)信息科技有限公司	需注销	
5	宁波 D 国际贸易有限公司	零售主体	核算主体
6	宁波 D 国际贸易有限公司杭州分公司	需注销	
7	安徽 E 品牌管理中心(有限合伙)	持股主体	分红业务
8	上海 F 贸易服务中心	贸易核定	处理无票成本
9	G(浙江)网络技术有限公司	管理公司	工资、社保、房租业务

针对该公司的情况, 我们从顶层设计层面, 对其做了如下建议和调整。

1. 公司定位处理

(1)B(上海)生物科技有限公司, 基本不涉及账务处理。

(2)安徽 E 品牌管理中心(有限合伙), 基本不涉及账务处理。

(3)宁波 D 国际贸易有限公司, 作为贸易业务核算的主体, 产生增值税销项税, 业务采购、营销费用等需要取得进项发票, C(浙江)信息科技有限公司提取的管理费用需要入账。

(4)G(浙江)网络技术有限公司, 作为管理公司核算主体, 承载人员主体, 主要核算人员工资、房租、水电, 向宁波 D 国际贸易有限公司收取一定比例的管理费用。比例需要经过测算, 一经确定, 不得随意变动。

(5)上海 F 贸易服务中心, 核定征收, 没有成本发票的业务在此入账, 不能在宁波 D 国际贸易有限公司入账。

2. 财务核算建议

（1）通过公司的架构，商品有采购发票的居多数，少部分没有采购发票的商品直接通过上海 F 贸易服务中心销售并做账。

（2）公司只有一套外账，外账因为前期核算定位不清楚，不反映公司的真实业务，在这样的情况下，需要进行科目清理，把外账夯实，才能反映真实的业务。成本费用需要取得发票，经过一年半载的调整，公司可以用一套账反映业务，满足管理层与税务部门两者的需求。

3. 税务筹划建议

把宁波 D 国际贸易有限公司迁到返税园区，增值税地方留存 70% 以上达总税额 35% 返税，企业所得税返税 28%，个税返税 28%。辅以上海 F 贸易服务中心核定征收。基本满足了目前的业务需求，当公司有较多利润的时候，可以考虑管理层多发部分工资和奖金。

4. 内部控制建议

（1）健全会计核算和报表体系，使会计核算能反映公司真实业务，每月出具财务报表给管理人员。

（2）健全费用报销制度，做到报销有依据、附件完整、合法合规。

（3）健全采购管理制度，定期对账，定期开发票，发票项目内容要和业务相一致，减肥美容等产品数量单品需要对得上。

（4）健全合同管理台账，定期催收款项，确定收款责任人，约束机制等。

第五节　股权架构设计中的合规合法

新东方的创始人之一徐小平有一个观点，"公司股权结构不合理，一定做不成。"

徐小平的话绝非危言耸听，在实践中经常能看到这样的情况——真功夫、雷士照明等公司由于股权分配不合理，导致创始人锒铛入狱；1 号店创始人于刚由于股权比例设计不合理而被逼离开自己一手创立的公司。

股权不合理的公司，甚至会出现这样一种怪现象——业务做得不错，最后却以倒闭收场，甚至越是挣钱，倒闭得越快。这是由于股东之间权益分配不平衡而引发股东矛盾，从而阻断了公司的持续经营。

初创公司顶层设计的一个重要方向即公司股权架构的设计。

股权设计直接决定公司的股权结构，股权结构是公司治理结构的基础，公司治理结构则是股权结构的具体运行形式。不同的股权结构决定了不同的公司组织结构，从而决定了不同的公司治理结构，最终决定了公司的行为和绩效。

股权设计不仅要考虑公司经营和绩效上的需求，同时也需在相关法律规定的框架下合规、合法地进行，以避免法律风险。涉及公司股权的法律法规主要包括《公司法》《中华人民共和国证券法》《上市公司收购管理办法》《上海证券交易所交易规则（2023 年修订）》《上市公司并购重组财务顾问业务管理办法》等。

公司股权设计中的常见法律问题有以下几方面。

一、股东的法律认定

先看股权的概念，股权是指出资人基于其出资而在有限责任公司或者股份有限公司中享有的人身和财产权益。该出资人即为公司股东，股权就是股东的权利。

股东是股份公司或有限责任公司中持有股份的人，即公司的出资人或叫投资人，股东有权出席股东会并有表决权，也指其他合资经营的工商企业的投资者。

从主体看，股东可分为机构股东和个人股东。机构股东指享有股东权的法人和其他组织，包括各类公司、各类全民和集体所有制企业、各类非营利法人和基金等机构和组织。个人股东指的是一般的自然人股东。

为了更利于公司发展，自然人股东通常要具备如下条件。

（1）理念相同，同舟共济。

（2）资源互补，优势互补，取长补短。

（3）各自能独当一面，共同撑起公司。

（4）互相信任，可相互托付。

二、股东资格获取合规

合法取得股权的方式主要有两种。

（1）原始取得股东资格，即通过在公司设立时缴纳出资或公司增加注册资本时认购增资成为股东。

（2）继受取得股东资格，即在公司成立后通过股权转让、赠与或其他方式取得股权。

以上为股东资格获得的常见方式，但也有例外情况，如果公司章程对此有特殊规定，如约定取得股东资格要经过一定程序后才能最终确定，那么就要遵从章程的约定。

三、股东人数合规

《公司法》第四十二条规定："有限责任公司由一个以上五十个以下股东出资设立。"第九十二条规定："设立股份有限公司，应当有一人以上二百人以下为发起人，其中应当有半数以上的发起人在中华人民共和国境内有住所。"

另外，根据《首发业务若干问题解答（2020年6月修订）》《深圳证券交易所创业板股票首次公开发行上市审核问答》的规定，依法设立、运行的员工持股计划，履行备案登记的私募基金、资管计划以及其他金融计划等可以按照1名股东计算人数，"持股平台"应穿透至最终股东，即穿透至最终持股自然人、国有出资单位或上市公司。

四、股东会职权界定合规

股东会是公司的最高权力机关，股东会由股东选举产生，成员从公司股东中产生，拥有重大事项的决策权，是公司对企业行使财产管理权的机构，有权任命和解聘董事。公司的所有重大人事任免和重大经营决策都必须得到股东会的认可和批准，否则不能生效。

《公司法》第五十九条规定，股东会行使下列职权：

（1）选举和更换董事、监事，决定有关董事、监事的报酬事项；

（2）审议批准董事会的报告；

（3）审议批准监事会的报告；

（4）审议批准公司的利润分配方案和弥补亏损方案；

（5）对公司增加或者减少注册资本作出决议；

（6）对发行公司债券作出决议；

（7）对公司合并、分立、解散、清算或者变更公司形式作出决议；

（8）修改公司章程；

（9）公司章程规定的其他职权。

股东会可以授权董事会对发行公司债券作出决议。

股东会的职权包括但不限于以上条款，公司章程还可以在法律框架内，根据公司需要来规定股东会的其他职权。

五、股东表决权设定合规

正常情况下，公司股东按照其持股比例行使表决权，即同股同权。实务中，这种模式很容易出现问题，如一些经过多轮次融资的公司，其创始人或创始人团队往往会失去控股权，如果再按照同股同权的原则，则会同时失去公司控制权。

在进行股权设计时，如何来确保创始人对公司的控制权呢？可进行"同股不同权"的设定，同股不同权是指公司股东持有的股份数相同，但是持股拥有的股权的投票权不同或者分红权不同。一般而言，在公司中，同股不同权是一种双层股权结构，也称 AB 股，按投票权的不同分为普通股和由管理层持有的股权。

例如，京东实行的就是 AB 股双重股权结构，刘强东持有的为 B 类股，其 1 股拥有 20 票的投票权；其他股东持有的为 A 类股，一股一票权。京东集团 2023 年年报显示，截至 2024 年 3 月 31 日，刘强东在京东持股比例为 11.3%（通过 Max Smart Limited 持有 10.7% 股权，有 66.7% 的投票权；通过员工持股平台 Fortune Rising Holdings Limited 控制 0.6% 的股权及 3.8% 的投票权），尽管没有控股权，但由于其双重股权架构的设定，拥有 70.5% 的投票权，可以牢牢掌控公司。

同股不同权的约定是符合法律规定的，《公司法》第六十五条规定："股东会会议由股东按照出资比例行使表决权；但是，公司章程另有规定的除外。"同股不同权，即属于公司章程规定的例外情况。

六、股东权利转让合规

股东不可以退股，手中股权只可以转让。股东权利随着股权的转让而同时转让，股东权利主要包括以下方面。

（1）发给股票或其他股权证明请求权。

（2）股份转让权。

（3）股息红利分配请求权。

（4）股东会临时召集请求权或自行召集权。

（5）出席股东会并行使表决权。

（6）对公司财务的监督检查权。

（7）公司章程和股东会记录的查阅权。

（8）股东优先认购权。

（9）公司剩余财产分配权。

（10）股东权利损害救济权。

（11）公司重整申请权。

（12）对公司经营的建议与质询权等。

上述股东权利随着股权的转让而同时转让，不可分开转让。

第六节　企业设立期的财税合规操作

某公司于 2023 年 10 月批准筹建，12 月 5 日取得工商营业执照，2024 年 1 月 1 日正式从事生产经营。该公司负责人曾来电咨询，其公司筹建期间的支出应当如何处理，发票应当如何开具，是否需要进行企业所得税汇算清缴。

该案例有一定普遍性，涉及企业设立期的财税合规操作问题，现对上述问题分析如下。

一、设立期财税合规处理

企业设立期，也称筹建期，指从企业被批准筹建之日至开始生产、经营（包括试生产、试营业）之日的期间。

筹建期企业会有一系列费用支出，即开办费，是指企业从批准筹建之日到开始生产、经营（包括试生产、试营业）之日期间（即筹建期间）发生的费用支出，包括筹建期人员工资、办公费、培训费、差旅费、印刷费、注册登记费及不计入固定资产和无形资产购建成本的汇兑损益和利息支出。

对开办费的财税处理要点如下。

（一）开办费的会计处理

企业在筹建期间内发生的开办费，包括人员工资、办公费、培训费、差旅费、印刷费、注册登记费以及不计入固定资产价值的借款费用等。

则：对于发生的费用支出——

借：管理费用——开办费

　　贷：库存现金（或银行存款）

（二）开办期发票开具

考虑到新企业在筹建期间未办理社会信用代码证，其发生的筹建费用由出资方或筹备组垫付，税前扣除凭证抬头为出资方或筹备组符合经营常规，因此在确认筹建支出真实且与筹备的新企业相关的情况下，可凭抬头为出资方或筹备组的扣除凭证在新企业税前扣除。

另外，如果企业名称已经确定，筹办期间取得的发票也可以署《名称预先核准通知书》上注明的公司名称（企业筹办处、投资方或经办人名称等）。如果发票上名称与后来注册公司的名称不一致，除非能够提供充分确凿证据证明两家公司为同一公司，否则不能税前扣除。

（三）开办费不能进行税前扣除

开办费在开始经营之前不是税前扣除项目，税前扣除的日期为开始经营之后的当年，开始经营之前的年份不能税前扣除，只能进行归集。

（四）筹建期间不能计算为亏损年度

《国家税务总局关于贯彻落实企业所得税法若干税收问题的通知》（国税函〔2010〕79号）明确规定，企业自开始生产经营的年度为开始计算企业损益的年度。企业从事生产经营之前进行筹建活动期间发生筹建费用支出，不得计算为当期的亏损，应按照国税函〔2009〕98号文件第九条规定执行。因此，该企业从事生产经营之前进行筹建活动期间发生筹建费用支出，不得计算为当期的亏损。

（五）企业筹建期间无须进行企业所得税汇算清缴

企业在筹建期没有生产、经营，当然也就不用汇算清缴。就开篇案例而言，该企业无须参加2023年度的汇算清缴。

（六）筹建期间的业务招待费与广告费的处理

从税收角度而言，企业开办费不包括业务招待费、广告费和业务宣传费，在筹建期间发生的广告费和业务宣传费支出，可按《企业所得税法》及其实施条例关于广告费和业务宣传费支出的相关规定进行税前扣除。

二、企业成立后的财税合规操作

企业成立后，还有一些财税方面的工作安排刻不容缓，尤其是以下重点工作，需要引起充分的重视。

（一）税务登记

公司注册完成后，需要在取得营业执照后的30天内向注册地所在的税务机关登记。

工商税务登记已相继实现了"三证合一"（工商营业执照、组织机构代码证、税务登记证合为一证）、"五证合一"（在"三证合一"的基础上，整合了社会保险登记证和统计登记证，即这"五证"是工商营业执照、组织机构代码证、税务登记证、社会保险登记证、统计登记证），税务登记资料会直接从市场监督管理部门传递给税务部门。"新设立纳税人申报须知"要保留好，上面有电子税务局的账号和密码，需分别到税务局网站进行登录。

（二）签订银税三方协议

获取税务登记后，应尽早办理三方协议（即纳税人、税务机关、银行三方签订，实现网上申报实时缴税的一种扣税手段），网上申报成功并签订三方协议后，即可在网上进行纳税申报和交税，无须前往办税服务大厅。

（三）财务会计制度及核算软件备案

税务登记证申办后 15 日内，完成财务会计制度及核算软件备案。

（四）申办存款账户开户报告

在公司注册并申办银行基本存款账户或其他账户后的 15 天内，务必向主管税务机关书面报告所有账户。如有变更，还需在变更后 15 天内进行书面报告。

（五）设置账簿

新成立的公司应当自领取营业执照或者发生纳税义务之日起 15 日内，按照相关规定设置账簿。建立账簿是会计核算工作的基本方法和重要环节之一，是公司查账、对账、结账及随时了解财务状况和经营成果的关键要素。账簿主要有如下几种类型。

（1）总账：用于分类登记企业全部经济业务。

（2）明细账：用于登记某一类经济业务，较为细致。

（3）日记账：包括银行存款日记账和现金日记账。

（4）备查账：辅助性质的账簿，企业可根据需要选择性设立，不做强制规定。

新企业要根据行业要求和未来可能发生的会计业务情况，选取符合需要的账簿，再根据日常业务进行会计登记和处理，操作要点如下。

（1）根据企业性质，选择适用的会计准则。

（2）依据企业的业务量及账务处理程序，准备账簿。

（3）合理选择会计科目，主要看行业和企业自身管理需要。

（4）财务软件系统信息初始化，建立账套。

企业初创期一般规模不大，有些甚至请不起专业会计，可以请代账公司来做账。如果找代账公司记账，则每个月要整理下列资料给代账公司：收入相关单据、成本相关单据、银行单据、费用单据，还有员工工资表名单及金额，代账公司做好账后会提供会计凭证和账本。

（六）纳税申报

纳税申报，是纳税人按照税法规定的期限和内容向税务机关提交有关纳税申报事项的书面报告法律行为，是纳税人履行纳税义务、承担法律责任的主要依据，也是税务机关税收管理信息的主要来源和进行税务管理的一项重要制度。

很多企业管理者误认为新公司刚成立，没有业务就不需要纳税申报，按照相关规定，无论新公司有无业务，都需在规定的时间内纳税申报。实际上，所有公司，无论是新注册的公司，还是变更后的公司，都必须按月申报纳税。即使短期没有收入、没有盈利也要做纳税申报，可以做零申报。需要强调的是，零申报并不是不申报，零申报也需要每月申报，可由公司的全职或兼职税务专员进行申报。

通常，新成立公司在取得税务登记证之日起30日内要到管辖地税务机关专管员处申请税种核定，如果半年之内仍未申请核定，税务机关有权将其列入非正常户，并给予行政处罚。

公司同专管员核定税种成功后，次月上旬起就要进行网上报税。

公司注册后，如果不按时纳税申报，税务机关将根据情节轻重对逾期申报行为作出处罚，在有应纳税额的情况下，还将按照每日万分之五征收滞纳金。

（七）领用发票

自2023年12月1日起，除港澳台以外，全国已经实现数电票试点全覆盖。新办企业开通数电发票的流程如下。

（1）申请票种。新办企业需要向主管税务机关申请电子发票，并填写相关的信息。

（2）准备电子签章资料。企业需要准备以下资料：营业执照副本原件及复印件、法人身份证正反面照片、联系人姓名电话、开票内容清单、税率等信息。这些资料将用于后续的电子签章和金税盘的发行。

（3）购买并发行金税盘。企业需要前往各税务机关服务点，办理购买金税盘的事务。

（4）申请购票。在准备好以上所有资料后，企业可以向主管税务机关申请购票。

（5）电子发票软件安装。进行电子发票软件的安装，并开出第一张电子票。

（八）企业所得税汇算清缴

企业应当在纳税年度终止之日起 5 个月内（次年 1 月 1 日—5 月 31 日），向税务机关报送年度企业所得税纳税申报表，并汇算清缴，结清应缴应退税款。

（九）工商年报

企业需要在每年 1 月 1 日至 6 月 30 日向市场监督管理部门报送年度报告。过期未按时申报公示的，将会被列入经营异常名录。

第四章

企业财税合规管理体系：打造财税合规内控系统

防范财税风险的根本之道，在于从整体上考虑和预防问题，打造规范化的财务合规管控系统，以法律和企业规章制度作为行为准则，借助专业的尽职调查方法和规范程序做好财税管控的"事前预防、事中控制、事后救济（追责）"。

第一节　财税合规管理体系：关键支柱与基本要素

企业财税合规管理体系不仅仅是财务部门的系统，它更是一套法律、风控、财务、审计、人力、安全生产、质量环保、运营管理等涉及各个部门多方管理的综合性管理体系。在组织架构上，有条件的企业，可以在现有法务部、风控部、财务部的基础上，整合成立一个合规部，作为合规管理体系的最高管理机构。

企业财税合规管理体系的打造，应从风险防控角度出发，以法律和企业规章制度作为行为准则，运用专业的尽职调查方法和规范程序做好"事前预防、事中控制、事后救济（追责）"，在现有子体系的专业人员中选任具有任职资格的专业合规管理人员，试行人员交叉任职、问题信息共享及问责整改相融，合理配置合规管理资源，实现合规管理集成，最终目标是为企业的财税安全和健康发展保驾护航。

企业财税合规体系的打造，可供参考的指南主要包括三类。

（1）国内的合规文件。比如我国的《合规管理体系 要求及使用指南》《中央企业合规管理指引（试行）》《国有企业合规管理体系建设指南》。

（2）国外的合规文件。其主要包括《组织量刑指南》《2010 英国反贿赂法指南》《瑞士有效合规管理的原则》《经合组织内控、道德与合规最佳行为指南》以及 ISO 37301：2021《合规管理体系 要求及使用指南》。

（3）四大所的合规体系。比如德勤（Deloitte）、普华永道等世界知名会计师事务所的合规体系。

一、德勤：合规管理体系三支柱与九要素

德勤是全球领先的专业服务机构，1845 年成立于英国伦敦，为世界四大会计师事务所之一。

德勤合规管理模型以合规文化为核心，由人员、技术、制度支撑，包括九个要素：管理层与领导力，风险评估与尽职调查，标准、政策与程序，培训与沟通，员工报告，案件管理与调查，测试与监控，第三方合规，持续改进，通过体系设计、执行、评估实现合规管理（图 4-1）。

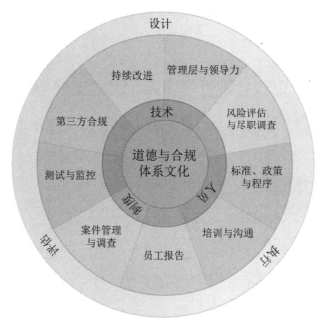

图 4-1　德勤"合规体系框架"

（一）合规管理体系核心

合规管理体系的核心是道德与合规文化，道德即伦理道德与商业道德，合规文化包括企业合规价值观以及来自高层领导的积极支持和承诺。

（二）三项关键支柱

合规管理体系的三项关键支柱包括人员、技术和制度。

（1）人员。企业应安排具备合规经验的人员设计、运营和维护合规管理体系，并依据该体系框架管理法律、政策、道德风险。

（2）技术。先进的技术工具有利于促进合规管理体系的设计、运营；完

善的技术平台能有效整合各类风险，并帮助企业预防、监测道德合规风险，实现事后快速响应。

（3）制度。企业应制定适当的制度保证合规管理体系以合规风险为导向，并通过优化业务流程提高合规管理效率、降低管理成本。

（三）合规管理体系九要素

（1）管理层与领导力。合规管理需要治理层、管理层、合规专业人员的设计、运行、维护和监督，并通过组织结构的合理设置确保合规体系的独立性和权威性。

（2）风险评估与尽职调查。风险评估是合规管理的基础，有助于企业明确合规管理和尽职调查的重点。

（3）标准、政策与程序。合规管理标准、政策、流程应清晰可执行，能有效控制企业的关键合规风险。

（4）培训与沟通。为增强员工合规意识，提升员工履行合规义务的能力，企业应制定系统的、以风险为导向的培训沟通制度，并向各层级人员宣传合规要求。

（5）员工报告。员工报告制度应为员工提出合规问题、报告潜在合规事项提供安全、顺畅的渠道，提升合规管理的效果。

（6）案件管理与调查。企业应明确各类合规案件的分类、优先级、管理职责和调查程序。

（7）测试与监控。企业应定期测试合规管理体系的设计有效性和控制执行有效性，并持续监控关键合规风险，在风险暴露初期采取相应行动。

（8）第三方合规。企业的合规管理应延伸至第三方合作伙伴的合规管理，实现合作伙伴关键风险领域全流程风险筛查。

（9）持续改进。为保证合规风险闭环管理，企业应明确合规管理改进政策，定期评估合规管理体系的有效性，并将测试监控的成果纳入改进工作。

二、《合规管理体系 要求及使用指南》：七大要素

国内央企、国企之外的私营企业、中小微企业打造财税合规管理体系时，可以参考《合规管理体系 要求及使用指南》，其基本要素见表4-1。

表 4-1　企业合规管理体系七大要素

要　　素	内　　容
组织环境	• 确定影响组织合规管理体系预期结果能力的内部事项和外部事项 • 理解相关方的需求和期望 • 识别与组织的活动、产品和服务有关的合规义务、评估合规风险 • 确定合规管理体系的边界和适用范围
领导作用	• 治理机构和最高管理者证实对合规管理体系的领导作用和承诺 • 确立并遵守合规治理原则 • 建立、维护并在组织各个层面推进合规文化 • 确立合规方针 • 赋予治理机构、最高管理者、合规团队、管理层及员工岗位、职责和权限
策划	• 在各职能和层级上确立合规目标，策划实现合规目标需建立的过程 • 确定需要应对的风险和机会，策划应对风险和机会的措施，将措施纳入合规管理体系过程并实施 • 按策划对合规管理体系进行变更
支持	• 确定并提供所需的资源，如财务资源、工作环境与基础设施等 • 确保员工经教育、培训或实践后具有履职能力，对违反合规要求的员工采取适当的纪律处分 • 定期培训，提升员工合规意识，开展内部沟通和外部沟通 • 创建、控制和维护文件化信息
运行	• 策划、实施和控制为满足合规义务、实现合规目标所需的过程 • 对过程确立准则，按照准则对过程实施控制 • 确立举报过程，鼓励员工报告疑似和已发生的不合规现象 • 确立调查过程，对涉嫌或实际已发生的不合规情形进行评估和调查
绩效评价	• 监视、测量、分析和评价合规管理体系的绩效和有效性 • 按策划开展内部审核和进行管理评审
改进	• 持续改进合规管理体系的适宜性、充分性和有效性 • 对不符合和不合规行为采取控制或纠正措施

《合规管理体系 要求及使用指南》的核心运作流程包含四个步骤：策划、执行、检查和改进，形成一个闭环（图 4-2）。

图 4-2　企业合规管理体系运行图

三、企业财税合规体系内容

（1）组织架构和合规职责。建立清晰、全面的组织架构，明确各部门和员工的合规职责，确保合规工作的有效实施。

（2）合规政策与制度。制定具体的合规政策与制度，明确合规标准、原则、流程和规范，为企业的合规管理提供指导和依据。

（3）合规培训与教育。定期开展合规培训与教育，提升员工的合规意识和能力，确保员工了解和遵循相关法律法规与内部政策。

（4）合规风险评估与监控。建立合规风险评估与监控机制，定期对业务、产品、流程进行合规审查和风险评估，及时发现和解决潜在的合规问题。

（5）合规报告与记录。建立合规报告与记录机制，确保合规工作得到有效记录和报告，便于对合规工作进行监督和检查。

（6）合规审计与检查。定期开展合规审计与检查，对合规管理体系的有效性和执行情况进行评估与监督，及时发现和纠正不合规行为。

（7）合规奖惩机制。建立合规奖惩机制，对遵守合规要求的员工进行奖励和激励，对违反规定的员工进行相应的处罚和教育。

（8）合规文化与宣传。加强合规文化建设和宣传，提高员工的合规意识和自觉性，营造良好的合规氛围。

企业财税合规管理体系建设是一个系统工程，需要从组织架构、制度建设、风险评估、监控机制、培训教育、奖惩机制等方面入手，构建科学、完整、有效的管理体系，确保企业财税及各项业务活动的合规性与安全性。

第二节　合规责任：企业财税合规管理的"三道防线"

在企业风险管理中，尤其是金融类企业的风险管理，常常会用到"三道防线"理论。

第一道防线：核心业务部门，指的是企业经营管理中和外部市场直接接触的部门，如销售部门、采购部门等核心业务部门，作为风险管理的第一责任机构。

第二道防线：支持职能部门，包括法务、合规、财务、人力、质量、安全等，所有可以协助一线核心业务部门进行风险管控的职能，都属于支持职能部门。

第三道防线：保障职能部门，主要指的是独立监督和审计部门，包括内部审计和外部审计，部分企业还包括纪检和监察职能。

企业财税合规体系的落地，同样需要各司其职，夯实责任，守护好"三道防线"（图4-3）。

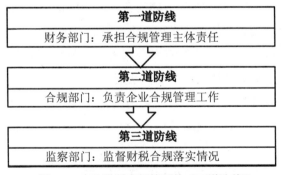

图4-3　企业财税合规管理的"三道防线"

一、第一道防线：财务部门

财务部门是最直接接触财务运营及日常管理的地方，负责识别和管理日常运营中的财税合规风险。财务部门需要建立健全的合规管理制度和流程，进行合规风险识别评估，编制风险清单和应对预案，定期梳理重点岗位合规风险，并将合规要求纳入岗位职责。

实际工作中，企业财务部门应从以下几方面把好第一关。

（1）建立健全财税合规制度及机制。财务部门，包括其他各业务及职能部门，都在各自业务领域内建立起和财税工作相关联的合规管理制度和流程，开展业务领域内的合规风险识别、评估，拟定业务风险清单和应急预案。

（2）定期梳理业务领域合规风险，明确将合规要求贯穿到业务岗位中去。

（3）财务及其他业务职能部门负责人统筹管理好本部门的事务合规性审查，包括部门每一个岗位人员的业务范畴及部门负责人的合规性管理。

（4）合规风险、问题的及时报送与报告，做到及时整改。企业财务及相关职能部门应组织好部门全员做好合规处置工作，配合企业经营管理层、合规部门做好财税合规工作。

二、第二道防线：合规部门

企业可酌情配备和经营规模、业务范围、风险水平相适应的合规部门或专职合规管理人员，小微企业由于规模所限，也可不设置合规部门和专职的合规管理人员，但需要将该项任务转移至财务部门或其他相关人员。

在实际工作中，企业合规管理部门应从以下几方面把好第二道防线。

（1）组织起草合规管理基本制度、具体制度、年度计划和工作报告等。

（2）负责规章制度、经济合同、重大决策合规审查。

（3）组织开展合规风险识别、预警和应对处置，根据董事会授权开展合规管理体系有效性评价。

（4）受理职责范围内的违规举报，提出分类处置意见，组织或者参与对违规行为的调查。

（5）组织或者协助业务及职能部门开展合规培训，受理合规咨询，推进合规管理信息化建设。

三、第三道防线：监察部门

最高人民检察院曾明确指出，要强化审查把关，切防"虚假整改""纸面合规"。企业财税合规体系的顺利运行，离不开监督机制和监察部门的监察。

企业监察或审计等部门，应依据有关规定，在职权范围内对企业财税合规要求落实情况进行监督，对违规行为进行调查，按照规定开展责任追究，着重从以下三个方面把好合规监督的第三关。

（1）对违规行为进行调查。企业纪检监察部门的直接目的是找出企业中的财税不合规行为，以保障企业的运营和管理合规合法，为企业财税合规工作提供良好保障。

（2）打击不合规行为，维护财税安全。对于企业中出现的财税不合规行为，要予以坚决打击，决不手软，依法处置违纪违规人员，净化企业环境。

（3）加强合规宣传，提升企业合规风险意识。企业纪检监察部门需进一步加强企业法治宣传，向所有人员灌输"执法必严，违法必究"的原则，从而让所有人员能够敬畏规则，不做违规之事。

▶【案例 4-1】─────────────────

华为的审计"防线"

华为自 2007 年开始，导入 IBM（国际商业机器公司）的内控管理体系。目前，华为的内控意识、内控机制、内控能力已浸入各个业务活动之中，业务开展到哪里，内控和审计就会跟随到哪里，形成了以"流程责任和组织责任"为基础的全球内控管理体系。

华为的内审机构直接隶属董事会，级别非常高，尤其注重对财务领域的审计，下面分享几个华为财务审计的小例子。

例 1：

华为国内某代表处的几位市场经理，为通过当年度业绩考核，搞定客户项目验收人员后，取得了项目验收报告，公司财务也据此确认收入。几年后，该操作被公司审计所发现，涉事人员被当即除名。

例 2：

华为总裁任正非，有一次去日本出差，报销差旅费时，将住酒店时的洗衣费也计算在内了。华为的差旅费报销制度中是不允许员工报销此类费用的，当内审发现这笔不当报销后，将之写到了审计意见中。

例 3：

对于审批人的失职，华为也是不留情的。华为消费者 BG（事业群）总裁余承东，由于在费用报销审核中的疏忽，原本不该报销的费用被报销了。审计部门发现后，决定停止余承东费用报销权签权力三年，且其本人需要承担连带赔偿责任。

正是由于华为有完善的会计监控、严格的内部审计监控，华为才练就了一流的财务管理和合规能力，能够科学管理数千亿美元的年营收。

企业财税合规管理体系中，监察和审计环节必不可少，它和前两道防线一起构成了一个相互制约、相互补充的立体式系统，共同为企业提供安全屏障，确保企业财税的合规性。

第三节 财务合规体系：搭建标准化的财务管控系统

相对而言，企业财务管控领域，恶性"爆雷"的违法、违规问题并不太多，大多数企业面临的都是普遍意义的合规问题，现将代表性问题归纳为表 4-2。

表 4-2　企业财务领域常见违规问题

类　别	主要违规问题
机构设置	财务机构的职能不清晰，与其他部门的工作衔接不明确，形成各部门实际工作的重复或真空现象；财务机构的岗位没有完全遵循不兼容岗位原则，岗位的职责边界不清，形成责任重复或真空
财务预算	将预算与计划相混淆；财务部门在对支出审批上不能起到有效的监督作用；缺乏相应的预算考核制度；缺乏对预算差异的深入分析等
财务核算	重复性劳动过多，相关环节冗余；数据缺乏共享，部门与部门、企业与企业间出现"信息孤岛"；相关科目等设置缺乏统一性，数据统计分析难度大；信息传递的时效性差、成本高
现金管理	库存现金未按规定限额保存或超限额保存；坐支现金收款；大额现金结算交易；现金日记账未做到日清或账实不符等
银行账户	银行账户开立、变更、撤销未经过审批；对外出租、出借银行账户；私自开展理财业务；使用人与管理人未划分操作权限或越权操作，密钥非专人持有、随意使用；各种票据购买、保管、领用、背书转让、注销等业务的职责权限和处理程序混乱；财务专用章等印鉴私自刻制、使用无登记、保管随意等
资金管控	无"三重一大"资金审批制度或重大资金支出未按"三重一大"要求办理；私自对外拆借资金；私自对外融资、投资或提供担保；无应付要件、审批流程不完整、违规付款或超过约定付款；无真实交易关联公司资金往来；虚增成本或坐支收入的"小金库"等
资产管理	固定资产、无形资产采购无招标或未经决策审批；原材料进出库无审批；私自抵入、抵出资产；资产账外管理，私自出租、出借资产；资产处置无审批或价格不公允等
财务数据	虚假列报收入、成本及利润；人为控制债权、债务增减；无理计提或冲销减值准备等
税务管理	未按期完成各税种申报工作；未单独存放、妥善保管空白增值税专用发票及税控设备；未审批开具增值税发票；取得无交易发票或虚开增值税发票；企业所得税扣除项无依据等

针对以上财务漏洞，通过打地鼠式地解决问题，很难从根本上杜绝问题，根本的合规之道在于从整体上考虑和预防问题，打造规范化的财务合规管控系统。

财务管控系统包括四大系统：财务管理系统、财务预算系统、财务核算系统、财务报表系统。

一、财务管理系统

公司的财务管理系统应当与公司的发展阶段相匹配，无论财务管理水平相对于发展阶段是超前还是滞后，都会制约公司的发展。具体而言，财务机构的职能、财务机构和岗位的设置、相应的财务和会计基础管理制度都需要根据公司发展进行调整和优化。

（1）根据企业的发展战略和发展阶段，界定财务机构的职能，设置财务机构和岗位，明晰各级岗位职责，为财务职能的充分发挥提供组织保障，根据企业的发展需要不断调整财务的职能和机构设置。

（2）与业务流程相衔接，整合会计核算流程，在完整的流程中明确会计核算的位置和财务管理的重点，明确财务人员、各级业务人员和高层管理者之间的责权，提高组织和管理的效率与效果。

（3）重新诠释公司的核算流程，明确会计政策，规范账务处理。

（4）建立健全会计报表规范，明确公司会计信息质量提供的要求、程序和责任，确保会计信息的真实、完整和及时。

（5）制定财务基础管理制度，提升管理水平，保障经营管理的规范运作。

二、财务预算系统

财务预算系统是企业日常经营运作的重要工具，是企业管理支持流程之一，与其他管理支持流程相互作用，共同支持企业的业务流程（营销管理、计划管理、采购与生产管理、库存管理）。

（1）明确全面预算管理的组织机构。预算管理的组织机构是全面预算管理的基础和保证。组织机构的设置包括各预算机构的设置、各机构的职能、责任单位的划分、企业相关部门的职责。

（2）设置全面预算管理的流程。预算管理的主要流程包括：明确责任中心的权责；界定预算目标；编制预算、汇总、复核与审批流程；预算执行与管理；业绩报告及差异分析；预算指标考核。

（3）实施全面预算管理。依据预算管理的原则、方法、流程和程序编制企业的预算，实施预算管理并依据预算对责任单位和个人进行考核；通过实施全面预算管理，落实企业各级管理人员的责任和目标，简化各项支出的审批程序，提高决策的效率，使企业具有更强的适应市场的能力；成本、费用与相应的成本动因要相匹配，使成本与费用的支出更加合理，财务部门监督与信息稽核更加有依据，同时也减少了财务部门与业务部门之间的矛盾；预算要为企业绩效考核提供依据，有利于建立公平、合理的绩效考核和薪酬体系。

三、财务核算系统

财务核算工作需要适应企业生产规模的发展，需要科学有效地管理事业部，需要及时地服务决策、提升企业的竞争能力等。通过对管理需求分析，可以明确目前的财务核算系统需要改善的方向主要有以下几个。

（1）实现企业经济业务数据的共享，减少数据的手工重复处理，打破"信息孤岛"。

（2）建立高效率的集中式管控体系，加强对事业部的监管，避免出现权力真空。

（3）财务与业务处理的高度协同，实现企业物流与价值流的同步。

（4）强化财务的管理能力，解放单一的核算工作，增强财务决策能力。

四、财务报表系统

企业高级管理人员直接得到一手信息的机会很少，必须通过报表系统得到经过整理、分析的信息。企业的报表分为对外报送的、以核算信息为主的财务报表和报送管理层的、以经营管理信息为主的管理报表。企业财务报表系统打造要点包括以下几方面。

（1）基于企业的管理会计，以毛利贡献式损益表为核心的管理报表系统。

（2）围绕损益表逐渐向外延展至各项变动成本、变动费用、销售费用管理与分析、贡献毛利损益分析、生产管理与分析、库存管理分析等相互关联、浑然一体的管理报表系统。

（3）建立起以满足管理需求为口径的，分级次、分类别、融入非财务信息的整个报表系统。

（4）管理层能够及时获取经过加工、分析、整理、有价值的管理信息，有效支持管理决策。

（5）报表报送具有规律性、及时性、全面性和针对性特征。

（6）各级管理层只得到和自己相关的信息，过滤掉不相关的信息，避免混乱，节省时间，提高管理效率。

第四节　财税管控流程：完善企业财税合规实操流程

财税控制的目的是确保企业的目标以及为了实现这个目标所制订的财务计划得以实现。财税控制同内部控制一样，都是以流程作为载体的，这个流程越长，财税控制得越详细也越严谨，但是流程越长耗时也就越多，使得财税控制的效率下降，也会增加企业的成本。

因此，在设计财税管控机制时，要充分兼顾效率和效果，在确保管控效果的前提下，尽量减少财税控制流程和控制节点，避免企业运营效率受到过大影响。

一个完善的企业内部财税控制机制，应该包括以下几个组成部分。

一、主体

主体包括两个部分：制定者、参与者。

（1）制定者。根据目前企业的组织架构和实行层级管理的方式制定，这项工作必须紧紧依靠企业董事会，董事会要对财税战略、规划的合规性负责，要全员参与、负责财税风险的控制，财税事项合规处理的权责应落实到具体的岗位、流程。

（2）参与者。公司要有一批专业能力过硬的财务管理部门和专业人才，有条件的公司可以设立专门的财务控制主管、财务控制专员（表4-3、表4-4）、税务控制专员等，负责全面、系统、持续地收集内部和外部相关信息，查找企业经营活动及业务流程中的财税风险，分析风险发生的可能性、影响程度，为风险控制策略选择奠定基础。同时，这个团队不仅要制定日常财务风险管理的制度、流程，定期监督，反馈改进情况，还要参与企业重要经营决策，对可能存在的重大财务问题要有专业敏感和判断。尤其是集团性公司的财务管理团队，应对整个集团财税风险控制负责，对各子公司、分支机构的财税风险控制实时监控，发现问题，及时响应。

表 4-3　财务控制主管岗位职责

岗位名称	财务控制主管	隶属部门	财务部
上级	财务经理	编号	
胜任资格	（1）财会类或相关专业，本科及以上学历。 （2）3 年以上大中型企业财务管理工作经验，有规范的合并报表、资金管理经验。 （3）具有丰富的财务专业技能、财务控制及财务管理经验。 （4）熟悉财务软件、办公软件的应用与维护。 （5）善于进行数据的归集分析及图示说明，具备一流的分析和判断能力。 （6）能够撰写复杂的分析报告。 （7）有出色的协调沟通能力，责任心强，具有团队合作精神。 （8）持有会计上岗证、注册会计师（CPA）或相关证书。 （9）语言精练，逻辑性强，能够很好地运用口头语言和书面语言组织所需表达的信息		
岗位职责	（1）协助制定企业财务战略规划和企业战略规划。 （2）利用自身的财务核算与财务控制方面的专业知识、经验，为企业经营决策提供依据。 （3）定期对企业内部交易进行核对，发现问题并予以妥善处理。 （4）按时编制合并会计报表，调整考核口径管理报表，及时为上级领导提供正确、有效的经营月报。 （5）每月负责审核企业的财务分析，编制合并财务分析报告。 （6）全面管理企业财务成本分析和控制，比较成本控制差异，为企业的经营和战略实现提供建议。 （7）指导各部门、单位建立信用资金管理制度和分析模板，为企业统筹资金提供及时、准确的信息。 （8）负责企业财务软件系统的日常维护和管理。 （9）负责编制、管理企业年度财务预算，日常预算执行控制。 （10）完成其他企业财务控制方面的工作		

表 4-4　财务控制专员岗位职责

岗位名称	财务控制专员	隶属部门	财务部
上级	财务控制主管	编号	
胜任资格	（1）财会、管理及相关专业，大专及以上学历。 （2）2 年以上企业财务控制工作经验。 （3）有财务分析背景，助理会计师及以上职称，有 CPA 证书或事务所经验及会计经验。 （4）具备较强的独立工作能力。 （5）具备出色的学习能力、沟通能力。 （6）具有团队合作意识。 （7）诚实守信，工作认真负责		

续表

岗位名称	财务控制专员	隶属部门	财务部
上级	财务控制主管	编号	
岗位职责	（1）协助财务控制主管，完成企业财务控制制度建设，并监督相关部门和人员的执行情况。 （2）分析企业财务管理效率，特别是生产成本和运营成本方面的。 （3）监控企业现金流，及时发现问题，并予以妥善处理，保障企业资金流的畅通。 （4）分析企业库存及成本管理，提出加以改善的合理化建议。 （5）负责客户应收账款管理，督促相关部门提高货款回收效率。 （6）负责企业财务信用的管理与维护，保持良好的企业信誉。 （7）在充分理解企业项目的基础上，对项目进行跟踪并控制成本。 （8）对项目成本进行盈亏分析，并提出合理化建议和措施。 （9）完成主管交给的其他财务控制工作和临时性工作		

二、客体

客体指主体以外的客观事物，是主体认识和实践的对象，具体包括内控体系、制度、财务政策、财务统筹等。

公司应建立财税日常风险控制和重大风险控制制度，前者包括会计处理、申报表编制、税款缴纳、各种账簿和资料的管理、纳税申报等，有健全的制度，才能实现财务风险点控制与业务、财务流程相融合；后者主要指在企业组织架构、经营模式、外部环境、行业惯例等发生重大变化而可能面临重大财务风险时，能够开展专业判断、寻求对策。

三、方法

方法主要是指流程、决策、防控与监控等。

（1）流程。流程即在规范和优化每项财务工作流程，明确各岗位操作的要求、时限、权限等标准的基础上，将工作流程由手工操作传递转变为信息化自动处理，最大限度地减少人为因素，从而保证工作的规范性、程序的严密性。同时，企业财务部要设计专门的财务、税务控制流程（表4-5、表4-6），严格按流程进行管控。

（2）决策。应尽量采取集体决策的办法进行控制。如重大事项，通过召开董事会会议、管理层会议和各类工作小组会议等办法进行决策，实现决策的科学化、民主化，逐步解决花钱一支笔、决策一言堂、权力一把抓的顽症。

表 4-5 财务控制管理流程

名称	财务控制控制流程		编号	
			进度	
环节	构建控制系统	实施财务控制标准	反馈、改进	
实施过程	根据企业发展目标，来确定财务控制的目标 ↓ 财务部在企业总体财务规划、财务预算目标的基础上确定财务控制标准 ↓ 根据上述控制标准，制定有关制度，配备控制人员，形成完善的控制体系 →	在财务控制标准的要求下，财务部和其他部门开展财务控制与相关工作 ↓ 对财务控制过程中形成的数据，控制人员要以报表或文本的形式保存 ↓ 财务控制人员将上述数据与控制标准对照，找出差异，并分析其原因 →	针对差异形成的原因，制定相应的对策 ↓ 控制人员组织实施旨在消除差异的各种措施 ↓ 财务部会同人事部，对财务控制过程中的相关当事人进行绩效考核	
备注				
编制人		审核人	批准人	
编制日期		审核日期	批准日期	

表 4-6　企业税务控制流程

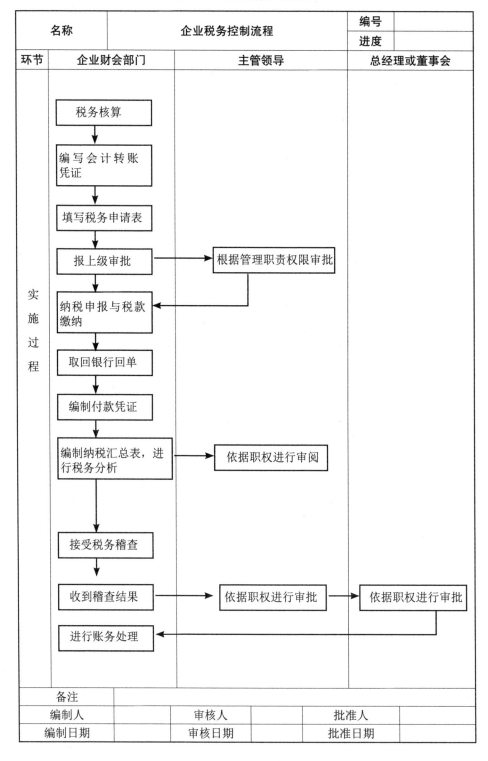

名称	企业税务控制流程		编号	
			进度	
环节	企业财会部门	主管领导	总经理或董事会	

实施过程

企业财会部门：

- 税务核算
- 编写会计转账凭证
- 填写税务申请表
- 报上级审批 → 主管领导：根据管理职责权限审批
- 纳税申报与税款缴纳 ←
- 取回银行回单
- 编制付款凭证
- 编制纳税汇总表，进行税务分析 → 主管领导：依据职权进行审阅
- 接受税务稽查
- 收到稽查结果 → 主管领导：依据职权进行审批 → 总经理或董事会：依据职权进行审批
- 进行账务处理 ←

备注	
编制人	审核人	批准人
编制日期	审核日期	批准日期

（3）防控。对排查出的风险点进行风险程度评估，按照风险级别从高到低的顺序排列，适时发布预警信息，及时采取有效措施，排除风险隐患。如对企业财税管理系统产生的异常数据和异常信息进行风险分析，归类和风险等级排序，并以适当的形式适时发布，及时采取应对措施，予以消除。

（4）监控。对工作情况进行监督检查，能够及时发现问题、堵塞漏洞、消除隐患。上级管理部门要对下属企业、单位的工作情况进行监督检查，广泛开展财务自查，各级管理人员要及时听取下级工作人员的工作汇报，监督检查下级人员特别是一线员工的工作情况，从而形成多层次、多角度、全方位的监督检查工作机制，把各种风险隐患消除在萌芽状态，防止风险扩大和蔓延。

四、考核评价体系

建立一套科学的内部控制建设考核评价体系，把内部财税控制建设作为企业内控体系建设责任制和领导问责的一项重要内容，将内部控制建设与目标管理考核或绩效考核紧密结合起来，通过对内部控制建设情况的考核，发现企业运行中存在的问题，逐步完善和加强对财务风险的监督。

第五节　合规新思维：实现"业财税法"的融合

金税四期试运行后，税务征管系统正在全面升级、融合——

税务稽查双随机、个人收入和财产信息系统建设正在推进；

银税合作机制不断增强；

金融机构大额交易和可疑交易报告管理办法不断更新；

大额现金管理已经开始；

税务机关与公安机关联合执法常态化；

守信激励失信惩戒制度、税收违法黑名单联合惩戒制度全面出炉；

区块链技术的集成已经在新的技术革新和产业变革中起到重要作用；

……

企业面临的财税监管环境越来越严密、越来越错综复杂，在"融合化＋信息化＋法治化"的税收严监管环境下，企业也必须因时而变、顺势而为，不断创新财税管理和财税合规新模式，从早期的业务财务分离，到"业财"融合、"业财税"融合，再进阶到"业、财、税、法"的"四位一体"式融合，利用财务手段、税收政策、法律工具等从规划、决策、组织、控制和评价等方面全面提升财税管控效率，降低成本，降低财税风险，实现财税合规和企业价值的最大化。

一、"业财"融合

"业财"融合，即企业业务部门和财务部门的融合。此处所言的"业务"，不是"跑业务"的"业务"，也不是财务等"个人年度业务总结"中的业务，而是企业的运营流程与核心业务，是生产、贸易、服务、技术等具体业态，最多兼顾数字化、智能化特征。

2016年6月，财政部发布的《管理会计基本指引》（财会〔2016〕10号）进一步明确，单位应用管理会计，应遵循融合性原则。管理会计应嵌入单位相关领域、层次、环节，以业务流程为基础，利用管理会计工具方法，将财务和业务等有机融合。《管理会计基本指引》中所说的有机融合财务与业务活动便是当今学术界和实务界提及的"业财"融合。

"业财"融合的本质是将财务人员的角色前置，充分发挥财务信息对业务的预测、管控和评价作用。"业财"融合是新时代财务工作转型的方向。财务要融入业务，由事后监督向事前预测、事中控制、事后考核转变；业务要协调财务，业务规划和运行的目标在于实现利润最大化。未来的财务部门应该拥有更多懂财税的业务经营者，使财务部门能够为业务经营方案提供参考意见。

▶【案例4-2】 ———————————————————————

华为：财务必须融入业务

华为的财务系统，被称为财经体系。

经过包括IFS（集成财经服务）在内的数十年如一日的持续变革，华为实现了财经的战略转型和资源的有效配置——从任正非早期痛批财务的"非常落后"到如今"经线"的"世界一流"。华为财经体系不仅仅是业务的"最佳合作伙伴"，更是高管的"最佳合作伙伴"。

作为一家业务遍及170余个国家和地区的全球性公司，华为的财务部门和财经体系应对起来称得上游刃有余，它们可以在3天内出具月度报告初稿、5天内出具终稿、10天内出具年度报告终稿。

是什么让华为的财务管理进行得如此高效？答案是横跨5个时区的7个

账务共享中心，以及 7×24 小时的日不落结账。总之，华为有包括账务系统在内的强大财经系统。

华为的财务为什么叫财经？用任正非的话说，华为财经的"经"是除了技术方向外的全部"经"济活动，包括供应链、行政、后勤、物流、基建、研发等。华为财经体系要从财务管理走向名副其实的财经管理。华为除了重视"经线"管理，还提倡"纬线"的管理优化：融入项目、融入业务、纵横打通，最终实现端到端闭环。

华为的战略解决的是"方向大致正确"的问题，侧重价值创造，而财经解决的则是"核算准确、驱动业务"的问题，侧重价值评价（指标度量），强调贴近作战组织，提供支撑，致力于成为"业务的前沿存在"，做业务的"最佳合作伙伴"，在平行方向上实现合纵，经纬天地，纵横相依，业财一体。

华为的财经体系，既有原则性，又有灵活性；既能守住底线，又能助力经营，充分实现了业财融合，能够支撑高层有效决策。

我发现在很多企业中，财务部门和业务部门相处得都不太好，有些甚至关系紧张，堪称一对矛盾体。财务部门习惯按照会计准则和财务运行规范办事，会受到业务部门的抵触，业务部门会以种种借口不配合财务部门的工作。业务部门则经常指责财务部门未能充分发挥其后期保障部门的作用，不仅未能给业务部门以正常的支持，反而善于给它们找麻烦。

实际上，企业的财务部门和业务部门是缺一不可、相辅相成的，企业业务的开展离不开财务的支持，财务部门本身就是要为业务部门提供服务和保障，财务部门实现企业价值最大化的管理目标最终也需借助业务部门去实现。

财务部门与业务部门都有各自的运行规范与操作标准，侧重的任务和职责也各不相同，但两者都是以企业绩效为重心开展工作的，且财务与业务开展最终目标是一致的，即提高企业经济效益，实现企业生存、发展、获利，实现企业价值的最大化，促进企业稳健可持续发展。只有企业发展了，企业组织内部各部门才能共同收获发展的红利，同步成长。

尤其是从整个公司层面来看，不仅需要一个和谐的业务、财务关系，而且还要实现业务和财务的充分融合、紧密配合，打通财务部门和业务部门的通道，提高运行效率。

二、"业财税"融合

业财融合之后,实务界提出"业财税一体化"概念,也称"业财税"融合。"业",即企业的运营流程与核心业务;"财",是指企业的财务,理财思维首当其冲;"税",是指企业的税款计算、申报与缴纳,体现出税务风险管理能力。

相较于"业财融合","业财税一体化"进一步提升了企业运营及财税风险的价值认知,其内涵与外延有所拓展,实现了企业三大流程——业务流程、财务流程、税务管理流程的有机结合,使企业的财务数据、税务处理和业务操作融为一体。

三、"业财税法"融合

"业财税法"融合(图4-4)是指企业根据现代财税管理要求,通过数据挖掘、信息传播、信息共享的科技手段,有机融合业务、财务、税务、法务活动,在合法经营的基础上,利用财务手段、税收政策、法律工具等,从规划、决策、组织、控制和评价等方面全面提升效率、降低成本,实现企业价值最大化的管理协同行为。

图4-4 "业财税法"融合

"业财税法"融合理念为企业的交易结构设计、财税合规、价值创造提供了稳固的奠基石,成为新时代管理变革与技术进步的新引擎。

"业财税法"的充分融合,有赖于以下前提条件。

(一)信息共享

以大数据、人工智能、云计算、区块链等为代表的新一代信息技术为企业的数字化转型和各个部门的信息共享奠定了基础,为实现"业财税法"融合提供了技术条件，没有充分的信息互通与信息共享，"业财税法"融合也就无从谈起。

（二）法律渗透

企业的商业模型、票据开具、抵税与记账等必须完全符合法律规范，具有内在的逻辑关联性。

（三）流程管控

流程观念使得业务秩序环环相扣，价值链、税收链为业务交易提供完整的证据链，"业财税法"融合实现各类业务活动之间的内在贯通，从而形成全流程管控的闭环。

（四）思维升级

融合首先源自思维的升级，企业财税人员应该跳出岗位之外，从宏观角度通盘考虑业务、税务，以及合规合法的问题，运用财税知识做价值评估，进而提出有效建议和解决方案，实现岗位价值的增值延伸。

（五）技能提升

"业财税法"的融合对企业财税人员提出了更高的要求，如果财税人员还停留在收入核算上，只会将数字填入报告模板中，那么其存在感和竞争力只会越来越低，随着时间的推移、社会的进步将逐步被淘汰，因为单纯的数字报表对于公司领导者来说毫无价值可言。而如果财税人员能帮助领导者从财务数据中提炼出价值信息，并通过数据分析预测，转化为对商业决策有价值的建议，那么财税人员与公司的相互价值都将得到提升。

"业财税法"融合之际，技能上要求财税人员更加具有政策法律意识、商业敏感度、逻辑分析能力等复合能力。能从大量数据中敏锐捕捉到价值信息，并提炼为决策支撑数据，是未来每一个财税人员都应该具备的专业技能。

（六）沟通配合

在实现企业价值最大化目标导向下，业务、财务、税务、法务四个部门不断交流、协商、权衡、配合，并形成四方制衡下的最优方案。该过程中，设身处地的换位思考至关重要，要学会运用通俗易懂的会计语言、业务语言、税务语言和法律语言去同其他部门沟通，用别人能够理解的语言和方式来呈现信息，多一些设身处地的换位思考，才能增进各方的信任、互通与融合。

第六节　财税合规落实：合规五部曲与五步工作法

"木受绳则直，金就砺则利。"荀子两千多年前的这番论述告诉我们，木材之所以直是受过墨线的测量，刀剑之所以锋利是在磨刀石上磨过。歌德也曾经讲过："毫无节制的活动，无论属于什么性质，最后必定一败涂地。"

万事万物自有其道，前提是要合规而不能放纵。

企业运营和财税管控，更要知"合规"之实、行"合规"之道。

一、财税合规管理五部曲

企业财税合规管理，大致要经历五个步骤：知规、立规、学规、守规、合规。

（一）知规

企业相关部门及人员首先要弄清楚财税领域有哪些同自身息息相关的法律法规、行业规定、规章制度、道德规范、职业操守等，梳理出符合企业经营领域和财税管理特征的合规义务清单。

（二）立规

结合合规义务清单，建立企业自身专属的财税合规管理目标、合规管理组织体系，制定企业的合规方针、财税合规管理制度和操作细则。依托企业各项业务管理流程，识别、梳理出相关的财税合规风险，并进行分析评估，确定风险级别，提出风险应对策略和处理措施。

（三）学规

财税合规制度和体系建立之后，要持续向企业全体成员进行宣讲、培训，组织企业各部门、各业务管理领域的员工，分门别类地进行财税合规知识的学习，不断强化提升员工对财税合规的认知，培养财税合规意识。

（四）守规

全员学习合规制度、了解企业合规体系后，下一步就要将各项财税合规机制落实到实际工作中，做到用规、守规。企业合规管理部门和监察部门，要定期组织进行合规审查、财税合规贯彻执行情况，通过合规监管反哺业务经营和管理水平提升，为企业间接创造经济价值。

（五）合规

有了上述工作所打下的坚实基础，才能让企业逐渐走上财税合规之路，形成不断传承发展的财税合规文化，让企业实现稳健发展。

二、五步工作法：整改企业财税不合规行为

五步工作法，是税务机关对企业进行监督和稽查的一种工作方式，即提示提醒、督促整改、约谈警示、立案稽查、公开曝光（图4-5）。

图4-5　五步工作法

2022年2月16日，国家税务总局局长在"亚洲倡议"高级别会议的发言中提出，按照"提示提醒、督促整改、约谈警示、立案稽查、公开曝光"的"五步工作法"查处了一大批高收入、高净值者重大偷逃税案件，税收监管和税务稽查震慑作用不断增强。

在查处过程中，对于涉税金额较大的，税务部门会进行提示提醒，对提醒后未改正或者改正不到位的进行督促整改，对仍不改正或者改正不到位的进行约谈警示，约谈警示后仍不配合整改的依法立案稽查，对立案案件选择部分情节严重、影响恶劣的进行公开曝光。

▶【案例4-3】────────────────────

2021年12月，某直播电商领域的网红，因偷税漏税被罚款13.41亿元，从此销声匿迹，退居幕后。

该处罚，对整个直播电商行业都起到了警示作用。2022年1月，有传闻称另一名头部主播背后的公司曾紧急补缴了17亿元税款，但该公司对此持否定辟谣态度。有分析认为，这名主播可能因为存在纳税问题而被税务部门提醒，认识到自己的问题后，积极配合补缴了相应的税款，才得以顺利"过关"。

而另有网络主播，据说在面对税务机关的预警提醒时，置之不理，最终被税务机关立案稽查和公开曝光。

"五步工作法"中既有严格执法的刚性，又有人文关怀的柔性，刚柔并济，双管齐下，既维护了税收征管秩序，又保障了纳税人合法权益。

对于纳税人来说，可以充分利用好"五步工作法"中给予纳税人的自查空间，开展财税违规自查，作为避免税务行政处罚甚至规避刑事处罚风险的重要手段。

借助"五步工作法"，企业可以有效整改财税中的不合规行为。

（1）在提示提醒中，及时发现财税工作中存在的违规风险。

（2）在督促整改中，完善相关财税合规制度建立和证据资料归集。

（3）在约谈警示中，充分利用第三方机构做好财税合规整改规划。

（4）在立案稽查中，积极配合做好有效沟通，避免涉税风险发生。

（5）在公开曝光中，做好相关媒体公关，及时降低社会不良影响。

第三篇

企业
财务
合规

第五章 账务合规：两套账风险应对与合规

随着金税四期系统的上线，企业再做两套账的风险会越来越高。但还是有很多企业都在铤而走险，还有些企业为了生存不得已而为之。不管出于什么目的，只要企业存在两套账，必然会存在巨大的财务风险。

很多企业的两套账是日积月累形成的，想要迅速并账困难很大，但我还是建议企业应看得更加长远，尽量在一个纳税年度内完成两套账到一套账的并轨，合规地进行财税管理，规避风险。

第一节 做好账：按会计准则（制度）记账

财务有四大职能：做好账、交好税、管好钱、做好管控（图5-1）。

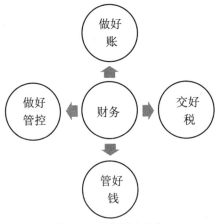

图 5-1 财务四大职能

做好账的标准有两个。

（1）对外安全。对外要确保财税安全，这是基本标准，也是财务管理的底线。

（2）对内准确。财务做的账要准确反映企业经营情况，给企业决策者、管理者及其他相关人员提供准确的经营信息。

会计人员日常主要的工作之一就是做账，做账不能随意而为，而是要有依据、有根据，这样做出来的账目才能够真实、合理、合规、合法。

一、我国的会计法规体系

我国的会计法规体系是以《会计法》为主法形成的一个比较完整的体系。在我国会计法规体系中，主要包括《会计法》、会计准则和其他对会计核算有影响的法规和部门规章。

我国会计法律体系由五个层次所组成。

（一）会计法

2000 年起施行的《会计法》，属于法律，是会计法规规章的母法。《会计法》是我国会计工作的根本大法，也是我国进行会计工作的基本依据，它在我国会计法规体系中处于最高层次，居于核心地位，是其他会计法规制定的基本依据。

（二）行政法规

2001 年起施行的《企业财务会计报告条例》，属于行政法规。

（三）会计准则

会计准则是我国会计核算工作的基本规范。会计准则是以《会计法》为指导，同时又是我国会计制度制定的依据。

2007 年 1 月 1 日施行的《企业会计准则》，属于会计准则。《企业会计准则》由财政部制定，于 2006 年 2 月 15 日财政部令第 33 号发布。

2011 年 10 月 18 日，财政部发布了《小企业会计准则》，要求符合适用条件的小企业自 2013 年 1 月 1 日起执行，并鼓励提前执行。

2012 年 12 月 5 日，财政部修订通过了《事业单位会计准则》，自 2013 年 1 月 1 日起在各级各类事业单位施行。该准则对我国事业单位的会计工作予以规范。

2015 年 10 月 23 日，财政部发布了《政府会计准则——基本准则》，自 2017 年 1 月 1 日起，在各级政府、各部门、各单位施行。

（四）地方规章

地方规章即地方政府依据上述法律法规制定的地方政府部门规章。

（五）会计制度

会计制度主要有《企业会计制度》（财会〔2000〕25号），它以《会计法》为依据，根据《企业会计准则》的要求，结合不同行业和预算单位的特点和企业经营管理的要求制定，于2001年1月1日起暂在股份有限公司范围内执行，该制度共计十四章一百六十条，主要包括会计原则、会计记账方法、会计科目及其使用说明、会计凭证、会计账簿和记账程序、会计报表格式、报送程序和编制说明、会计档案的保管和处理方法、会计制度的修订、补充权限及其他有关规定、成本核算方法等。

以上五层的法规层级和法律效力是逐步降低的。下位法不能违背上位法，即下层不能和上层法律法规冲突，否则无效。

二、按会计准则来做账

实操中，很多企业有这样的疑问：做账是依据会计准则还是税法？

账务处理的依据是会计准则，税法只是计算和缴纳税款的依据。依据会计准则进行账务处理时，会与税法相关要求存在差异，从而产生纳税调整，在实践中，许多财务人员从简化核算的角度考虑，倾向于依据税法进行处理，从而避免了纳税调整。

事实上，如何进行会计核算与税务规定并没有直接关系，按税法的规定进行账务处理是错误的。而且，按税法的规定也无法进行财务处理。比如，如何编制记账凭证？如何编制财务报表？这些事项，税法并没有规定。税法主要规范纳税人的纳税行为，何种行为需要纳税、如何计算应纳税款、有何优惠政策、何时申报纳税，这些才是税法规定的核心内容。

举个最简单的例子，从银行提取现金5万元，如何进行账务处理，税法有规定吗？没有，只有会计制度、会计准则才有明确的规定，按税法的规定处理不了会计核算问题。

企业会计准则规定的内容与税法规定的内容有一定的偏差。现实中，确实有企业在会计核算时按照税法的规定进行，但这种做法很难准确核算企业的经营结果，而且涉税事项的计算和缴纳同样难以满足税法的要求。

（一）收入的确认不同

会计收入与增值税收入、企业所得税收入的确认原则是有区别的。比如，企业将自产产品用于在建工程或员工福利时，会计上是不确认收入的，但税法却要求视同销售确认收入。

（二）成本费用的确认标准不同

会计确认成本费用时，执行的是权责发生制的原则，只要是真实业务交易发生的支出项目，无论是否取得增值税发票和业务凭证，都可以根据经济业务发生的实际，按照会计准则的规定进行相关的会计处理。

比如，由于多种原因，企业无法取得发票，那么按照会计处理的原则，需要计入相关成本费用的当期。而税法规定，如果在汇算清缴前不能取得发票，则需要做纳税调整。

企业如果按照税法的规定进行业务处理，则企业核算的经营结果及反映的财务状况是不真实的，也不准确，存在明显的偏差。

另外，按照谨慎性原则对企业资产价值的确认，采用市场价值与成本孰低原则，并按会计准则的规定提取跌价准备或损失准备，而税法也是不允许在税前扣除的，需要做纳税调整。

（三）处理事项不同

某些会计上的处理事项，税法上无须处理。比如，企业从银行提取现金，或将现金存入银行，以及企业向银行借款、还款等相关的业务，税务上是不需要进行处理的，但会计上是需要进行记账和编制财务报表的。

税务上需要处理的事项，主要与增值税、附加税和企业所得税等相关的涉税处理相关；而与企业财务状况和经营结果相关的业务内容，还是需要根据企业会计准则的规定，通过记账和财务报表进行反映。

综上，企业做账是不可以按照税法的规定进行的，而是需要按照企业会计准则的规定来进行会计处理。否则，不仅不能准确反映企业的经营结果和财务状况，或许还会对涉税事项产生影响。

三、如何选择会计准则

假如我现在问你一个问题：贵单位执行的会计制度是哪一个会计制度（准则）？

有时候，你还不一定能答上来。一般会计人员都是延续记账习惯，对于单位使用的会计制度（准则）不一定很清楚。

任何企业记账都少不了一个会计记账的权威制度（准则）。截至目前，仍然有效的三个会计记账制度（准则）分别是《企业会计制度》《小企业会计准则》《企业会计准则》。

刚成立的企业，如果要建账，面临的首要问题就是应当依据《企业会计准则》《小企业会计准则》还是依据《企业会计制度》，需要具体情况具体分析。

（一）《企业会计准则》

我国现行的企业会计准则体系由基本会计准则、具体会计准则、应用指南、准则解释及实施问题专家工作组意见组成，自2007年1月1日起在上市公司范围内施行，鼓励其他企业参照执行。

《企业会计准则——基本准则》共1项，2006年2月15日财政部令第33号公布，2014年7月23日修改后重新发布。

企业会计准则——具体准则共42项，第1号至第38号由财政部2006年2月15日以财会〔2006〕3号文发布，其中的《企业会计准则第2号——长期股权投资》等5项具体准则于2014年重新修订后发布；第39号至41号为2014年新发布具体准则，自2014年7月1日起施行；2017年印发第42号准则。

目前，企业会计准则一直在根据国际准则进行修改，对于最新的修改动态，可以登录财政部网站具体进行查询。与会计准则配套的还有企业会计准则应用指南和附录《会计科目和主要账务处理》。

《企业会计准则》适用于大中型企业或不适用《小企业会计准则》的小企业。

（二）《企业会计制度》

除不对外筹集资金、经营规模较小的企业，以及金融保险企业以外，在中华人民共和国境内设立的企业（含公司），执行本制度。

（三）《小企业会计准则》

《小企业会计准则》适用于在中华人民共和国境内依法设立的、符合《中小企业划型标准规定》所规定的小型企业标准的企业。但是，有以下三类小企业除外。

（1）股票或债券在市场上公开交易的小企业。

（2）金融机构或其他具有金融性质的小企业。

（3）企业集团内的母公司和子公司。

小微企业，最好依据《小企业会计准则》来做账，因为账务处理、财务报表都比较简单。

1. 会计科目简单

《小企业会计准则》比《企业会计准则》少设置了 25 个一级科目。比如交易性金融资产、递延所得税资产、递延所得税负债、商誉、存货跌价准备、坏账准备、资产减值损失、信用减值损失、其他收益、以前年度损益调整、库存股等。

2. 账务处理简单

适用《小企业会计准则》的企业，账务处理相对更加简单。

3. 财务报表相对简单

《小企业会计准则》没有所有者权益变动表，而且财务报表列示的内容也比较简单，以资产负债表为例，没有商誉、递延所得税资产、递延所得税负债、应付债券等项目。

另外，《小企业会计准则》的利润表下，没有资产减值损失、信用减值损失、公允价值变动收益、其他收益等项目。

小微企业优先选择《小企业会计准则》，当然，符合《小企业会计准则》规定的小企业，按照规定，也可以选择执行《企业会计准则》。

一旦确定所依据的会计准则，在接下来做账的过程中，就要始终采取该准则的规定，贯穿一致，即若选择执行《企业会计准则》，就不能同时选择执行《小企业会计准则》的有关规定。

第二节 合规建账：依法设置会计账簿

企业建账可分为两种情况：一是新设企业建账，二是老企业建账。按《公司法》《会计法》《中华人民共和国税收征收管理法》等法律法规的规定，企业在成立后即应建账建制。例如，《会计法》规定："各单位必须依法设置会计账簿，并保证其真实、完整。"这是修订后《会计法》新增加的内容。

因此，每家企业在成立之初都会面临一个问题：建账。

什么是建账？建账就是根据《会计法》和国家统一会计制度的规定，以及企业具体行业要求和将来可能发生的会计业务情况，确定账簿种类、格式、内容及登记方法。企业要根据自身所处的行业要求和将来可能会发生的会计业务情况设置所需的账簿和会计科目，然后再根据已有的东西进行盘点估值入账，以后按业务情况逐笔记账。

会计账簿是记录会计核算过程和结果的载体。设置会计账簿，是企业会计工作得以开展的基础环节。只有设置并有效利用会计账簿，才能进行会计资料的收集、整理、加工、存储和提供，才能连续、系统、全面、综合地反映单位的财务状况和经营成果，才能通过会计账簿所提供的信息来揭示经济活动中存在的问题，寻找改善经营管理的对策。

依法合规设账问题，在我国会计工作实际中是一个比较薄弱的环节。由于依法经营的法治意识淡薄，一些企业不设账，或者账外设账，或者私设"小金库"，或者造假账等，以达到种种非法目的，不仅干扰了社会经济秩序，为法律所不允许，而且也会为企业带来严重的财务风险。因此，务必要认真对待建账问题，不仅要依法建账，同时还要确保会计账簿的合规合法。

新成立的公司建账需要遵循法规，合规建账。企业应合理设置账簿、合理设计科目，并加强财务监管和严格执行审查程序。

一、建账的考虑因素

不论何种类型、规模的企业，在建账时都要结合以下要点进行。

（一）符合企业业务量

通常，企业规模与业务量是成正比的，规模大的企业，业务量大，分工也复杂，会计账簿需要的品种也多；企业规模小，业务量也小，会计账簿需要的品种也少。对于一些小微企业，一个会计人员可以处理所有经济业务，就没有必要设许多账，所有的明细账合成一两本即可。

（二）满足企业管理需要

建立账簿是为了满足企业管理需要，为管理提供有用的会计信息，所以在建账时以满足管理需要为前提，避免重复设账、记账。

（三）符合账务处理程序

根据企业业务量大小不同，所采用的账务处理程序也不同。企业一旦选择了账务处理程序，也就选择了账簿的设置。如果企业采用的是记账凭证账务处理程序，企业的总账就要根据记账凭证序时登记，会计人员就要准备一本序时登记的总账。

不同的企业在建账时所需购置的账簿是不同的，总体讲要依企业规模、经济业务的繁简程度、会计人员的多少、采用的核算形式及电子化程度来确定。但无论何种企业，都存在货币资金核算问题，现金和银行存款日记账都必须设置。另外，还需设置相关的总账和明细账。

二、企业如何选择账簿

不同企业单位所需用的账簿是不尽相同的。但不管账簿的格式如何，从其所起的作用看，大致可分为四类。

（一）序时账簿

序时账簿是指现金日记账、银行存款日记账和转账日记账。

（二）分类账簿

分类账簿包括总分类账簿和明细分类账簿。

（三）序时与分类相结合的联合账簿

这类账簿是指既是序时记录又是分类记录，既是日记账又是总账的账簿，如日记总账。

（四）备查账簿

备查账簿是记录非本企业资产或其他重要事项的账簿。

会计账簿从外表形式分，有订本式、活页式、卡片式三种。订本式账簿可防止账面散失和随意抽换；活页式账簿可视经济业务的多寡随时增添账页或抽取多余的空白账页，避免浪费；卡片式账簿也具备活页式账簿的优点，但容易散失，必须严加管理。

一家企业究竟应设计和使用何种账簿，要视企业规模大小、经济业务的繁简、会计人员的分工、采用的核算形式及记账的机械化程度等因素而定。举例来说，小微企业选择的账簿一般较为简单，见表 5-1。

表 5-1 小微企业账簿体系

企 业 特 点	核 算 形 式	账 簿 体 系
小微企业（小规模纳税人）	记账凭证	现金、银行存款日记账；固定资产、材料、费用明细账；总账
	日记总账	序时账同上；日记总账；固定资产、材料明细账

三、建账的基本程序

会计人员均应根据核算工作的需要设置应用账簿，建账基本程序如下。

（1）按照需用的各种账簿的格式要求预备各种账页，并将活页的账页用账夹装订成册。

（2）在账簿的"启用表"上写明单位名称、账簿名称、册数、编号、起止页数、启用日期及记账人员和会计主管人员姓名，并加盖名章和单位公章。记账人员或会计主管人员在本年度调动工作时，应注明交接日期、接办人员和监交人员姓名，并由交接双方签名或盖章，以明确经济责任。

（3）按照会计科目表的顺序、名称，在总账账页上建立总账账户，并根据总账账户明细核算的要求，在各个所属明细账户上建立二级、三级……明细账户。原有单位在年度开始建立各级账户的同时，应将上年账户余额结转过来。

（4）启用订本式账簿，应从第一页到最后一页，按顺序编定号码，不得跳页、缺号。使用活页式账簿，应按账户顺序编本户页次号码。各账户编列号码后，应填"账户目录"，将账户名称页次登入目录内，并粘贴索引纸（账户标签），写明账户名称，以利检索。

第三节　合规记账：选择正规代账机构

据我了解，有很大一部分小微企业在成立之初是没有专职会计的，出于节省成本的考量，它们往往选择外部的代理记账机构，将日常记账、报税工作外包。

选择代理记账机构，本身无所谓对错。而且，委托代理记账，法律上是允许的，《会计法》第三十四条明确规定："各单位应当根据会计业务的需要，依法采取下列一种方式组织本单位的会计工作……（三）委托经批准设立从事会计代理记账业务的中介机构代理记账……"

不过，在选择代账机构的同时，也等于将企业最核心的财税环节外包，如何确保外包后的财税合规与财税安全，是一个很致命的问题。

代理记账行业也确实鱼龙混杂、乱象不断，"入坑"的企业有很多。

李老板："之前我经朋友介绍找过一家记账公司，还挺便宜的，一个月79元，结果给我的账目做得乱七八糟，应付、应收账款公司的名称不是多一个字，就是少一个字，商贸公司写成贸易公司，后面的代账公司都没办法接手。"

张老板："别提了，气死我了！刚开始以为就是找人做做账，应该也没什么大问题，就选了家最便宜的，结果税务漏报，把我公司搞成了税务非正常户。"

赵老板："不知道是不是我运气太差，交了一年的钱，结果刚到第 3 个月，代账公司就人去楼空了！"

陈老板："我找的记账会计，费用倒是不高，一个月 200 元，但是很多事情都不提醒，我初次开公司，又不太懂，公司对公账户没有按时年检，兼职会计也没告诉我，导致账户被银行冻结，最后不得不注销重办。"

叶老板："我朋友的公司就是找的兼职会计，账目给做得一塌糊涂，一年记的账就草草几页纸，后来朋友公司发展还不错，企业到了融资阶段，外部投资人发现公司账目太乱，差点打了退堂鼓，后来花大价钱找了专门的财务咨询机构，才将公司账目理顺，顺利融了资。"

类似的抱怨，我听太多太多小公司老板讲过，他们都吃过代理记账的亏。

对于企业而言，要擦亮眼睛，避免被"不靠谱"的代账机构和个人欺骗。在企业选择代理记账机构的时候，我建议：不要一味地只比较价格，除了要看机构的规模、人员配置、办公设施、硬件设施、财务制度、专业度和素养等，还要结合《代理记账管理办法》的最新规定进行筛选，确保企业财务记账报税板块的合法合规，确保财税安全。

《代理记账管理办法》是为加强代理记账资格管理，规范代理记账活动，促进代理记账行业健康发展，根据《会计法》等法律、行政法规制定的。2019 年 3 月 14 日，财政部审议通过了《财政部关于修改〈代理记账管理办法〉等 2 部部门规章的决定》。其中修改的重点如下。

一、代理记账机构的人员配置要求

将《代理记账管理办法》第四条修改为：

申请代理记账资格的机构应当同时具备以下条件：

（一）为依法设立的企业；

（二）专职从业人员不少于 3 名；

（三）主管代理记账业务的负责人具有会计师以上专业技术职务资格或者从事会计工作不少于三年，且为专职从业人员；

（四）有健全的代理记账业务内部规范。

代理记账机构从业人员应当具有会计类专业基础知识和业务技能，能够独立处理基本会计业务，并由代理记账机构自主评价认定。

本条第一款所称专职从业人员是指仅在一个代理记账机构从事代理记账业务的人员。

二、代理记账会计人员方面

代理记账会计人员要符合以下要求。

（1）具备会计师以上专业技术职务资格或者从事会计工作不少于三年。

（2）会计人员违反职业道德的，由所在单位进行处理。

（3）没有设置会计机构或者配备会计人员的单位，应当根据《代理记账管理办法》的规定，委托会计师事务所或者持有代理记账许可证书的代理记账机构进行代理记账。

企业在考察代理记账机构时，可以参照《代理记账管理办法》的规定，按上述标准去选择，"踩坑"的概率将会大大降低。

第四节 企业两套账的常见模式与危害

"两套账"作为众多企业流传已久的"保留项目"，由来已久，已经成为大家心知肚明"不能说的秘密"，作为财务人员，相信大家都不陌生。

两套账又叫内外账，即一个企业内存在两套账务：一套账对内，给老板看，相对真实，叫内账；一套账对外，主要是应付税务部门，叫外账。两套账在中小企业属于比较普及的现象，主要原因在于：一是国内相关法律法规制度的不健全，导致孕育了两套账生长的土壤，短期内不可能完全消失；二是许多老板还存在侥幸心理，因为两套账可以有效避免企业多纳税款，即所谓的偷漏税。

一、两套账的模式

两套账指的是管理账（内账）与税务账（外账），两套账存在本身并不违法，因为企业对外提供的会计成果仍然是由符合法律规定核算的外账产生，而内账只是企业作为内部管理使用的备查账簿而已。虽说企业通常编制两套账并不是违法行为，但是外账不符合相关法规要求产生偷税漏税、误导会计信息使用者等后果就属于违法行为，就变味成假账了。

（一）从公司的角度看账的目标

1. 内账目标

内账目标是反映企业实际收支的情况，是以收付实现制为主的流水账，因此核算的重点是实质不是形式。

2. 外账目标

外账目标是反映企业经营成果的情况，是以权责发生制为主的核算账，核算的重点是形式不是实质，符合税法的要求，尤其是以合法有效发票为准。

（二）账是怎么来的

企业记账模式及两套账的生成流程如下。

（1）记账模式：原始凭证—记账凭证（会计判断）—会计账簿—会计报表。

（2）管理账：业务"事实"—原始凭证—记账凭证—明细（总、辅助）账—会计报表。

（3）税务账：业务"事实"—发票明细—其他调整—纳税申报表。

从原理看，报表是账簿的结果，账簿是报表的过程，凭证是账簿的基础，记账凭证是原始凭证的判断记录，原始凭证是记账凭证的事实依据，如果改变原始凭证是可以改变报表的，理论上从凭证上做文章改变报表是可能的。

（三）账是怎么看的

企业不同利益相关方，对账的需求是不同的，关注点也各不相同。

（1）资本方（股东、券商）。不看账本，只看报表。比较关注报表的投资回报率、营收增长性。会通过各项指标来推断报表真实性，指标是否符合行业规则。

（2）金融方（银行、小贷、典当）。账簿报表是必看的，对大额项目特别关注，可以抽查凭证。比较关注往来款、资产负债率、流动比、速动比。

（3）税务局。账簿报表必看，可以查看凭证。税收评估指标体系分为10个基本指标、10个修正指标。指标的选取是根据各税种纳税申报表、财务会计报表、第三方信息及补充申报表中的项目和科目，通过财务分析、数理统计分析等方法演算成的特定分析指标。

（4）第三方（审计、会计师事务所）。重点查看凭证、账簿、报表，通过核实科目余额以验证报表的真实性。具体而言，对于现金，主要通过盘点的方式核实，审计部门可以通过实质情况和形式审核发现账务存在的问题；对于银行存款，主要通过函证的方式核实；对于往来款，主要通过函证的方式核实；存货、固定资产通过盘点方式核实。

（5）管理层（总经理、部门经理）。重点看报表和筛选出来的重要指标，只看结果；对预算考核的指标特别重视。针对不同岗位来说，关注重点见表5-2。

表 5-2　管理层关注指标

职　位	关 注 指 标
总经理	利润完成率
销售经理	销售达成率，应收账款周转率
人事经理	人员离职率，工资占销售比率
营销经理	营销费用与销售收入比率，营销费实际与预算比对

（四）两套账的三种模式

1. 内外账平行模式

平行模式，即"一内一外"两套账，平行独立核算，独立承担自己的责任。比如外账承担应付税务的责任，内账直接为管理提供真实、可靠的数据。

平行模式下，企业真实报表 = 内账报表。

平行模式的内外账操作要点如下。

（1）对于正常的业务，如收入、成本、费用是有发票的凭证，对其进行复印，原件作为外账的记账凭证，复印件作为内账的记账凭证。

（2）先做内账，内账凭证做好后，经过测算把需要复印的凭证按顺序编号1、2、3……编好，并在内账凭证编好对应的编号，以方便通过内账查找外账凭证。

（3）复印凭证，发票、明细清单、凭证封面都需要复印吗？这要根据财务管理需要而定，一般情况下只需复印凭证封面。

2. 内账加外账模式

该模式下，企业真实报表 = 内账报表 + 外账报表，其操作要点如下。

（1）按发票区分做账，有发票就往外账做，没有发票就往内账做。内账、外账可以同时做。

（2）从业务上对内外账做区分。

3. 一套账数据调节模式

一套账数据调节模式下，内账通常由外账调节而成，企业真实报表 = 外账报表＋调整表格，其操作要点如下。

（1）部分收入、人工费用等一些不方便入外账的业务，根据凭证登记表格台账。

（2）月底根据台账登记科目余额表。

（3）外账根据业务正常入账。

每家企业都有一些不方便计入外账的业务，如给体制内的领导分红、提佣等，常见的做法是一套账多套表的模式，以满足各个部门多样化需求。

二、两套账的风险

（一）税法风险

从税务角度讲，如果公司被税务机关发现由于做两套账而少交税、偷税或者漏税，需要依法补缴相应税款，且每天要加征万分之五的滞纳金，还要处以 0.5 倍到 5 倍的罚款。

▶【案例 5-1】
企业利用两套账隐瞒收入，被处以高额罚金

2022 年 7 月，福州市税务局第一稽查局公告查处了一个内外"两套账"的公司。该稽查局对该公司 2010 年 7 月 1 日至 2020 年 2 月 20 日期间的涉税情况进行检查，发现该公司自 2012 年至 2018 年通过隐瞒收入、账外经营，合计未申报不含税销售收入 65 061 972.38 元。

根据《中华人民共和国税收征收管理法》第六十三条、《福建省税务行政处罚裁量权基准》的规定，该公司被处以所偷税数额 2 860 575.49 元 1 倍罚款，即 2 860 575.49 元。

（二）刑法风险

通过两套账隐瞒收入、逃税，除了补税、罚款和缴纳滞纳金之外，如果达到刑法认定的标准，还会涉及"逃税罪"。

《刑法》（根据《刑法修正案（十二）》修正，2024 年 3 月 1 日起施行）第二百零一条规定："【逃税罪】纳税人采取欺骗、隐瞒手段进行虚假纳税申报或者不申报，逃避缴纳税款数额较大并且占应纳税额百分之十以上的，处三年以下有期徒刑或者拘役，并处罚金；数额巨大并且占应纳税额百分之三十以上的，处三年以上七年以下有期徒刑，并处罚金。"

逃税罪有一个宽限条件，并非第一次触及就认定逃税罪。企业有上述行为，经税务机关依法下达追缴通知后，补缴应纳税款，缴纳滞纳金，已受行政处罚的，不予追究刑事责任，但是，五年内因逃避缴纳税款受过刑事处罚或者被税务机关给予二次以上行政处罚的除外。

▶【案例 5-2】

会计因两套账被判刑

某公司会计许某某在总经理黄某某和财务总监张某某的指使下，设立真假两套公司财务账，偷逃增值税税款合计共 569 150.96 元。虽已补缴税款，但也无法免除责任，作为普通会计人员的许某某，因犯逃税罪，被判处有期徒刑三年，缓刑三年，并处罚金人民币 100 000 元。

▶【案例 5-3】

会计做两套账被追刑责

被告人危某文身为普安县某水泥厂的会计，通过做两套账簿方法，涉嫌逃税金额共计 935 622.29 元。作为该厂税务申报直接责任人，以逃税罪追究其刑事责任，判处有期徒刑三年，缓刑五年，并处罚金人民币 3 万元（罚金限判决生效后 30 日内缴纳）。

（三）会计法风险

《会计法》（2024 年修正）对私设账簿的处罚作出了规定。

第四十条规定："违反本法规定，有下列行为之一的，由县级以上人民政府财政部门责令限期改正，给予警告、通报批评，对单位可以并处二十万元以下的罚款，对其直接负责的主管人员和其他直接责任人员可以处五万元以下的罚款；情节严重的，对单位可以并处二十万元以上一百万元以下的罚款，对其直接负责的主管人员和其他直接责任人员可以处五万元以上五十万元以下的罚款；属于公职人员的，还应当依法给予处分：

（一）不依法设置会计账簿的；

（二）私设会计账簿的；

……

有前款所列行为之一，构成犯罪的，依法追究刑事责任。

会计人员有第一款所列行为之一，情节严重的，五年内不得从事会计工作。

有关法律对第一款所列行为的处罚另有规定的，依照有关法律的规定办理。"

第四十一条规定："伪造、变造会计凭证、会计账簿，编制虚假财务会计报告，隐匿或者故意销毁依法应当保存的会计凭证、会计账簿、财务会计报告的，由县级以上人民政府财政部门责令限期改正，给予警告、通报批评，没收违法所得，违法所得二十万元以上的，对单位可以并处违法所得一倍以上十倍以下的罚款，没有违法所得或者违法所得不足二十万元的，可以并处二十万元以上二百万元以下的罚款；对其直接负责的主管人员和其他直接责任人员可以处十万元以上五十万元以下的罚款，情节严重的，可以处五十万元以上二百万元以下的罚款；属于公职人员的，还应当依法给予处分；其中的会计人员，五年内不得从事会计工作；构成犯罪的，依法追究刑事责任。"

第四十二条规定："授意、指使、强令会计机构、会计人员及其他人员伪造、变造会计凭证、会计账簿，编制虚假财务会计报告或者隐匿、故意销毁依法应当保存的会计凭证、会计账簿、财务会计报告的，由县级以上人民政府财政部门给予警告、通报批评，可以并处二十万元以上一百万元以下的罚款；情节严重的，可以并处一百万元以上五百万元以下的罚款；属于公职人员的，还应当依法给予处分；构成犯罪的，依法追究刑事责任。"

私设账簿，不仅公司要面临税务风险和刑事风险，会计人员也要受牵连。

（四）现金交易风险

企业做两套账隐瞒收入的一个常见手法是现金交易，或者通过管理者、股东或财务人员的个人银行卡等形式以现金名义与企业挂往来账等。

根据《国务院办公厅关于完善反洗钱、反恐怖融资、反逃税监管体制机制的意见》（国办函〔2017〕84号）的规定，个人账户大额和可疑交易银行税务共享信息。文件明确了反洗钱行政主管部门、税务机关、公安机关、国家安全机关、司法机关及国务院银行业、证券、保险监督管理机构和其他行政机关组成的洗钱和恐怖融资风险评估工作组的工作思路，要求各部门发现异常，互相分享信息。

管理者、企业财务人员，甚至包括股东个人账户中收支的每一笔款项都会被公安、税务等部门监控。如果企业仍然像过去一样频繁通过管理者、股东或财务人员的个人卡进行违法交易，将会受到法律制裁。

（五）信用风险

国家已将打造诚信社会纳入日程，不断加大社会信用体系建设，税务机关将纳税人划分为 A、B、C、D 四个等级进行分别管理。税务信用等级高的企业，在税务服务、融资贷款等领域可享受相关优惠条件，而税务信用等级低的企业，不仅没有相应的优惠条件，反而会被税务机关重点监控。

即使从融资的角度看，两套账的做法也会得不偿失，一旦企业设置两套账弄虚作假糊弄投资人的事情败露，将严重影响企业信誉，被创投圈列入黑名单。

两套账巨大的潜在风险给了企业和财务人员一个提醒：账面是税务稽查的重点对象之一，通过两套账偷逃税，一经发现，必遭重罚，得不偿失。存在两套账操作和内外账差异的企业，务必进行合规化调整。

第五节　两套账合并的思路与实操方法

两套账的成因已经清楚，其危害也摆在了我们面前。如何取舍，相信大家会有一个明确的判断。

一、内外账合并思路

针对前文提及的三种内外账模式，其合并思路如下。

（一）内外账平行模式的两套账合并

内外账平行模式的两套账合并在三种两套账中合并起来最难，需将前期没有发票的成本费用设法取得发票，可以让业务部门配合，未开票的收入需要开票或做未开发票收入处理。

（二）两账合并：分步到位

分步合并到位，即分月逐步将未入账的收入、成本、费用取得发票入外账，将所有收入、成本、费用都入外账的当月作为并账的初始月份。

分步到位法适用于内账业务量庞大的公司，这部分业务取得发票需要较长的时间，为了减少并账取得发票的成本，不失为比较稳妥的一种方式。

（三）两账合一：一次性到位

一次性将两账合一，适用于内账业务量较小的企业，该部分业务，并账前就可以取得发票。其操作要点如下。

（1）从并账第一个月就将所有未入账的成本费用取得发票入账，并作为并账初始月。

（2）并账初始月的月末对比外账和内账科目，并对内外账差异进行处理。

不论哪种模式的并账，都可以借鉴"两套账合并引导表"（表5-3）来进行。

表5-3 两套账合并引导表

项 目	内 容	结 果	备 注
清理老账	结出所有明细的余额		
	整理外账，看哪些科目是重灾区		
获得真实情况	清理资产		
	清理债权债务		
差异汇总	汇总资产的主要差异		
	汇总前期收入积累差异		
	汇总前期成本费用积累差异		
	汇总公私不分导致的差异		
涉及的税种和税额	增值税		
	企业所得税		
	个人所得税		
	其他税		
处理方案	开始时间		
	处理方案		
	成本（代价）		
	加速时间		

二、内外账差异调整实操

企业财务报表中各科目的差异调整方法见表5-4。

表5-4 企业财务报表中各科目的差异调整方法

序号	科 目	核算内容	调整方法
1	现金	企业的库存现金。企业有内部周转使用备用金的，可以单独设置"备用金"科目。期末借方余额，反映企业持有的库存现金	最后调整，其他科目调整完毕后，只有现金科目和股东权益两个科目余额差异，多就由老板拿走，少就由老板补齐。个人卡的资金在内账上一般做银行存款处理，在差异调整时重新分类为现金
2	股东权益类科目	实收资本（或股本）、资本公积（含资本溢价或股本溢价、其他资本公积）、盈余公积和未分配利润	

续表

序号	科 目	核 算 内 容	调 整 方 法
3	银行存款	企业存入银行或者其他金融机构的各种款项。银行汇票存款、银行本票存款、信用卡存款、信用证保证金存款、存出投资款、外埠存款等，在"其他货币资金"科目核算。期末借方余额，反映企业存在银行或者其他金融机构的各种款项	1. 都是以银行对账单为依据，正常情况下没有差异。内外账会计没有严格核对银行对账单，有差错。账本与银行对账单相对比，找出错漏的凭证，不管业务实际的发生时间，全部在本期补记或红冲 2. 有的银行账户没有在外账体现，而且金额较大。将该账户的资金转到老板可以控制的非本公司账户或取现清空，然后销户。在外账上始终视同这些银行账户不存在。也可以补记到当月
4	应收账款	企业因销售商品、提供劳务等经营活动而应该收取的款项。期末借方余额，反映企业尚未收回的应收账款；期末贷方余额，反映企业预收的账款	1. 由于以前对外虚开、多开发票，实际上并没有这么多的销售收入，因此就会有一块应收账款长期挂账，外账数据大于实际数据。金额较小时，以现金收款的形式冲掉差异。金额较大时，以老板控制的银行账户向公司还款 2. 实际上是坏账，按道理100%提取坏账准备和进行坏账核销。但是坏账核销在税务机关办理审批有一定难度。坏账本身不影响规范，只是太多的坏账是对公司管理能力的否定。可以比照第一点的方法平掉一些 3. 因为收入不开票，外账的应收账款比实际小。外账不做处理，内账将款项收回就可以了。在两账合并的同时登记台账
5	其他应收款	企业除应收票据、应收账款、预付账款、应收股利、应收利息、长期应收款等以外的其他各种应收、暂付的款项。期末借方余额，反映企业尚未收回的其他应收款项	1. 填写收据，现金收款 2. 找一些费用发票冲平 3. 若金额巨大，大多是资金占用所引起。资金占用应清理归还。若资金占用金额巨大，就看老板有多大的实力了
6	预付账款	企业按照合同规定预付的款项。预付款项情况不多的，也可以不设置本科目，将预付的款项直接计入"应付账款"科目	1. 外账上预付的款项，因为采购没有发票，所以预付账款没有冲销，以撤销采购的名义，收回款项冲平 2. 外账上没有预付账款，实际上有，以后收到采购发票时，无法冲平，成为应付账款，导致多出来的应付账款按应付账款的处理方法处理掉 3. 若没有发票就不应该在外账付款，若有发票就应该在外账付款

序号	科　目	核　算　内　容	调　整　方　法
7	存货类科目	原材料、库存商品、发出产品、产成品、半成品、在产品、包装物、低值易耗品等	1. 由于采购时供应商没有开发票，外账没有入账，所以外账上数据小于实际库存。可以采用未入库的商品实际销售而外账不做销售。这类商品涉及客户需要开票，只能通过一定渠道开取进项发票 2. 由于为了减少增值税税负，虚开了采购发票入账，所以账上的库存大于实际库存。金额不大可以通过盘亏处理，金额较大可以做虚假出库销售，通过现金收款
8	固定资产	企业持有的固定资产的原价。建造承包商的临时设施，以及企业购置计算机硬件所附带的、未单独计价的软件，也通过本科目核算。期末借方余额，反映企业固定资产的原价	1. 因以前购买固定资产时没有取得发票，所以外账上没有固定资产入账。采取购买一批旧设备的方法取得发票，固定资产入账和实物相符，导致多出来的应付账款按应付账款的处理方法处理掉 2. 固定资产实际已经丢失、报废，但是账务没有处理而导致账上多出固定资产，进行固定资产清理
9	长期待摊费用	企业已经发生但应该由本期和以后各期负担的分摊期限在一年以上的各项费用，如以经营租赁方式租入的固定资产发生的改良支出等。期末借方余额，反映企业尚未摊销完毕的长期待摊费用	1. 企业原来往往将开办费、装修费（租赁）列进长期待摊费用，未开发票，造成账面待摊费用小于实际长期待摊费用。把内账长期待摊费用结转到当期损益 2. 对于冲费用虚开的发票可以一次性摊销
10	应付账款	企业因购买材料、商品和接受劳务等经营活动而应该支付的款项。期末贷方余额，反映企业尚未支付的应付账款余额	1. 因虚假采购导致账上有应付账款，实际并不需要支付。在外账银行账户写大小头支票，冲平应付账款，款项倒腾到账外 2. 因无票采购，在账上没有金额。用账外资金支付，外账不用处理
11	其他应付账款	企业除应付票据、应付账款、预收账款、应付职工薪酬、应付利息、应付股利、应交税费、长期应付款等以外的其他各项应付、暂收的款项。期末贷方余额，反映企业应付未付的其他应付款项	1. 对应资产项多为固定资产，因虚假采购导致账上有其他应付账款，实际并不需要支付。在外账银行账户写大小头支票，冲平其他应付账款，款项倒腾到账外 2. 因无票采购，在账上没有金额。第一种方法是用账外资金支付，外账不用处理；第二种方法是补开发票

第六节　企业存货账实不符的合规调整

根据国家财会制度的相关规定，企业有关存货、货币、固定资产、债券等实物资产，其账簿记录必须与实物保持一致。

但在实务中，很多企业由于资产管理较为混乱，账实不符的情况非常突出，尤其是存货，长期不进行盘点，随意处置的情况时有发生，有时账面存货长期过大，有时竟然还会出现库存余额为负数。企业账实不符主要表现为有账无实、有实无账和账实不匹配。

举例来说，某企业仓库管理员利用管理上的漏洞，私自将仓库中的一些物资盗为己有，而在企业的财务账簿上，这些物资依然存在，导致出现账实不符。

导致账实不符的原因主要有以下几方面。

（1）公司财务管理混乱，存货不按既定规范进行财务核算。

（2）对存货的账务处理不够及时，导致出现有物无账或有账无物。

（3）公司日常库存管理混乱，存在监管上的严重漏洞，票据传递、物资保管缺乏监管。

（4）未进行定期盘点，或盘点工作做得不够认真、彻底，导致未能及时发现存货上的问题并及时作出账务处理。

（5）违规购买发票抵减进项税，导致有账无物。

（6）货物售出而不入账，致使库存无法及时结转，出现有账无物。

存货账实不符，企业账簿上存货核算不真实、不完整，这对市场监督管理、财税等职能部门来说，企业的账就是假账，就无实际价值。这为企业经营行为的合法性、依法纳税的自觉遵从一度蒙上阴影，给企业带来了负面影响。

企业出现账实不符，不仅反映出内部管理上的漏洞，还会导致巨大的税务风险，涉嫌偷逃增值税和企业所得税，如果因购买增值税专用发票而导致账实不符，还涉及刑事犯罪，会面临相应的行政（刑事）处罚、罚款和缴纳滞纳金。

▶【案例5-4】

某生产加工型企业，近年来一直处于盈亏平衡的状态，要么是微利，要么是微亏，因此，公司缴纳的增值税很少，税负基本为零，该现象引起了税务部门的注意。

经过初步检查，税务工作人员发现该公司从专用收购凭证的领购和使用，到收购初级产品的入库及收购款的支付，再到进项税按规定申报抵扣等多个环节，其手续和凭据都是完整的、正常的。

税务检查人员要求该公司的财务经理提供详细的数据，通过分析，检查组发现该公司产出率明显偏低，产品成本中原材料的比重也明显偏大，如果其产成品成本中原材料的耗费额为50%，那么即使考虑增值税等扣除项目，按照成本价销售，最起码也有40%左右的增值率，那么该公司至少应该缴纳5%（13%×40%）左右的增值税，这与其实际增值税税负几乎为零显然是矛盾的。

检查组决定盘点该公司的库存商品，但是其财务科库存商品的明细账上并没有反映库存数量，只有金额。检查人员只得根据正常情况下每吨产成品的销售价格扣除毛利率来推算出数量，盘点结果显示仓库中根本没有大量产成品，该公司财务经理辩称产成品寄存在外面的仓库里，检查组立即提出去现场盘点。

面对事实，财务经理终于承认了平时虚开收购凭证，虚假购进原材料，用假领料单领用并计入生产成本，最终用假产成品入库单变成库存商品。由于虚假入库的产成品混在正常入库的产成品中，有金额无数量，公司只好在财务部库存商品的明细账上不反映库存商品的数量，出现了账实不符。

最终，该公司受到了应有的处罚。

我发现实操中相当多的企业都存在库存商品和原材料账账不符、账实不符的问题，而且很多公司都采取案例中类似公司虚假购进的做法，一方面可以抵扣增值税控制利润额，另一方面还可以将账面资金转到账外，可谓一举两得。但在面对税务稽查人员的深入核查时，该操作将会无所遁形。

当发现账务中账实不符时，要进行相应的合规化处理。

一、现金日记账账面余额与库存现金数额不符

如果现金出现账实差异（一般为盘亏），企业必须马上展开调查，找到差异原因与责任人，追回企业损失。

可采用实地库存盘点的方法，来确定库存现金的实际数额，并同现金日记账中的账面余额进行比对，以确定账实相符，并核查相应的盈亏情况。

清查之后，相关人员应填写"现金盘点报告表"，并以此为凭据来调整现金日记账的账面记录。

二、银行存款日记账账面余额与银行对账单余额不符

如果银行存款出现账实差异，财务人员需先编制银行存款调节表，在剔除正常未达账项之后仍存在差异，可通过与开户银行转来的对账单进行核对，以查明银行存款的实有数额。如果银行存款日记账与开户银行转来的对账单不一致，通常是由以下两个因素所致。

（1）企业、银行双方或一方记账有错误。

（2）存在未达账项。对于未达账项，财会人员应通过编制银行存款余额调节表进行调整。

通过调查，企业必须找到差异原因并处理相关责任人，如有需要，还可进行立案调查。

三、企业资产明细账余额与资产物资的实际数额不符

企业资产类主要包括存货、固定资产等。当出现账实不符时，要对各项资产进行逐一盘点，并根据盘点结果逐一填制盘存单，再同账面余额记录核对，以确定盘盈、盘亏数，填制实存账存对比表，作为账面记录调整的原始凭证。

同时，财务人员需要进行账务调整，对差异部分出具处理办法，如界定责任人后进行赔偿、处罚等。

企业应对内部资产进行规范、严格管理，定期核对账目、盘点仓库。

四、往来款项账实不符

企业的往来款项主要包含应收账款、其他应收款、应付账款等。在对账过程中，对于不相符的款项，要剔除未达账项等正常差异之后，再对存在争议、无法收回等款项，及时采取措施，尽可能追回款项，最大限度降低企业损失。

五、有关债权债务明细账账面余额与往来单位的账面记录不符

通常采取发函询证的方法进行核对。在确保往来账户记录完整且准确的前提下，编制"往来款项对账单"，寄往各往来单位。对方单位核对后退回，如果相符，则盖章表示核对相符；如果不相符，对方单位需要说明情况。

再据此编制"往来款项清查表"，分别注明核对中相符与不相符的款项，对不相符的款项按有争议、未达账项、无法收回等情况进行分类合并，再针对具体情况采取相应措施予以处理。

<table>
<tr><td rowspan="2">第六章</td><td>资金管理合规：确保企业
资金的安全与高效</td></tr>
</table>

第六章 | 资金管理合规：确保企业资金的安全与高效

　　资金是企业的血液，如果企业的资金管理不到位、不合规，会导致资金流动不畅，严重的可能资金链断裂，出现重大经营问题。

　　企业有必要强化资金合规化管理，防范资金运作风险，以提高企业总体资金运用效率，避免资金的闲置浪费，保障公司现金流的安全、持续、稳健、充裕，实现资产的扩张、资本的增值，让公司越来越值钱。

第一节　资金合规：企业资金管理合规指引

　　与资金管理相关的名词有很多：现金流、现金为王、筹资、融资、内部银行、现金控制等。

　　资金，通常被认为是现金和银行存款，广义上的企业资金也包括有价证券。

　　企业的银行存款主要是活期存款，它与现金均是支付工具，但用途不一。一般说来，现金主要用来进行小额、零星的支出，而银行存款则用于大额支出。

　　营运资金是企业资金管理的又一个重要对象，何谓营运资金呢？目前主要有两种定义。

　　第一种定义：营运资金＝应收账款＋存货－应付账款。

　　这一定义将应收、应付票据纳入应收、应付账款的范畴中。

　　第二种定义：是实践中的做法，营运资金被定义为资产减去流动负债。该定义下，营运资金表示企业现金、有价证券、应收账款和存货方面的投资减去用于流动资产筹资的流动负债。

　　关于营运资金的第一种定义，其实也可理解成企业所要负担的营运资金。应收账款和存货会挤占资金，而应付账款相当于借入资金。一般说来，当业务发展时，因为应收账款与存货的增加额会超过应付账款的增加额，所以营业收入增加时，营运资金的必要额也会增加，有时即使营业额不变，也会因应收账款周转期延长而需要增加营运资金。

前面我讲过财务的四大职能：做好账、交好税、管好钱、做好管控，其中的管好钱即资金管理。

资金管理合规是指管理资金的过程中要遵守相关的法律法规、行业规范和基本原则，目的是确保资金的安全、高效和合规性。

一、法律法规维度

在资金管理中，合规性是最重要的一环，而合规的基础则是依法依规经营。在进行资金管理之前，了解与资金管理相关的法律法规显得尤为重要。

首先，企业进行资金管理要遵守《公司法》《中华人民共和国证券法》《中华人民共和国商业银行法》等法律法规，这些法律法规明确规定了企业资金的来源、去向、处置和管理方式。

其次，企业还需要遵守相应的行业规范和准则，以保证企业资金管理的合规性和规范性，规避潜在的法律风险。

最后，企业还应具备高度的法律意识，建立健全的内部合规管理制度，确保资金管理过程中不违反法律法规，保障公司的合法权益和社会形象。

二、财务管理维度

资金管理是企业财务管理中极为重要的一环，它关涉到资金的使用、调配和运转。因此，在企业的资金管理中，需要建立完善的财务管理制度，确保资金的合理运用和科学管理。财务管理维度的资金管理主要包括如表 6-1 所示的内容。

表 6-1　财务管理维度的资金管理要点

项　目	内　容
预算管理	年度预算、月度预算、财务决策预算等
成本控制	直接成本、间接成本、固定成本、变动成本、费用成本等
资产管理	固定资产、流动资产、负债、所有者权益等
财务决策	投资决策、融资决策、分红决策等

三、风险控制维度

资金管理不仅需要合规，还要做到高效、稳健和风险可控。在资金管理中，风险管理是不可或缺的一部分。具体而言，企业需要从表 6-2 中的几个方面对资金进行风险控制。

表 6-2　资金管理风险控制要点

风险控制要点	详 细 内 容
现金收入控制	收款机的使用、票据与货款核对、销售日报与收款日报核对
现金支出控制	审批权限、审批标准支付申请、支付审批、支付复核、办理支付
库存现金管理	库存限额、使用范围、不允许坐支、每日清查和报告
银行存款管理	开户规定、转账结算规定、对账单核对、票据和印章管理
检查制度	现金收支日报、日常抽查、定期检查、内部审计

四、风险规避维度

资金管理失察，不仅会给企业带来严重的财务风险，而且还有可能给企业相关当事人带来刑事风险，给企业运营带来严重危机。

（一）资金监管不力的风险

企业如果没有设立完善的筹资监管制度，可能导致资金被挪用、侵占、抽逃，造成企业资产流失、不能按照预期项目产生收益的风险，相关责任人员对企业承担赔偿责任。情节严重的，国有企业工作人员可能构成贪污罪、挪用公款罪，私企工作人员可能构成职务侵占罪。

《刑法》第二百七十一条第一款规定：

【职务侵占罪；贪污罪】公司、企业或者其他单位的工作人员，利用职务上的便利，将本单位财物非法占为己有，数额较大的，处三年以下有期徒刑或者拘役，并处罚金；数额巨大的，处三年以上十年以下有期徒刑，并处罚金；数额特别巨大的，处十年以上有期徒刑或者无期徒刑，并处罚金。

▶【案例 6-1】
品牌直营店店长因职务侵占罪被判刑

2019 年至 2022 年，高某先后担任某商场的一服饰品牌直营店的店员和店长。其间，高某利用职务上的便利，私自将店内服饰低价销售给他人，并将部分货款占为已有。经核实，共有4650件服饰的销售货款未入账，成本总额近520万元。因公司核查，高某感到害怕，于2023年3月到公安机关投案自首。

法院经审理后认为，被告人高某利用职务上的便利，将本单位财物非法占为已有，数额较大，其行为已构成职务侵占罪。法院遂以职务侵占罪判处被告人高某有期徒刑6年，并处罚金人民币150 000元，同时责令其将违法所得退赔给被害公司。

规避资金监管风险的根本之道在于建立科学、严密的资金监管制度、流程，并坚决贯彻执行下去。

（二）企业违规筹资风险

缺钱，是很多企业的常态，为了弥补企业发展所急需的资金，筹资就成为很多企业日常运营的主旋律。企业在使用民间借贷、银行贷款、发行债券、股权融资等方式进行筹资时存在利率、筹资成本、偿还能力、流动性、引狼入室（股权融资中失去企业控制权）等风险。采用发行股票方式筹资，存在发行、市场、政策、公司控制权等风险。

如果掌握不好尺度，企业选择集资等方式进行筹资，还可能涉及非法集资，招来刑事责任。

▶【案例6-2】

非法集资"赔了夫人又折兵"

2023年11月29日，深圳市中级人民法院以集资诈骗罪判处被告人林某峰无期徒刑，剥夺政治权利终身，并处没收个人全部财产；其余11名被告人分别被判处有期徒刑两年至9年，并处罚金。

法院审理查明，2009年11月至2020年7月，林某峰等人先后设立深圳某投资公司、深圳某典当公司、深圳某信息服务公司，以P2P（点对点）网贷及民间借贷方式向15万余人非法吸收公众存款386亿元。其间，林某峰等人明知公司资金缺口巨大，仍继续进行非法集资活动，所募资金主要用于还本付息、支付经纪人佣金等非经营用途，集资诈骗逾118亿元。

一审宣判后，林某峰等7名被告人提出上诉。2024年4月1日，广东省高级人民法院对深圳某投资公司、深圳某典当公司、深圳某信息服务公司创始人、实控人林某峰等12人非法集资案作出终审裁定，驳回上诉，维持原判。

二审法院认为，一审判决认定事实清楚，证据确凿、充分，定罪准确，量刑适当，审判程序合法，遂作出上述裁定。

林某峰等人归案后，公安机关全力开展涉案资金、股权、房产等资产追缴。目前已追缴到案的资产，将在判决生效后依法返还集资参与人，不足部分将责令林某峰等人继续退赔。

非法集资是非法吸收公众存款或者变相吸收公众存款，是指违反金融管理法律规定，采用公开或者变相公开方式，向社会公众（包括单位和个人）吸收资金或者变相吸收资金，并承诺在一定期限内以货币、实物、股权等方式还本付息或者给付回报的行为，其中有几个比较典型的罪名，即非法吸收公众存款罪，集资诈骗罪，欺诈发行公司股票债券罪，擅自发行股票、公司企业债券罪等。

《最高人民法院关于审理非法集资刑事案件具体应用法律若干问题的解释》相关内容规定：

第三条　非法吸收或者变相吸收公众存款，具有下列情形之一的，应当依法追究刑事责任：

（一）非法吸收或者变相吸收公众存款数额在100万元以上的；

（二）非法吸收或者变相吸收公众存款对象150人以上的；

（三）非法吸收或者变相吸收公众存款，给存款人造成直接经济损失数额在50万元以上的。

非法吸收或者变相吸收公众存款数额在50万元以上或者给存款人造成直接经济损失数额在25万元以上，同时具有下列情节之一的，应当依法追究刑事责任：

（一）曾因非法集资受过刑事追究的；

（二）二年内曾因非法集资受过行政处罚的；

（三）造成恶劣社会影响或者其他严重后果的。

第四条　非法吸收或者变相吸收公众存款，具有下列情形之一的，应当认定为刑法第一百七十六条规定的"数额巨大或者有其他严重情节"：

（一）非法吸收或者变相吸收公众存款数额在500万元以上的；

（二）非法吸收或者变相吸收公众存款对象500人以上的；

（三）非法吸收或者变相吸收公众存款，给存款人造成直接经济损失数额在250万元以上的。

非法吸收或者变相吸收公众存款数额在 250 万元以上或者给存款人造成直接经济损失数额在 150 万元以上，同时具有本解释第三条第二款第三项情节的，应当认定为"其他严重情节"。

第五条 非法吸收或者变相吸收公众存款，具有下列情形之一的，应当认定为刑法第一百七十六条规定的"数额特别巨大或者有其他特别严重情节"：

（一）非法吸收或者变相吸收公众存款数额在 5 000 万元以上的；

（二）非法吸收或者变相吸收公众存款对象 5 000 人以上的；

（三）非法吸收或者变相吸收公众存款，给存款人造成直接经济损失数额在 2 500 万元以上的。

非法吸收或者变相吸收公众存款数额在 2 500 万元以上或者给存款人造成直接经济损失数额在 1 500 万元以上，同时具有本解释第三条第二款第三项情节的，应当认定为"其他特别严重情节"。

企业在进行筹资时，应严守以上法律红线，避免违规违法。

（三）企业间借贷风险

企业间资金借贷风险表现在两个方面。

（1）企业获得金融机构贷款以后转贷的，有可能触犯法律关于高额转贷的禁止性规定，被认定为无效并承担相应的刑事责任。

企业从金融机构获得借款，本身就是为了满足自身的资金需求。如果企业在获得借款以后，高额转贷牟利，扰乱金融秩序，危害国家金融安全，违背企业借贷的初衷，不但借贷行为本身无效，且有可能触犯刑律，承担相应的刑事责任。

（2）企业之间的借贷行为因违反相关法律规定，有可能被认定为无效。

例如，《最高人民法院关于审理民间借贷案件适用法律若干问题的规定》第十四条指出："具有下列情形之一的，人民法院应当认定民间借贷合同无效：

（一）套取金融机构贷款转贷的；

（二）以向其他营利法人借贷、向本单位职工集资，或者以向公众非法吸收存款等方式取得的资金转贷的；

（三）未依法取得放贷资格的出借人，以营利为目的向社会不特定对象提供借款的；

（四）出借人事先知道或者应当知道借款人借款用于违法犯罪活动仍然提供借款的；

（五）违反法律、行政法规强制性规定的；

（六）违背公序良俗的。"

第二节　现金、存款、票据、印章的合规管理

本节重点讲资金管理中的几个细分要素——现金、存款、票据、印章的合规管理。

一、现金合规管理

现金是一种货币性资产，流动性最强，可用来购买物资、偿还债务、发放工资、缴纳税金、支付手续费或进行对外投资，拥有一定量的现金是企业正常生产经营活动的保证。

根据国家现金结算制度的规定，企业收支的各种款项，必须按照国务院颁布的《现金管理暂行条例》的规定办理，在规定的范围内使用现金，现金管理的操作规范如下。

（一）规定现金的使用范围

（1）职工工资，津贴，这里所说的职工工资指企业支付给职工的工资和工资性津贴。

（2）个人劳务报酬，指由于个人向企业提供劳务而由企业向个人支付的劳务报酬。

（3）根据国家制度条例的规定，企业颁发给个人的各种奖金。

（4）各种劳保、福利费用以及国家规定的对个人的其他支出，如退休金、抚恤金、职工困难生活补助。

（5）出差人员必须随身携带的差旅费。

（6）结算起点（1 000 元）以下的零星支出。超过结算起点的应实行银行转账结算，结算起点的调整由中国人民银行确定、报国务院备案。

（7）中国人民银行确定需要现金支付的其他支出。例如，采购地点不确定，交通不便，抢险救灾以及其他特殊情况，办理转账结算不够方便，必须使用现金的支出。对于这类支出，现金支取单位应向开户银行提出书面申请，

由本单位财会部门负责人签字盖章，开户银行审查批准后予以支付现金。

（二）规定企业的库存现金限额

各开户单位的库存现金都要核定限额。

1. 库存现金限额的概念

库存现金限额是指国家规定由开户银行给各单位核定一个保留现金的最高额度。核定单位库存限额的原则是，既要保证日常零星现金支付的合理需要，又要尽量减少现金的使用。开户单位由于经济业务发展需要增加或减少库存现金限额，应按必要手续向开户银行提出申请。

2. 库存现金限额的核定管理

为了保证现金的安全，规范现金管理，同时又能保证开户单位的现金正常使用，按照《现金管理暂行条例》的规定，库存现金限额由开户银行和开户单位根据具体情况商定，凡在银行开户的单位，银行根据实际需要核定3～5天的日常零星开支数额作为该单位的库存现金限额。边远地区和交通不便地区的开户单位，其库存现金限额的核定可以适当放宽在5天以上但最多不得超过15天的日常零星开支的需要量。

库存现金限额每年核定一次，经核定的库存现金限额，开户单位必须严格遵守执行。其核定具体程序如下。

（1）开户单位与开户银行协商核定库存现金限额。

库存现金限额＝每日零星支出额×核定天数

每日零星支出额＝月（或季）平均现金支出额（不包括定期的大额现金支出和不定期的大额现金支出）／月（或季）平均天数

（2）由开户单位填制"库存现金限额申请批准书"。

（3）开户单位将申请批准书报送单位主管部门，经主管部门签署意见，再报开户银行审查批准，开户单位凭开户银行批准的限额数作为库存现金限额。

3. 各单位实行收支两条线，不准"坐支"现金

"坐支"现金是指企业事业单位和机关、团体、部队从本单位的现金收入中直接用于现金支出。各单位现金收入应于当日送存银行，如当日确有困难，由开户单位确定送存时间。如遇特殊情况需要坐支现金，应该在现金日记账上如实反映坐支情况，并同时报告开户银行，便于银行对坐支金额进行监督和管理。

4. 不得私设"小金库"

企业送存现金和提取现金，必须注明送存现金的来源和支取的用途，且不得私设"小金库"。

二、存款合规管理

银行存款，即企业存放在银行或其他金融机构的货币资金。根据国家有关规定，凡是独立核算的单位都必须在当地银行开设账户。企业在银行开设账户以后，除按核定的限额保留库存现金外，超过限额的现金必须存入银行；除了在规定的范围内可以用现金直接支付的款项外，在经营过程中所发生的一切货币收支业务，都必须通过银行存款账户进行结算。

按照国家《支付结算办法》的规定，企业应在银行开立账户，办理存款、取款和转账等结算。企业在银行开立人民币存款账户，必须遵守中国人民银行《人民币银行结算账户管理办法》的各项规定。

（一）银行存款账户类别

（1）基本存款账户。企业办理日常结算和现金收付的账户。企业的工资、奖金等现金的支取，只能通过基本存款账户办理。

（2）一般存款账户。企业在基本存款账户以外的银行借款转存、与基本存款账户的企业不在同一地点的附属非独立核算单位的账户，企业可以通过本账户办理转账结算和现金缴存，但不能办理现金支取。

（3）临时存款账户。企业因临时经营活动需要开立的账户，企业可以通过本账户办理转账结算和根据国家现金管理的规定办理现金收付。

（4）专用存款账户。企业因特定用途需要开立的账户。

一家企业只能选择一家银行的一个营业机构开立一个基本存款账户，不得在多家银行机构开立基本存款账户；不得在同一家银行的几个分支机构开立一般存款账户。

（二）银行存款合规管理

企业银行账户及存款应遵循以下规定。

（1）购买凭证。企业在银行开立账户后，可到开户银行购买各种银行往来使用的凭证（如送款簿、进账单、现金支票、转账支票等），用以办理银行存款的收付款项。

（2）通过银行账户办理转账结算。企业除了按规定留存的库存现金以外，所有货币资金都必须存入银行，企业与其他单位之间的一切收付款项，除制度规定可用现金支付的部分以外，都必须通过银行办理转账结算。企业不仅要在银行开立账户，而且账户内必须要有可供支付的存款，不得签发空头支票。

（3）银行结算纪律。企业通过银行办理支付结算时，应当认真执行国家各项管理办法和结算制度，单位和个人办理支付结算，不准签发没有资金保证的票据或远期支票，套取银行信用；不准签发、取得和转让没有真实交易和债权债务的票据，套取银行和他人资金；不准无理拒绝付款，任意占用他人资金；不准违反规定开立和使用账户。

（4）银行存款管理。企业的银行存款由出纳人员进行管理，出纳人员不得兼记总账；银行存款有关票据要由专人保管和签发，票据的签发必须经专人审批；企业的银行存款应定期与银行对账单进行核对，至少每月核对一次。

三、票据合规管理

这里主要谈一下空白支票、空白收据和有价证券的管理。

（一）空白支票管理

支票是一种支付凭证，一旦填写有关内容并加盖与银行预留印鉴相符的图章，即可成为直接从银行提取现金或与其他单位进行结算的凭据。因此，必须加强管理空白支票的使用，采取必要措施妥善保管，以免发生非法使用和盗用、遗失等情况，给企业造成不必要的经济损失。

存有空白支票的企业，必须明确指定专人妥善保管。要贯彻票、印分管的原则，空白支票和印章不得由一人负责保管，可以明确责任，形成制约机制，防止舞弊行为。

（二）空白收据管理

空白收据是指未填制的收据。空白收据一经填制并加盖有关印鉴，即可成为办理转账结算和现金支付的一种书面证明，直接关系到资金结算的准确、及时和安全，因此，必须按规定加以保管和使用空白收据。

空白收据一般由主管会计保管。要建立"空白收据登记簿"，填写领用日期、单位、起讫号码，并由领用人签字。收据用完后，要及时归还、核销。使用单位不得将收据带出工作单位使用，不得转借、赠送或买卖，不得弄虚作假或开具实物与票面不相符的收据，更不能开具存根联与其他联不一致的收据。作废的收据要加盖"作废"章，各联要连同存根一起保管，不得撕毁、丢失。

（三）有价证券管理

有价证券是一种具有储蓄性质、可以最终兑换成人民币的票据，它的种类较多，目前我国发行的有价证券主要有国库券、国家重点建设债券、地方债券、金融债券、企业债券和股票等。有价证券是企业资产的一部分，具有与现金相同的性质和价值。有价证券的保管同现金的保管基本一样，同时要对各种有价证券的票面额和号码保守秘密。为掌握各种债券到期时间，应建立"认购有价证券登记簿"。

四、印章合规管理

印章，是企业对外代表权、对内管理权的象征，于公司至关重要，被形象地称为"公司玉玺"，务必要妥善保管、合规使用。

（一）印章的种类

（1）公章。用于公司对外事务处理，市场监督管理、税务、银行等外部事务处理时需要加盖。

（2）财务专用章。用于公司票据的出具，支票等在出具时需要加盖，通常称为银行大印鉴。

（3）合同专用章。顾名思义，通常在公司签订合同时需要加盖。

（4）法定代表人章。用于特定的用途，公司出具票据时也要加盖此印章，通常称为银行小印鉴。

（5）发票专用章。在公司开具发票时需要加盖。

（二）印章的使用及法律效力

1. 公章的法律效力

公章，是法人权力的象征，在现行的立法和司法实践中，审查是否盖有法人公章成为判断民事活动是否成立和生效的重要标准。凡是以公司名义发出的信函、公文、合同、介绍信、证明或其他公司材料，均可使用公章。

2. 合同只有法人签字或公司盖章是否有效

《中华人民共和国民法典》（以下简称《民法典》）第四百九十条规定："当事人采用合同书形式订立合同的，自当事人均签名、盖章或者按指印时合同成立。在签名、盖章或者按指印之前，当事人一方已经履行主要义务，对方接受时，该合同成立。"

据此，法定代表人以公司名义从事民事活动时代表公司，所以仅有法定代表人签字也能使合同成立生效。

同理，虽然没有加盖公章，但如果在合同上签字的人得到了公司相应的授权，那么合同一样是有效的。

3. 私下用公章所签合同是否有效

公司自愿将公司印章外借他人使用，应视为公司授权他人使用公司印章，该印章所产生的权利义务关系应由该公司承担。即使未经公司授权，只要交易对方有理由相信盖章行为是公司做出的，符合表见代理的条件，加盖公章的合同也可能对公司产生法律约束力。

所以，务必要对印章进行妥善保管。

▶【案例6-3】

父亲指示儿子私刻印章被判刑

浙江某建筑公司突然收到法院的劳动仲裁裁决书，并被强制划拨了执行款，通过查看相关文件，工作人员才发现资料上盖的公司印章是伪造的，便报了警，警方介入调查后，很快锁定了嫌疑人张某。

原来，张某曾承接过挂靠在该公司名下的杭州某工地劳务分包工程，根据公司规定，印章每次使用后都要归还，因此，印章不能一直留在张某手上，每次都要来回取用，张某觉得麻烦，就指示其儿子在网上私刻了印章。

施工期间，张某雇用的工人王某受伤，经鉴定属于十级伤残，因赔偿事宜协商不成，提请了劳动仲裁。这期间，张某在《劳动仲裁授权委托书》等材料上加盖了伪造印章，并以建设公司名义出庭。劳动仲裁确定了建设公司赔偿王某数万元。之后，法院根据王某的申请采取了强制执行，将法律文书寄到了建设公司，这才被发现。

经检察机关提起公诉，法院以伪造公司印章罪判处张某拘役3个月、缓刑6个月，并处罚金3 000元。目前，张某已赔偿了王某的损失，建设公司被扣划的钱款也已退回。

私刻公司印章，不仅是违规行为，也是违法行为。根据《刑法》第二百八十条的规定，"伪造公司、企业、事业单位、人民团体的印章的，处三年以下有期徒刑、拘役、管制或者剥夺政治权利，并处罚金。"

事实上，只要实施了伪造印章的行为，无论是否造成了实际后果，都可能面临刑事处罚。如果情节严重，处罚会更重。

4.公司更名后原公章是否仍有效力

公司更改名称后，原公章仍然有效。企业名称的变更并不影响变更后的公司承担原公司的债务，盖有原企业名称印章的文件对变更后的公司依然具有法律效力。

对原企业名称印章应当妥善保管，可以明确保管人，重刻公章时应当对原印章进行销毁并登记备案，以降低法律风险。

（三）印章的保管

在日常经营中，印章的合理使用至关重要，公司需要注意印鉴的妥善保管，并制定有效的用章规则。否则即使是公司不知情的情况下，只要对方是善意的，公司都要对加盖公司印章的法律文件承担责任。

企业可以从以下几个方面着手，建立相应的印章管理制度，防范因管理不善而引发的法律风险。

（1）建立印章日常保管制度。公司印章采取分级保管的制度，各类印章由各岗位专人依职权需要领取并保管。

（2）明确印章保管人责任。印章保管人必须妥善保管印章，不得遗失。如遗失，必须及时报告；必须严格依照公司印章使用规定使用印章，未经规定的程序，不得擅自使用；在使用中，保管人对文件和印章使用单签署情况予以审核，同意的用印，否决的退回；检查印章使用是否与所盖章的文件内容相符，如不符，则不予盖章；在印章使用中违反规定，给公司造成损失的，由公司对违规违纪者予以处分，造成严重损失或情节严重的，移送有关机关处理。

（3）建立印章管理岗位法律风险防控体系。印章管理岗位人员要签订法律风险岗位承诺书，明确印章管理岗位的法律风险防控职责；同时，要加强对印章管理岗位人员法律风险防范的教育，不断提高印章管理的技能和法律风险防范意识。

（4）对伪造公司印章的行为须积极应对。企业在遇到伪造本单位或项目部印章的情况时：首先，及时向公安机关报案，追究伪造人的法律责任；其次，在相关报纸上发布澄清声明，及时知会潜在客户；最后，及时通知加盖伪造印章合同的相对人，陈述相关事实，解除相关合同，如果相对人不予配合，要及时通过法律途径认定合同无效，解除相关合同。

第三节 往来账长期挂账如何做合规化处理

"往来是个筐，什么都可以往里面装"。由于往来款科目不涉及损益，因此很多企业不重视该科目的管理，甚至只要是没有票的钱，不管是收回来的还是付出去的，都往往来科目里面装。该操作过去或许还行得通，但在金税四期严监管的当下，企业长期挂账的往来款，很容易被税务稽查盯上。

往来账，是企业资产和负债的重要组成部分，包括六大科目：应收账款、应付账款、预收账款、预付账款、其他应收款、其他应付款（图6-1）。

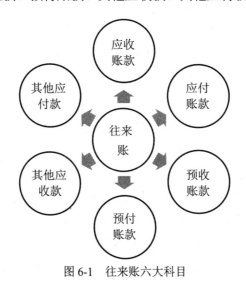

图 6-1 往来账六大科目

一、往来账长期挂账的风险

往来款长期挂账，是指企业在生产经营过程中，由于交易或其他事项产生的应付或应收款项，长时间未能及时结清，且账面余额持续较大。往来款长期挂账可能会因为多种原因，如长期不核对、不清理，机构改革、人员变动等，导致债权债务主体发生变化，使得往来款难以清理，甚至变成呆账坏账。往来款长期挂账会带来财税和法律的风险。

（一）隐瞒收入风险

企业在销售货物或提供服务并已收到对应款项时，应依法确认为销售收入。

实务中，有些企业为了隐藏收入或者延后收入的确认时间，将这些资金流以预收账款或其他应付款项的形式记录在账面上，试图规避税收。如未及时确认收入或未及时申报纳税，可能导致企业面临税务处罚。

▶【案例6-4】

加油站通过"其他应付款"偷税漏税

国家税务总局发布涉税案件中通报了一起加油站通过"其他应付款"偷税漏税事件。

经查，该加油站通过将第三方平台支付的部分优惠收入以"其他应付款"挂账等形式隐匿销售收入虚假申报等手段，少缴增值税等税费207.45万元。

税务稽查部门依据《中华人民共和国行政处罚法》《中华人民共和国税收征收管理法》等相关规定，对该加油站依法追缴少缴税费、加收滞纳金并处罚款，共计357.91万元。

（二）视同分红风险

自然人股东从企业获取分红时需缴纳个人所得税。实务中，部分股东为了不交这部分税款，会以股东借款的形式变相转移资金，以达到逃避分红纳税的目的，一旦被税务机关查到，会被视同分红，不仅要补交税款，还要加收罚款。

▶【案例6-5】

股东借款被追缴个人所得税

杭州某投资公司曾于2019年9月支付给股东高某某200 000元，借记"其他应付款"科目，期限超过一年未归还，且未用于企业生产经营，未按规定代扣代缴个人所得税。

国家税务总局杭州市税务局第三稽查局在检查时发现了这一违法行为，该局根据《中华人民共和国税收征收管理法》第六十九条之规定"扣缴义务人应扣未扣、应收而不收税款的，由税务机关向纳税人追缴税款，对扣缴义务人处应扣未扣、应收未收税款百分之五十以上三倍以下的罚款。"对该公司处应扣未扣税税款50%的罚款20 000元。

（三）资金占用风险

长期挂账的往来款可能导致企业资金被占用，影响企业的资金周转和运营效率。

（四）信用风险

长期挂账的往来款可能影响企业的信用评级，进而影响企业的融资和业务拓展。

（五）法律风险

长期挂账的往来款可能涉及法律纠纷，如合同纠纷、债权债务纠纷等，可能导致企业面临法律诉讼。

二、往来账的合规处理

企业应加强财务合规管理，定期清理往来款，以降低这些风险对企业的影响。

（一）长期挂账的应收账款

资金是企业的血液，而应收账款就是企业的中枢神经。

应收款是企业运营中常见的一项资产，但长时间的挂账不仅会影响企业的资金流转，还可能产生坏账风险。当应收款挂账超过 3 年时，企业需要采取一系列措施来降低风险、提高资产周转率。

1. 对账确认

对于长时间挂账的应收款，首先需要进行对账确认。对账确认的目的是核实应收款的金额、欠款方及欠款原因等信息是否准确无误。企业可以通过发送对账单、电话沟通、上门拜访等方式与欠款方进行对账确认，确保双方对应收款的认知一致。

2. 采取催收措施

在确认应收款无误后，企业需要采取积极的催收措施。催收措施可以包括发送催款通知、电话催收、上门催收等。同时，企业要注意催收过程中的合法性和规范性，避免出现不当行为导致法律纠纷。

如果欠款方暂时无法一次性还清欠款，企业可以与欠款方协商制订还款计划。还款计划需要明确还款金额、还款期限及还款方式等具体细节。

3. 考虑法律途径

如果催收措施无效，企业可以通过起诉、仲裁等方式追究欠款方的法律责任，要求欠款方履行还款义务。在法律途径中，企业需要准备好相关证据材料，并遵循法律程序进行操作。

4. 采取坏账准备措施

对于无法收回的应收款，企业需要采取坏账准备措施。

1）应收账款确认坏账需满足的条件

《企业资产损失所得税税前扣除管理办法》（国家税务总局公告 2011 年第 25 号）第二十二条规定："企业应收及预付款项坏账损失应依据以下相关证据材料确认：

（一）相关事项合同、协议或说明；

（二）属于债务人破产清算的，应有人民法院的破产、清算公告；

（三）属于诉讼案件的，应出具人民法院的判决书或裁决书或仲裁机构的仲裁书，或者被法院裁定终（中）止执行的法律文书；

（四）属于债务人停止营业的，应有工商部门注销、吊销营业执照证明；

（五）属于债务人死亡、失踪的，应有公安机关等有关部门对债务人个人的死亡、失踪证明；

（六）属于债务重组的，应有债务重组协议及其债务人重组收益纳税情况说明；

（七）属于自然灾害、战争等不可抗力而无法收回的，应有债务人受灾情况说明以及放弃债权申明。"

第二十三条规定："企业逾期三年以上的应收款项在会计上已作为损失处理的，可以作为坏账损失，但应说明情况，并出具专项报告。"

第二十四条规定："企业逾期一年以上，单笔数额不超过五万或者不超过企业年度收入总额万分之一的应收款项，会计上已经作为损失处理的，可以作为坏账损失，但应说明情况，并出具专项报告。"

另据《国家税务总局关于企业所得税资产损失资料留存备查有关事项的公告》（国家税务总局公告 2018 年第 15 号）的规定："一、企业向税务机关申报扣除资产损失，仅需填报企业所得税年度纳税申报表《资产损失税前扣除及纳税调整明细表》，不再报送资产损失相关资料。相关资料由企业留存备查。"

2）应收账款坏账的账务处理方法

（1）计提坏账准备。

借：信用减值损失

　　贷：坏账准备

（2）冲减多计提的坏账准备。

借：坏账准备

　　贷：信用减值损失

（3）实际发生坏账损失。

借：坏账准备

　　贷：应收账款

（4）已确认并转销的应收款又重新收回。

借：应收账款

　　贷：坏账准备

同时：

借：银行存款

　　贷：应收账款

（二）长期挂账的应付账款

应付账款是企业的一种短期债务，是企业从供应商那里购买商品或服务时所产生的。它与企业发展有着密切的关系。

对于企业长期挂账的应付账款，应根据企业财务内控管理的要求，说明核销理由（比如，长期挂账无人催收、双方已无业务往来、与对方公司长期无交易、债权人无法联系、应付账款主体已注销或被吊销等），同时，结合诉讼时效期间问题，由管理层或董事会在各自权利范围内批准核销，财务部门根据经批准的核销文件和会计准则规定对应付款项进行处理。

根据企业会计制度的规定，对于确实无法支付的应付账款，应当直接转入"营业外收入"，并按照规定缴纳相应的企业所得税。

（三）长期挂账的预收账款

实务中，某些企业会利用"预收账款"（新收入准则中部分通过"合同负债"核算）这个中转科目来延迟确认收入，以达到延迟缴纳增值税和企业所得税的目的。

该操作很容易导致账实不符，被金税系统判定为疑点，提示企业有利用预收账款拖延纳税或隐瞒收入的嫌疑，从而引发税务稽查。

通常，预收账款占销售收入的比例一旦超过20%，就会引起税务机关的特别关注，引发税务预警。

对于长期挂账无法清账的预收账款，应及时予以合规处理，根据内控管理的要求，对于符合下列条件之一的预收账款，可清账转入营业外收入。

（1）账龄在1年以上，且没有出货，非货款收款性质。

（2）账龄在1年以上，有下单计划，但是客户都没有下单要求出货，并与客户确认预收款是否下单，客户不回应超过诉讼时效期间的。

（3）账龄在1年以上，客户后续停止交易，客户在诉讼时效不催收款项退回的。

（4）账龄在1年以上的未知款，经过邮件抄送业务员，无人认领的。

（5）其他情形。

（四）长期挂账的预付账款

预付账款是指企业按照购货合同的规定，预先以货币资金或货币等价物支付供应单位的款项，一般包括预付的货款、预付的购货定金、预付工程款、预付备料款等，也是公司债权的组成部分。

对于长期挂账无法清理的预付账款，应当分析其挂账原因，作出不同的处理。

（1）如果是确实无法收回的款项，可以作为资产损失，并在企业所得税汇算清缴时进行专项申报。

（2）如果是实际货物或相关的成本已经发生，只是没有取得发票，未做账务处理，建议做相关账务处理。由于会计记账应当"据实记账"而不是"凭票入账"，但是税前要扣除的话，就需要相关凭证，因此会产生税会差异。

如果支出未超5年，可以追溯税前扣除，并相应调整所属年度应纳税额，视情形予以退税或者抵税处理。

（五）长期挂账的其他应收款

"其他应收款"这个科目一直都是税务稽查的重点，要注意风险防范和合规整改。

1.四种"其他应收款"违规操作

（1）个人借款。企业无偿为股东或个人提供借款，通过"其他应收款"长期挂账，不仅涉嫌偷逃个人所得税风险，而且还涉及增值税风险，全面营改增后，借款属于"金融服务"中的贷款服务，企业无偿为个人提供借款还应当视同销售服务，缴纳增值税。

▶【案例 6-6】

股东借款挂"其他应收款"被罚千万

2023 年，广东省东莞市税务机关对 K 投资有限公司实施税收检查，针对企业违法行为，税务机关依法对其作出补缴企业所得税 7 454.2 万多元、加收滞纳金 1 762.7 万多元的处理决定，目前税款已全部追征入库。

K 投资有限公司向银行、证券公司等多家金融机构贷款并支付利息费用，但并非全部用于本公司生产经营，而是被两家股东 YH 公司和 HS 公司长期占用。虽然在此过程中，两家股东公司有借有还，但 K 投资有限公司"其他应收款"项目始终保持较高余额。而 K 投资有限公司将这些借款资金产生的利息支出全部计入财务费用并在税前进行了列支。

检查人员认为，K 投资有限公司的借款超过了自身经营需要，被股东企业长期占用并且未合理分担利息支出，因此企业需要对税前不合理列支的财务费用进行纳税调整。

（2）隐藏不合理交易。股东利用"其他应收款"隐藏不合理的交易、占用企业资金。在税务稽查中，往来账户和关联交易是重点稽查对象，企业利用其他应收款挂账隐藏关联交易及占用资金等行为一旦被查处，不仅要补缴税款，还将面临严重的滞纳金和罚款。

（3）隐匿收入。通过"其他应收款"贷方挂账再冲销平账，企业利用"其他应收款"科目隐匿收入，属于通过少列收入的手段达到少缴应纳税款的目的，这种逃避纳税义务的行为将受到严厉的处罚。

（4）隐藏短期投资。部分企业利用借款将短期投资通过"其他应收款"核算，再收回冲销。企业利用这种方式隐藏短期投资，截留投资收益，一旦被稽查，将会面临严厉处罚。

2. 如何处理"其他应收款"长期挂账

对于"其他应收款"科目的违规操作，要采取如下整改措施。

（1）建立健全内部控制制度。对于"其他应收款"的产生、核算、审批、监督等环节，要制定明确的规则和流程，并严格执行。要定期对"其他应收款"的余额和变动进行分析与核对，并及时处理异常情况。

（2）做好相关凭证和证据的保存工作。对于"其他应收款"的每一笔交易，要有完整的凭证和证据来证明其真实性与合理性。例如，对于个人借款或者关联单位往来款项，要签订借贷协议，并约定借贷期限、利息、还款方式等；对于隐匿收入或者隐藏短期投资，要有相应的合同、发票、银行流水等。

（3）合理计提坏账准备和纳税调整。对于确实无法回收或者有回收困难的"其他应收款"，要根据会计政策计提坏账准备，在汇算清缴时进行专项申报和纳税调整。

（六）长期挂账的其他应付款

其他应付款，是指企业在商品交易业务以外发生的应付和暂收款项（除应付票据、应付账款、应付工资、应付利润等以外的应付、暂收其他单位或个人的款项）。

"其他应付款"挂账金额大也很容易成为税务稽查的重点，主要有以下几种违规行为。

（1）企业隐瞒收入，推迟纳税义务，将收款挂账"其他应付款"。

（2）账外经营隐瞒收入后借款经营通过"其他应付款"融通资金。

（3）取得虚开发票虚抵进项后资金回流挂账"其他应付款"。

对于长期挂账的其他应付款，应该如何处理呢？通常，对于企业存在的长期未支付款项，若税务机关有确凿证据，则会将该笔未付款项作为收入处理。反之，对于是确认收入还是继续挂账处理，则由企业自行决定。

企业自行处理的方法主要如下。

（1）及时归还。如果账上的资金充足，应及时归还。其会计分录如下。

借：其他应付款

　　贷：银行存款

（2）豁免债务。豁免债务需要相应的证明材料，分为公司和个人两种情况。计入"营业外收入"科目，不交增值税，但需要交企业所得税。其会计分录如下。

借：其他应付款

　　贷：营业外收入

（3）三方协议平账。三方通过签订三方协议平账，相互盖章并签字。必须是真实有证据资料方可操作，不可随意对冲。简单来说，只有真正存在三角债的情况下，才可以利用三方协议来平账，否则不仅有债务风险，还有税务风险。其会计分录如下。

借：其他应付款

　　贷：其他应收款 / 应收账款

第四节　企业"小金库"如何做到合规管理

大多数企业都有点"私房钱",即"小金库",也被称为"公私往来的万金油""领导的提款机""财务的薛定谔黑锅"。

小金库,是企业库存之外保存的现金和银行存款,一般情况下与企业设置的"账外账"相关联,通常,企业有"账外账"就有"小金库",有"小金库"就有"账外账"。

设置"账外账"和"小金库"是侵占、截留、隐瞒收入的一种违法行为,是滋生各种违法违纪行为的温床,危害性极大。

"小金库",是企业财务管理的毒瘤。从本质上看,"小金库"是公司的账外资产。企业性质不同,设立"小金库"的目的也不同,民营企业设立"小金库"的目的是套现与逃税。国有企业设立"小金库",是为了逃避监控、化公为私。不同类型企业私设"小金库",受到的处罚也不同。

一、国有企业"小金库"

凡国有企业违反法律法规及其他有关规定,应列入而未列入符合规定的单位账簿的各项资金(含有价证券)及其形成的资产,均属于"小金库"。

(一)国有企业"小金库"的来源

国有企业"小金库"主要有三种来源(表6-3)。

表6-3　国有企业"小金库"的来源

(一)隐匿收入设立"小金库"
1.用销售商品收入、提供劳务收入等营业收入设立"小金库"
2.用资产处置、出租、使用收入设立"小金库"
3.用股权投资、债权投资取得的投资收益设立"小金库"
4.用政府奖励资金、社会捐赠、企业高管人员上交兼职薪酬、境外企业和中外合资企业中方人员劳务费用结余等其他收入设立"小金库"
(二)虚列支出设立"小金库"
1.虚列产品成本、工程成本、采购成本、劳务成本等营业成本设立"小金库"
2.虚列研究与开发费、业务招待费、会议费、销售手续费、销售服务费等期间费用设立"小金库"
3.虚列职工工资、福利费用、社会保险费用、工会经费、管理人员职务消费等人工成本设立"小金库"

续表

（三）转移资产设立"小金库"
1. 以虚假会计核算方式转移原材料、产成品等资产设立"小金库"
2. 以虚假股权投资、虚假应收款项坏账核销等方式转移资产设立"小金库"
3. 以虚假资产盘亏、毁损、报废方式转移资产设立"小金库"
4. 以虚假关联交易方式转移资产设立"小金库"

（二）国企小金库违法认定

1. 构成贪污罪

国有企业领导如果私下同意将"小金库"中的钱以奖金为名义进行瓜分，以奖金作为掩饰，实质上侵吞了公款，应当构成贪污罪。

贪污是指国家工作人员利用职务上的便利，侵吞、窃取、骗取或者以其他手段非法占有公共财物的行为。国企领导私设"小金库"，以分发奖金为名，非法侵占公共财物为己有，符合贪污罪的构成要件，应当构成贪污罪的共同犯罪，对私分的全部金额承担刑事责任。

▶【案例 6-7】

国有企业董事长私设"小金库"被开除党籍

2007 年 3 月至 2017 年 6 月，许某在担任昆明某研究所所长和昆明某研究所有限公司党总支书记、董事长期间，安排相关人员采用少计或未开发票截留下属单位经营性收入、虚开发票套取公款等方式设立"小金库"，共计 2 158.91 万元。其中，用于巧立名目滥发津补贴和福利 960.53 万元，许某本人领取 67.64 万元；先后挪用 166 万元用于个人理财和无偿出借他人。此外，许某还存在其他严重违纪违法问题。2019 年 6 月，许某受到开除党籍处分，并被解除劳动关系，涉嫌职务犯罪问题移送司法机关。现该"小金库"已清理完毕。

2. 构成私分国有资产罪

国有企业领导私设"小金库"，并且以单位名义作出决定，将"小金库"中的钱作为奖金分发给单位员工，构成私分国有资产罪。

私分国有资产，是指国家机关、国有公司、企业、事业单位、人民团体，违反国家规定，以单位名义将国有资产集体私分给个人，数额较大的行为。私分国有资产罪是单位犯罪，应处罚直接负责的主管人员和其他直接责任人员。

所以，即使单位领导是将"小金库"中的钱分发给员工，也有可能构成犯罪，受到刑法的处罚。不过，根据罪责刑相适应的原则，构成私分国有资产罪，必须满足"数额较大"的条件，数额一般认定为10万元以上。否则，即使私分"小金库"，也只能认定为违反纪律，对其进行行政处分，并不会涉及刑事责任的问题。

二、私营企业"小金库"

私企"小金库"的来源主要包含以下方面。

（1）客户不要发票，收到的现金货款不入账。

（2）公司将款项转入第三方公司，取得发票后作为费用处理，然后从第三方公司讨回截留税费后金额。

（3）虚构临时工报酬，套取资金。

（4）出租公司闲置的资产，收到现金后不入账。

（5）处置公司废旧品的收入不入账。

（6）罚没（款）收入不入账。

（7）商业回扣。

一些私企老板或相关人员误以为自己不是国企工作人员，即使私设"小金库"，也不属于侵吞国有资产，不构成犯罪。这是一个极大的误区，私企私设小金库，财税、法律风险同样很大。

（1）私设"小金库"，首先涉嫌隐匿收入、偷税漏税罪。

（2）非国家工作人员，私设"小金库"，侵吞企业资产，数额较大的，会构成职务侵占罪。

▶【案例6-8】————————————————

收费员私设"小金库"被判职务侵占罪

2017年10月，沈某加入奉节县某物业公司，担任收费员。

善于钻营的沈某很快发现，总公司和业主之间存在"信息差"，总公司主要以系统中的业主信息为收缴基数，而业主则很少主动关心缴纳的款项是否入账。

在发现这个漏洞后，沈某产生了侵占这笔款项的想法。

从2018年6月开始，沈某故意不在缴费系统录入部分业主的信息，在向这部分业主收取物业费后，又出具自己购买的虚假收据，让业主误以为已经成功缴费。

之后，沈某通过同样的方式，相继侵占公司的车位费、装修保证金等。2018 年 8 月，总公司纪检部门发现沈某侵占公款的情况，向公安机关报案。2021 年 3 月，沈某涉嫌职务侵占罪一案移送奉节县检察院审查起诉。

奉节县检察院高度重视，立即启动涉企案件办理机制，办案组成员认真审查案卷材料，核实沈某侵占公款的事实。经审查，沈某在两年多的时间里共侵占各类缴费款 42 万余元。

在准确把握案件事实的基础上，检察官向沈某阐述认罪认罚从宽制度，促成沈某认罪悔罪，积极退赔侵占款项。

综合考虑沈某涉嫌违法犯罪情况、社会危害性、认罪认罚态度，检察机关提出了有期徒刑 1 年、缓刑 2 年并处罚金 3 万元的确定刑量刑建议。

三、"小金库"的合规处理

无论是国企还是私企，无论是否为公职人员，款项是否国有资产，各企业领导在对待"小金库"的问题上，都应当严格遵循单位内部的会计制度，更应当重视单位内部规章制度及文件的要求，对待各种款项按照规定上缴或核销，保持高度的谨慎。

（一）严禁企业私设"小金库"

企业私设"小金库"，既不合规，也不合法，企业相关人员应从思想上杜绝设立"小金库"的想法。做到收入全入账、支出有实际业务支撑。

（二）健全财务内控以及审计制度

健全企业财务内控以及审计制度，加强对关键岗位、关键人员的监督、制衡。定期对企业账目进行审计，可采取第三方审计同企业内部自查相结合等方式，杜绝企业及其各部门私设"小金库"、往来现金不入账现象。

（三）加强法律意识培养

企业应增强法律意识，定期进行法律培训，学习国家有关行贿、受贿的法律法规，树立正确的竞争意识。不使用非法手段谋取不正当利益。建立合理的薪酬制度、奖惩制度，培养员工忠诚意识，禁止员工以企业之名谋私人之利。特别是企业董事、高管等人员更应对企业忠诚，以企业整体利益为重，不得利用职务之便从事犯罪行为。建立健全企业规章制度，尽量做到所有办事流程公开透明，防止权力寻租，并且建立可行有效的监督机制，使权力互相监督、互相制约。

第五节　公私账户不分：风险点与合规化处理

某些老板会认为企业是自己的，公司资产也是自己的，就可以随意将公司的钱装入个人口袋（公转私），或者用个人的私人账户收取公司业务款项。

公私账户不分、随意公转私、私户收款，在企业中是很常见的操作（表6-4）。

表6-4　公私账户不分的几种情况

序号	描　　　　述
1	公司老板（包括家人）直接以批条、白条从财务账户提款
2	公司老板用个人卡号收取公司业务款项，再用个人账户随意消费
3	公司隐藏部分收入进私人账户，不报税，再从私人账户借钱给公司
4	老板家庭消费支出在公司进行报销
5	老板用私人微信、支付宝等移动支付工具收款，随收随花，不上交公司
6	公司业务人员用个人卡号收取公司业务款项
7	财务人员用个人账户作为公司备用金，支付报销费用，发放工资

实际上，企业作为完全民事行为主体，从产权上看，它是属于老板（股东）的，但从某种意义上讲，它又不完全是老板（股东）的，因为，哪怕是老板一人百分百持股，公司背后其实还站着一个股东——国家。

公私账户不分的种种操作，大概率是为了规避纳税，等于动了国家的税收，必然会受到查处和惩罚。

违规公转私、私转私（部分企业或个人为了规避税收监管，选择不通过公司账户而直接以私人账户进行资金流转）或私户收款，会导致老板、股东或企业其他相关人员的个人卡流水过高。要知道，金税四期监管的不仅是税务，还有"非税"业务，银行和税务的通道已经打通，银行账户有问题，将牵一发而动全身，税务也会第一时间获悉，风险指数非常高。

一、公私账户不分的风险

无论是资金上的公私不分，还是费用上的公私不分，都存在很大的安全隐患，不仅会造成企业财务管理上的诸多问题，还会给老板带来潜在的税务风险和法律风险。公私不分会造成个人资产与公司资产混同，存在有限责任公司承担无限责任的风险。

虽然我国法律上并未禁止公司账户同个人账户之间的正常资金往来，但对那些反常的资金往来，如公私账户间频繁、巨额、无正当理由的款项往来通常都会被监控。根据 2017 年 7 月 1 日起施行的《金融机构大额交易和可疑交易报告管理办法》，自然人和非自然人账户中大额交易和可疑交易（表 6-5）会被重点监控。

表 6-5　金融机构定义的大额交易和可疑交易

大额交易	1. 当日单笔或者累计交易人民币 5 万元以上（含 5 万元）、外币等值 1 万美元以上（含 1 万美元）的现金缴存、现金支取、现金结售汇、现钞兑换、现金汇款、现金票据解付及其他形式的现金收支
	2. 非自然人客户银行账户与其他的银行账户发生当日单笔或者累计交易人民币 200 万元以上（含 200 万元）、外币等值 20 万美元以上（含 20 万美元）的款项划转
	3. 自然人客户银行账户与其他的银行账户发生当日单笔或者累计交易人民币 50 万元以上（含 50 万元）、外币等值 10 万美元以上（含 10 万美元）的境内款项划转
	4. 自然人客户银行账户与其他的银行账户发生当日单笔或者累计交易人民币 20 万元以上（含 20 万元）、外币等值 1 万美元以上（含 1 万美元）的跨境款项划转。累计交易金额以客户为单位，按资金收入或者支出单边累计并报告
可疑交易	1. 短期内资金分散转入、集中转出或集中转入、分散转出
	2. 资金收付频率及金额与企业经营规模明显不符
	3. 资金收付流向与企业经营范围明显不符
	4. 企业日常收付与企业经营特点明显不符
	5. 周期性发生大量资金收付与企业性质、业务特点明显不符
	6. 相同收付款人之间短期内频繁发生资金收付
	7. 长期闲置的账户原因不明地突然启用，且短期内出现大量资金收付
	8. 短期内频繁地收取来自与其经营业务明显无关的个人汇款
	9. 存取现金的数额、频率及用途与其正常现金收付明显不符
	10. 个人银行结算账户短期内累计 100 万元以上现金收付
	11. 与贩毒、走私、恐怖活动严重地区的客户之间的商业往来活动明显增多，短期内频繁发生资金支付
	12. 频繁开户、销户，且销户前发生大量资金收付
	13. 有意化整为零，逃避大额支付交易监测
	14. 中国人民银行规定的其他可疑支付交易行为
	15. 金融机构经判断认为的其他可疑支付交易行为

当前，国家对于公转私、公私账户不分现象的监管越来越严，自 2024 年 5 月 1 日央行关于非银支付机构开展大额交易报告的新规施行，包括微信、支

付宝等在内的非银行第三方支付机构发生当日单笔或者累计交易人民币 5 万元以上（含 5 万元）的现金收支交易情况必须上报。

如果说以往税务机关掌握私人账户资金变动情况相对困难的话，在金税四期已经来临的当前则变得越来越容易。

不仅仅是公司老板，公司的核心人员，包括财务、高管等个人账户，都将是税务稽查的对象，尽量不要与企业对公账户有不正常的资金往来。

实务中，个人账户如果出现频繁转账，就会受到银行的查询和监控，企业管理者或相关人员公私账户间的每一笔流水都能被查清。

一旦被稽查，且发现企业确实存在问题的话，轻则补缴税款，同时要缴纳大量滞纳金和税务行政罚款，重则还可能会承担刑事责任。

企业公私账户不分的风险主要表现在以下几方面。

（一）税务风险

将公司款项打入私人账户是最常见的公私账户不分行为，有些是无意为之，有些则是老板刻意用来避税的方式，通过隐匿收入来达到少缴税的目的。两种行为都涉及偷税漏税，《中华人民共和国税收征收管理法》规定，进行虚假的纳税申报，不缴或者少缴应纳税款的，为偷税。对偷税的纳税人，由税务机关追缴其不缴或者少缴的税款、滞纳金，并处不缴或者少缴税款 50% 以上 5 倍以下的罚款。构成犯罪的，依法追究刑事责任。

▶【案例6-9】

法人因私户收款被罚款 23 万元

税务稽查局检查了公司实际控制人、法定代表人王某某在中国建设银行和农业银行开立的个人账户，发现上述两个账户用于收取客户汇入的货款。

经调查，公司当年未申报收入为 221 万元，确认成本为 181 万元。当年应纳税所得额增加 40 万元，当年企业所得税收回 10 万元。

处罚决定：公司因少缴增值税 37 万元和企业所得税 10 万元，罚款 0.5 倍，共计 23 万元。

该公司老板本想通过个人账户进行避税，结果不仅少交的税款被追回，而且还要支付大量罚金，同时还会影响到企业的信用等级，可谓得不偿失。

（二）民事法律风险

如果公司是个人独资性质，老板使用个人账户处理公司事务，会被认定为公私财产混同，则该股东应当对企业的债务与企业共同承担无限连带责任，这是公私账户不分的直接后果。如果该企业为拥有两个以上股东的有限责任公司，则该股东需要向企业承担返还责任，在企业无力对外偿还债务的情况下，该股东应当在用其私人账户收取营业收入的范围内承担偿还责任。

（三）刑事法律风险

公司股东利用职务上的便利，以非法占有为目的侵占公司的货币资金，有可能构成职务侵占罪；若挪作他用，则可能构成挪用资金罪；如果涉嫌洗钱，则有可能构成洗钱罪。

如果企业存在公私账户不分的问题，为消除潜在资金往来风险、税务风险和法律风险，需要及时作出改变。尤其是公司老板、股东，无论是资金往来还是费用报销都应按规范的财务流程进行处理，依法纳税，不可随意而为。

（四）账务不实风险

公转私后，如果无法提供有效凭证入账，导致企业财务报表的真实性受到质疑，不仅可能导致审计失败，还可能因此而影响到企业的信用评级、贷款融资及上市筹备等工作。

二、公司账户不分的合规处理

私户收款和公司间的私转私行为是不合规也不合法的，要予以杜绝。

对于公转私，可通过以下合规的方式进行处理。

（一）给老板发工资

老板要做好身份转换，首先是企业的员工，其次才是企业的股东和所有者。老板作为员工，可以给自己发工资，要按规定税率代扣个人所得税。发工资时要做好税务筹划，找到税负最低的方案，这个问题在后文的税务筹划部分会详细讲。

（二）按流程报销费用

老板的出差等费用，也要同员工一样，按流程进行报销，根据发票实报实销，多退少补。反过来也可以，老板先用自己的钱垫付，回来之后根据发票报销。

（三）向股东分红

公司以分红名义，向股东私人账户打款是合规的，但股东要缴纳20%的股息红利个税。

很多老板会觉得 20% 分红个税太高，就可以在工资及年终奖上面做好税务规划，合理规划老板的工资、奖金，或者是采取成立多个关联公司等多种方式来降低税负。

（四）个人向公司借款

老板或股东可向公司借款，可以通过公转私来进行，但需要在年底前归还，且借款需与公司经营相关。如果年底未归还借款，则视同"股息利息红利"分配，需缴纳 20% 的个人所得税。

（五）个人独资企业的利润分配

个人独资企业需要在缴纳个人经营所得税后，以利润分配的形式进行公转私，无须做特殊处理。这种转移不需要缴纳分红税或企业所得税，综合税率在 2%～3% 之间。但是，需要注意的是，利润只能分配给投资者，即个体户或独资企业的负责人。

（六）支付个人劳务报酬

公司通过对公账户可以向个人的私人账户支付劳务报酬，要代扣个税。

（七）向个人房东支付房租

公司租个人房屋用于办公，每月向个人房东的私人账户支付房租款，这种情况是允许的。

第六节　公司与股东间借款的合规化操作

法学上有一个术语，公司人格混同（corporate personality confusion）。公司和股东彻底分离是公司取得法人独立资格的前提，也是股东有限责任原则的基础。这种分离不仅表现在公司财产和股东财产的彻底分离，而且表现为股东远离公司的经营管理，股东的财产权和公司经营权彻底分离。

实践中，公司与股东财产混同、业务混同，从而造成人格混同的情形比较严重，公司虽在法律上具有独立的人格，但公司的人格只有象征意义，实际已被股东控制。

公司与股东的财产混同，其中表现之一为公司与股东之间的往来款频繁，如股东频繁向公司借款、公司向股东借款等。这种往来款从法律上讲是合法的，但需要遵循一定的规定，注意防范风险。

一、股东向公司借款的合规化操作

股东向公司借款，是一种常规操作，也最容易带来财税风险。

（一）股东向公司借款的隐藏风险

股东向公司借款，可能造成以下风险。

1. 抽逃出资风险

股东向公司借款，如果不是用于企业经营活动，可能被视为抽逃出资，抽逃出资需要追回资本并可能构成犯罪行为。

抽逃出资，是指股东将已交纳的出资又通过一定形式转归其所有的行为。其具体表现为，在公司财务账册上，关于实收资本的记载是真实的，并且在公司成立当日足额存入公司账户，后又以违反公司章程或财务会计准则的各种手段从公司转移为股东所有。构成股东抽逃出资有以下四个前提条件。

（1）公司已有效成立。此即，股东出资已构成公司资本，股东抽逃出资是对公司资本维持原则的破坏。

（2）抽逃出资的直接责任主体一般为公司发起人，包括单位股东与个人股东。

（3）股东实际已经履行出资义务。

（4）股东已经取得资格的形式要件，即以股东名册、出资证明书、公司章程以及工商登记的文件等所表明的股东资格。

抽逃出资罪立案标准有以下五种。

（1）超过法定出资期限，有限责任公司股东虚假出资数额在 30 万元以上并占其应缴出资数额 60% 以上的，股份有限公司发起人、股东虚假出资数额在 300 万元以上并占其应缴出资数额 30% 以上的。

（2）有限责任公司股东抽逃出资数额在 30 万元以上并占其实缴出资数额 60% 以上的，股份有限公司发起人、股东抽逃出资数额在 300 万元以上并占其实缴出资数额 30% 以上的。

（3）造成公司、股东、债权人的直接经济损失累计数额在 10 万元以上的。

（4）虽未达到上述数额标准，但具有下列情形之一的：致使公司资不抵债或者无法正常经营的；公司发起人、股东合谋虚假出资、抽逃出资的；两

年内因虚假出资、抽逃出资受过行政处罚两次以上，又虚假出资、抽逃出资
的；利用虚假出资、抽逃出资所得资金进行违法活动的。

（5）其他后果严重或者有其他严重情节的情形。

2. 个人所得税风险

根据财税〔2003〕158 号文规定，股东借款超过一年没有归还，且不能证
明是用于生产经营的，税务机关会将之视作分红，将追缴 20% 的个税。

▶【案例 6-10】

股东向公司借钱被追缴个税并罚款

安徽某有限公司借款给两名自然人股东合计 350 万元，并非用于公司生
产经营，且两年后才归还。

当地税务稽查局对该公司涉嫌税务违法行为立案稽查，认定该笔借款符
合《财政部 国家税务总局关于规范个人投资者个人所得税征收管理的通知》
中对个人投资者征收个人所得税的相关规定。

最终，税务稽查局对该公司作出税务处理、处罚决定，认定该公司少代
扣代缴两名自然人股东的个税 70 万元，要求补扣、补缴，并对该公司处罚款
35 万元。

3. 增值税风险

向股东提供无偿贷款服务，会被视同"销售金融服务—贷款服务"。根据
规定，增值税纳税人在提供贷款服务时，相关收入应按照利息收入计算和缴
纳增值税。

▶【案例 6-11】

无偿借款被追缴增值税

嘉兴市某有限公司 2016 年至 2018 年无偿借款未按金融服务视同销售服
务申报收入少缴纳税款。其中，少缴纳增值税合计 11 463.56 元，少缴纳城
市维护建设税合计 802.46 元，根据《中华人民共和国税收征收管理法》第
六十三条第一款的规定，被当地税务局处罚：补缴增值税税款 11 463.56 元，
以及少缴税款 12 266.02 元、50% 罚款 6 133.01 元。

（二）股东如何向公司合规借款

股东从公司借款，要规避财税风险，就要采取上一节所介绍的合规方式，

如以工资、备用金、分红的形式进行。

二、公司向股东借款的合规化操作

在公司注册认缴制下，近年来出现了大量股东投入少量注册资本，其他投资所需全部由借款形式给付，造成变相抽逃资金，大大威胁了社会经济秩序的稳定和社会公共利益的维护。在新公司法变认缴制为限期实缴制后，该现象会有所减少。

那么，对于当下存量公司普遍存在的公司向股东借款的情况，又当如何做合规化处理呢？

（一）签署借款合同或协议

公司向股东借款，需要签订借款合同，并注明借款的用途必须是用于公司正常经营，用来证明企业与个人之间的借贷是真实、合法、有效的，且不具有非法集资目的或其他违反法律、法规的行为，这也是利息费用能否在企业所得税前扣除的最基本的前提。

（二）要取得合法有效的凭证

支付借款利息必须取得银行出具的利息计息单或者正式增值税发票；若是支付个人的利息，需要个人去税务部门代开利息的发票，否则在企业所得税前不得扣除。

（三）要代扣利息的个人所得税

个人借款给非金融企业取得的利息收入，属于债权性股息所得，按照《个人所得税法》的规定，应当按照"利息、股息、红利所得"项目缴纳个人所得税，税率为20%。

（四）股东要按照"贷款服务"缴纳增值税

财税〔2016〕36号文件附件《营业税改征增值税试点实施办法》规定：贷款，是指将资金贷与他人使用而取得利息收入的业务活动。各种占用、拆借资金取得的收入，按照贷款服务缴纳增值税。

因此，个人股东将资金借给公司使用而取得利息收入的应该缴纳增值税。

（五）股东作为借款人要遵循关联方利息扣除标准

至于公司向股东的借款，那么支付股东个人的利息就要按企业关联方利息支出税前扣除的标准扣除。

《财政部 国家税务总局关于企业关联方利息支出税前扣除标准有关税收政策问题的通知》（财税〔2008〕121 号）规定，企业实际支付给关联方的利息支出，不超过以下规定比例和税法及其实施条例有关规定计算的部分，准予扣除，超过的部分不得在发生当期和以后年度扣除。

企业实际支付给关联方的利息支出，其接受关联方债权性投资与其权益性投资比例为：

（1）金融企业 5∶1。

（2）其他企业 2∶1。

因此公司支付股东的利息金额能否税前扣除一定要注意债权性投资与权益性投资比例是否超过了 2 倍。

<table>
<tr><td rowspan="4" style="vertical-align:top">第
七
章</td></tr>
</table>

业务开展合规：业务与合同的财税合规

业务为王的理念并没有错，业务才能带来现金流和利润，前提是要保证交易的安全，做好对业务合作对象的尽职调查。

不靠谱的合作方会导致合同无法履行，给企业带来重大损失。签署合同前，不仅需要考量交易条件，还应充分了解合作方，以降低商业风险和财税风险。同时，要确保四流合一，即合同流、货物流、资金流、发票流的统一，实现业务开展与合同管理的合规。

第一节　背景调查：加强对业务合作对象的调查

"签署了合同，对方收到了货，现在由于财务问题无法支付货款。"

"合作方涉及多起经济案件纠纷，自身难保，根本无力支付尾款。"

"合同签订时没发现对方公司已经被注销了。"

企业一旦遇到这些问题，即便打赢官司，恐怕也很难拿到应得的款项。

发展中的企业，很多是业务导向型，为了签下合同，底线通常会拉得很低，甚至为了尽快拿下订单而盲目赊销，无视今后可能带来的财税问题与麻烦。

▶【案例 7-1】————————————————————————

盲目赊销，货款难收

2020 年 2 月，印度某公司通过询盘找到河北某生产加工企业 A，称要采购一批箱包。后者在未对印度企业作出任何资信和背景调查的情况下，便同对方签署了一份价值 20 万美元的箱包购销合同，约定付款方式为：预付 30%，剩余 70% 见款放单。

双方前期合作进展顺利，但印度方公司一直以资金困难为由，要求 A 公司先行生产，A 公司拓展海外市场心切，便按客户要求的规格标准展开了生产，直到产品全部生产完成出库，采购商也未支付预付款，还以资金周转困难为由，要求 A 公司先放货，A 公司考虑到该批货品属定制版，不好转卖，便给对方发了货柜。

货物到港后，采购方又提出让 A 公司给予 30 天账期，不然就要弃货。

A 公司考虑到该批货品属定制版，不好转卖，且退回成本高、滞港费也是问题，便答应了对方请求。但对方一直未如约付款，A 公司开始了长达两年的催收工作，最后的结果是，采购方电话不接、邮件不回，彻底失联。

不靠谱的合作方会导致合同无法履行，给企业带来重大损失。签署合同前，公司可自主完成对合作方的初步调查工作，以降低商业风险和财税风险。

一、合作对象资格调查

合作对象的资格问题，涉及对方有没有资格和能力签署合同。

（一）交易对象为企业

交易对象为企业时，要注意审对方是否具备签订合同的主体资格，审查要素包括以下几个。

1. 是否进行了工商登记

我国商事主体采取登记制，未经登记机关登记的，不得以商事主体名义从事商事活动。这意味签约主体未经登记并取得营业执照，则不具备从事商事交易活动的资格。

如果交易对象未经工商登记，意味着交易的主体在法律上得不到认可，那么涉及的就不仅仅是主体资质的问题，还有故意欺骗的问题，要避免合作。

2. 是否存续

通过"国家企业信用信息公示系统"（https://www.gsxt.gov.cn/）查询，若企业登记状态显示为开业或者存续，则处于正常运转状态。

3. 实收资本

合作方如果是新成立的公司，或者是在认缴制下成立的公司，可以关注一下对方的实缴资本，这是公司实力的体现。

4. 经营范围

核对业务合作领域同对方营业执照上的经营范围是否一致，如果双方合同涉及的业务，在对方经营范围之外，则不受法律保护。另外，特定行业的企业还需要特种行业许可，如从事建筑工程类业务，需要有相关资质。如果违反了限制经营、特许经营及法律法规禁止经营的规定，则合同无效。

（二）交易对象为自然人

同自然人进行业务合作时，要注意确认其是否具备完全民事行为能力。通常：

（1）自然人达到 18 岁才有完全的民事行为能力，具备对外独立签约的资格。

（2）10 岁以下的自然人或精神病人无民事行为能力，不具备签约资格。

（3）10～18 岁或间隔性精神病人为限制民事行为能力人，限制民事行为能力人订立的合同，一般须经其法定代理人追认才能生效。

二、合作对象资信状况调查

资信状况调查，重在了解合作对象是否存在失信、违规、违法问题，确保合作安全。

（一）涉诉信息

此即调查合作对象是否存在涉及法律诉讼的问题，涉诉企业不仅会影响履约，如果涉诉较多，说明对方的资信状况要打一个大大的问号，继续合作可能存在较大风险。

查询企业涉诉信息，可通过最高人民法院"中国裁判文书网"（http://wenshu.court.gov.cn/）进行。

（二）企业被执行信息

企业被执行信息是记录企业是否有违法、涉及官司正在或已经被法院执行的情况，也是判定合作对象的一个重要标志。

可通过最高人民法院"中国执行信息公开网"（http://zxgk.court.gov.cn/zhixingl）进行查询。该网站无须注册，可查询 2007 年 1 月 1 日以后新收及此前未结的执行实施案件的被执行人信息。

（三）是否为失信人

企业失信人指的是在企业经营活动中，未能履行合同约定、逃避债务或严重违反商业道德等，从而损害他人利益的行为主体。

这种失信行为包括但不限于拖欠债务、违约不支付货款、恶意逃废债务、提供虚假材料等。根据相关法律规定，如果企业或其相关人员存在履行能力却不履行法律文书确定的义务，或者抗拒执行等情形，他们可能被人民法院纳入失信被执行人名单，通常被称为"老赖"。

被纳入失信名单的企业可能会面临多种限制，如限制高消费、市场或行业准入限制、政府采购和工程招投标的限制等，从而严重影响其正常运营和发展。

2021 年 7 月 30 日，国家市场监管总局公布了《市场监督管理严重违法失信名单管理办法》，列出了企业被列为失信人的详细情况。

对于失信人，可通过最高人民法院发布的"全国法院失信被执行人名单信息查询系统"（http://zxgk.court.gov.cn/shixin/）进行查询。

若对方确为失信人，要坚决打入合作的黑名单。

三、合作对象财务状况调查

非上市公司的财务状况是企业的核心信息，外界一般很难获悉，而平等的业务合作模式下，也无法要求对方提供财务信息。但对于一些强势的甲方、采购方、知名企业、大型企业而言，相对合作方是处于优势地位的，就有可能对合作对象的财务状况进行调查。

如有可能，可对合作对象的财务状况进行如下评估。

（一）评估财务报表

分析合作对象的财务报表，包括资产负债表、利润表和现金流量表。关注供应商的偿债能力、盈利能力和现金流状况。如果供应商的财务报表显示稳定的经营状况，能够及时偿付债务，可以认为其财务状况较好。

（二）评估支付能力

除了通过财务报表分析，还可以查阅合作对象的银行对账单和往来账款记录，判断对方的支付能力。

（三）核查货物来源

检查货物的发货地与供应商经营地是否保持一致，如果不一致，要求其说明理由，提供其享有货物所有权的证明。如果开展的是货权凭证转移，要求对方提供上游供应商出具的提货单、合同等资料，目的是避免"票货分离"。

（四）财税合规情况

了解合作对象在法律和从事规范方面的遵守程度。如果对方严格遵守相关规定，能提供相关证明，可以认为其合规性较好。

第二节　合同管控：合同管理风险点与财税管控

合同是企业开展业务的起点，也是用来约束业务合作对象的重要手段。企业在开展对外合作时，如果缺少必要的合同文件，会让税务机关怀疑其交易的真实性，会引起税务稽查。

▶【案例 7-2】

交易双方未及时签合同被疑虚开发票

A 公司于 2023 年 4 月 1 日从 B 公司处购买了一批价值 10 万元的物资，于 4 月 3 日销售给 C 公司。A、B 公司之间一直未签订合同，直到 5 月底结算货款时才补签了一个合同。其间，恰逢税务机关检查，认为 A、B 公司之间的交易真实性存疑，存在捏造合同、资金走账及虚开发票的可能性。企业经过好一番解释，才自证清白。

企业在进行业务往来时，不仅要及时签署商业合同，同时也要妥善保管合同，在税务稽查时，合同资料也是重要的业务材料。

要确保合同的合规、严谨，避免出现漏洞和风险，几字之差的合同条款，结果可能会千差万别。

▶【案例 7-3】

"不含税"条款引来的合同纠纷

B 公司与 C 公司于 2024 年 3 月 5 日签订了一份《装修材料采购合同》，由 B 公司向 C 公司供应装修材料。该合同第四条约定，装修材料总价款为 320 万元，为不含税价。合同价款分两次支付，合同签订后 3 日内支付 200 万元，剩余款项 120 万元于 30 日内结清。

C 公司如期支付了首次合同价款，但剩余款项 120 万元却在期限届满后迟迟未支付给 B 公司。B 公司向 C 公司追要剩余款项时，C 公司要求 B 公司开具总价款 320 万元的增值税发票。B 公司同意开具发票，但要求 C 公司另行支付税款，否则不予开具。C 公司认为开具发票的主体应该是销售方即 B 公司，"不含税价"的约定违法无效，双方对于税款到底应该由哪方承担争执不下。

按照商业惯例，"不含税价"中的税特指增值税。案例中合同约定的"不含税价"是指 C 公司支付的 320 万元仅为货款不包括增值税。由于根据一般交易习惯，购买方为增值税的实际承担方，所以 C 公司要求 B 公司开具增值税发票，应另行向 B 公司支付增值税款。

通过以上案例可知，"不含税价"具体是指合同价款为不包含增值税的货物本身价格。在合同没有对增值税承担主体另行作出约定的情况下，按照一般交易习惯，增值税由购买方承担。出售方向购买方开具发票的，有权要求购买方向其另行支付增值税款。

合同条款，每字每句都要仔细斟酌、核查，企业合同内容不严谨，既可能增加企业的税收负担，也可能造成企业及其主管人员或者法定代表人、负责人承担相应刑事责任的严重后果。所以，负责签订合同的人员和审查合同的人员在签订合同的时候必须仔细审查合同的各项条款，审核其是否合规，查找其中存在哪些法律风险、财税风险。

一、企业合同财税风险防控

企业财税风险管控体系，应当将合同风险管控涵盖在内，强化合同风险防范意识，完善合同签订流程。

（一）加强合同风险防控意识

签订和审查合同的人员要加强财税风险防范意识，结合企业的业务特点，分门别类，构建税务风险评估体系，及时发现并预估企业各类合同中可能存在的潜在风险，同时要积极地采取有效的预防措施，对相关人员展开业务培训，确保在合同条款拟定、签约和执行过程中能够有效、准确地识别潜在风险并多加防范。

（二）严格把控合同签订流程

做好合同税务风险防控工作，不仅要加强风险防控意识，还要从制度、流程上规范和把控合同签订工作。合同签订前要进行严格的资格审查，了解合同主体经营情况、诚信情况、纳税评价等级、税负情况、合同违约情况、证照情况等，选择有利于减小企业税务风险的合作方。制定合同条款时，权利义务要明确，内容要明晰，避免在合同履行中因此造成不必要的合同纠纷与争议，导致企业产生财税风险。

二、财务人员要介入合同审核

合同签署不只是业务部门和法务部门的工作，站在财务的角度，合同作为业务链条的起点，决定着企业的收入如何确认、纳税义务何时发生，合同审核也是财务管理工作的重要内容，对合同的审核主要包括以下几方面。

（一）签约主体

签约主体，即合同签约双方的当事人。合同主体是首先审查的内容，不同的主体所适用的税率、税种及税法不一样，在涉及增值税抵扣时也有所不同，可能会影响到企业的税收负担。

审核签约主体，既要看合作对象，也要审视自身，确保双方主体合法、有资质，同时审查己方的合同签订手续是否完备。

对合同签约对象的审核主要包括以下几方面。

（1）审查交易相对方是小规模纳税人还是一般纳税人，以保障可供抵扣的专用发票的取得；审查对方是关联方还是非关联方，防止交易行为被税务机关纳税调整；审查对方是个人还是企业，以关注己方有无代扣代缴义务等。主体不同，需要关注的涉税风险也不同。

（2）审查企业信息是否完整。合同中需要审查当事人的姓名或者名称、纳税人识别号、注册地址及营业地址、电话、开户银行及银行账号等内容。在现有的纳税体系下，只有企业信息完全具备的情况下，其所开具的增值税专用发票才能进行抵扣。

（3）审查合同当事人的纳税信用等级。当事人的纳税信用等级可能会影响到当事人是否能够顺利取得发票及合同履行是否顺利。

（二）合同标的

合同标的是合同法律关系的客体，是合同当事人权利和义务共同指向的对象。标的是合同成立的必要条件，没有标的，合同不能成立。标的条款必须写明标的名称，以使标的特定化，从而能够界定权利义务。

1.购进合同标的审核

对于购进合同，标的物的购进数量、进货时间、质量标准要认真审阅。

（1）查阅所购标的物当前的库存量是多少，是否急需购进或存量较大暂不需购进。

（2）标的物入库验收的时间能否保证生产经营时间进度。

（3）审核质量验收的标准及检验方法、质量保证责任及质量保证金的收取和返还是否有失公允。

2. 销售合同标的审核

销售合同中，要审查供货时间是否能够保障、库存标的物能否满足供应、质量等级能否达到客户要求。

（三）合同内容

对合同内容的审核主要包括合同条款所约定的双方的权利、义务和责任。确保合同内容合法、合规，按《民法典》的程序操作，审查合同条款完整、合法。

（四）意思表示

主要是看合同条款的意思表示是否真实。确保双方意思表示一致，没有误解或欺诈。

（五）文字表述

合同条款的文字表述要求非常严谨，一般来说，格式文本的合同属标准格式，无须进行审核，但非格式合同文本要进行斟词酌句的修订，要对经济行为用准确的文字表述，需使用确切的词语，避免模糊、歧义的表述。例如，"定金"与"订金"的区别。

1. 定金

定金是一个规范的法律概念，是合同当事人为确保合同的履行而自愿约定的一种担保形式。例如在商品房交易中，买家履行合同后，定金应当抵作价款或者收回；若买家不履行合同，无权要求返还定金，开发商不履行合同的，应双倍返还定金。

《民法典》还规定，定金应以书面形式约定，不得超过主合同标准额的20%。当事人一旦以书面形式对定金做了约定并实际支付了定金，即产生相应的法律后果。

2. 订金

订金则不是一个规范的法律概念，具有预付款的性质，标的的所有权转移后，全部价款减订金的余额实际就是会计概念上的"应付账款"的余额。订金是当事人的一种支付手段，并不具备担保性质。

（六）涉税事项

涉税事项主要包括价、税、票三个要素。

（1）价。价指合同的价款，在合同中要明确写明价款，说明是含税价还是不含税价。

（2）税。税指合同所涉及的税款，所有税款要指明税率，说明由哪一方承担。

（3）票。说明所需的发票类型，是增值税专用发票还是增值税普通发票，并说明提供发票的时间，会涉及后期应收账款的计算，什么时候提供发票，一定要事先约定。

合同涉税条款审核要点见表7-1。

表 7-1 合同涉税条款审核要点

合同类型	审 核 要 点
购进合同	1. 销货方必须提供合法有效的发票 2. 销货方提供发票的时间要明确规定，一般不应晚于验收入库的时间或第一次付款的时间 3. 小规模纳税人不能取得增值税专用发票 4. 明确开具发票种类、发票名称、开票方式
销售合同	1. 明确开票时间 2. 明确开票种类，是增值税普通发票还是增值税专用发票

（七）结算条款

结算条款包括付款人、付款的时间要求和最终的结算方式。

一般情况下，采购方就是付款人，实际有可能涉及第三方代付，就需要在合同中指明是否允许代付。付款的时间要求，涉及公司给该客户的授信。如果没有约定，对方拖延账期的可能性就很大，对公司的资金流也会造成不利影响。具体约定时，要参考公司的信用政策。

（八）违约责任

违约行为往往伴随着违约金或者赔偿金的支付，那么收取违约金和赔偿金的一方是否要缴纳增值税和所得税？根据我国相关法律规定，违约金是提供销售业务的价外费用，必须缴纳增值税。如果购买方违约，销售方收取的违约金属于价外费用，要缴纳增值税并开具发票，否则可能存在漏税风险。相反，如果销售方违约，购买方收取违约金，不构成纳税义务，不需要缴纳增值税和开具发票，否则会有多缴税的风险。

第三节　四流合一：巧签合同化解四流不一风险

业内有句话叫"企业所得税查发票，增值税查'三流'。"

此处的"三流"，是指货物流、资金流和发票流。《国家税务总局关于纳税人对外开具增值税专用发票有关问题的公告》（国家税务总局公告 2014 年第 39 号）从开具增值税发票方的角度规定对外开具发票原则"三流合一"，包括"货物、劳务及应税服务流""资金流""发票流"必须都是同一受票方。

"四流"是在"三流"的基础上，添加了合同流，四流合一并不是企业会计准则和税法规定，而是会计人员在长期工作中总结出来的，可以有效降低企业的涉税风险。

四流合一实现了合同流、货物流、资金流、发票流的统一。

（1）合同流。合同流是指交易双方必须签订购销合同，确保交易情况与合同签订情况一致，既是业务往来的基础，也是确保双方权益的重要文件。

（2）货物流。货物流是指实际货物的交付情况应与交易情况保持一致，以确认货物交付的真实性和完整性。

（3）资金流。资金流是指客户打款的情况。打款情况应与合同签订情况和开具发票情况保持一致，有助于确保资金流动的透明度和合法性。

（4）票据流。票据流指客户打款后应开具发票的情况。开票情况应与收付情况保持一致，这可以避免虚假报销和不当得利的风险。

四流合一能够证明交易的真实性。比如，A 公司和 B 公司发生了业务，如何证明交易的真实性呢？有没有涉嫌虚开增值税发票呢？如果企业在发生业务的时候能做到四流合一（图 7-1），在面对税务稽查的时候，就能在很大程度上证明业务的真实性。

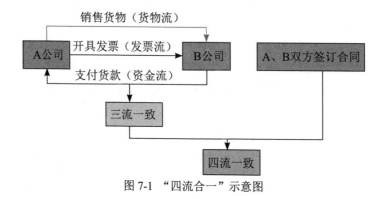

图 7-1　"四流合一"示意图

一、四流不一致的风险

企业在开展对外经济交易中，如果不能保证合同流、货物流（劳务流）、资金流、发票流的统一，则可能涉及一系列税务和法律风险。

（一）增值税风险

《国家税务总局关于加强增值税征收管理若干问题的通知》中规定："纳税人购进货物或应税劳务，支付运输费用，所支付款项的单位，必须与开具抵扣凭证的销货单位、提供劳务的单位一致，才能够申报抵扣进项税额，否则不予抵扣。"

企业如果出现四流不一致的情况，可能会导致其相应的进项税不能抵扣，需追补税款及滞纳金，甚至会缴纳相应的罚款。

（二）企业所得税风险

经济交易过程中，买发票等行为可能被认定为"偷税"，导致不能进行所得税税前扣除，且需要补缴税款、滞纳金并处罚款。

（三）刑事风险

如果不能保证四流的统一，可能涉嫌虚开发票，若被税务机关认定为虚开发票，则不仅面临补缴所得税风险，还可能涉嫌"虚开发票"罪，严重的还会面临刑事责任。

▶【案例7-4】
四流不一致引起税务注意

广东东莞市某公司因为在日常业务中"四流不一致"引起了税务局的注意。税务局在税务检查中发现：

该公司与某自然人伍某存在业务往来，但是伍某无法开具增值税发票，该公司另辟蹊径，接受了另外一家无实际业务发生的公司的发票来替代。

最终，该企业被税务局认定为存在虚开发票行为，除了补缴税款外，还被处以罚款3万元，所幸，由于金额较小，该公司的虚开发票行为并未触犯刑律。

二、四流如何合一

四流合一是为了保证双方经济业务的真实性，基于交易的真实性便能为交易的合法性提供合理保证。企业如何来实现四流合一，保证业务的真实性？

（一）合同真实

企业需要有基于业务往来而订立的真实意思表示的合同，这是业务发生、保证业务真实性的前提条件。

（二）收付款情况一致

收款和付款的情况要与业务发生情况一致，发票开具也要与收付款情况相符，避免虚假交易和虚开发票。

（三）有真实的业务往来

企业要确保业务往来记录与实际交易情况一致，且业务往来与合同约定的业务一致，避免虚假业务。

（四）发票与交易情况一致

发票开具的情况要与业务实际交易情况、金额、合同相对应，避免虚开票据。

（五）业务发布方、付款方和申请开票方为同一主体

在"四流合一"的实践中，需要确保任务或业务发布方、付款方和申请开票方属于同一家企业，确保交易过程的整体性和真实性。

三、四流合一的例外情况

实务中，有可能出现四流不一致的情况。比如，付款方和购买方不一致的情况。

举例来说，A 公司向 B 公司购买了一批商品，B 公司提供货源并完成交货，后来 A 公司由于资金问题，就让债务人 C 公司帮助支付了该笔货款。于是，就出现了付款方和实际购买方不一致的情况。

企业在面对上述情形时，常用的操作为：B 公司的发票，应该开具给实际接受的一方，即应该开具给 A 公司，至于 A 公司同 C 公司之间的债务关系，则另行处理。

这种情况是存在的，但我不建议大家这样做，因为一旦被税务局认定为"四流不一致"，就有涉嫌虚开发票并遭处罚的风险。

四流合一有没有例外情况呢？答案是肯定的，比如：

（一）能够经得住税务稽查

在实际业务中，如果出现了资金流与发票流不一致的情况，只要业务是真实发生且向实际接受服务一方开具发票，是没有问题的，前提是要经得住税务核查。

（二）特定情形可以"四流不一致"

所谓的特定情形，如实行汇总缴纳增值税的总分支机构，合同流、资金流、发票流和业务流在特定的情形下，也可以不一致。

需要提醒大家的是，四流合一并不意味着完全规避风险，它只能在企业正规经营下为企业降低风险，并不表示做到四流合一就一定是正规经营。因为，当前财务造假的手段层出不穷，有很多交易虽然做到了四流合一，但是交易本身却并不存在。

第四节　商业回扣：回扣、商业贿赂的合规处理

"毛老师，我们同客户达成了一笔订单，这个单子是由第三方介绍的，现在我们公司要给对方 5 万元回扣，这笔费用能入账吗？符合税法规定吗？"

对于这个问题，我稍后再谈，先讲一下商业回扣的问题。

回扣是商业贿赂的主要表现形式，也是我国目前商业贿赂专项整治的重点。正确认定回扣的定义与特点、回扣的表现形式、合法回扣和非法回扣，就显得更加重要。

回扣，是指经营者销售商品时在账外暗中以现金、实物或者其他方式退给对方单位或者个人一定比例的商品价款。

要正确理解回扣的定义，首先明确什么是"账外暗中"。账外暗中，是指未在依法设立的反映其生产经营活动或者行政事业经费收支的财务账上按照财务会计制度规定明确如实记载，包括不记入财务账、转入其他财务账或者做假账等。

回扣具有以下特点。

（1）回扣仅存在于商品或者劳务买卖关系中，其他经济关系中的类似现象不能称为回扣。

（2）回扣只能由卖方支付，而且只能是从买方所付的款项中提出一部分

返还给对方。所以，买方为了购买紧俏商品而向卖方提供的款项，不是回扣。

一、相关法律规定及处罚

商业贿赂不仅涉及民事和行政责任，还涉及刑事责任。国家通过法律手段严厉打击商业贿赂行为，旨在维护公平竞争的市场环境。

（一）《刑法》规定

针对商业贿赂行为，我国刑法规定了多达八个罪名，分别是：非国家工作人员受贿罪（刑法第一百六十三条）；对非国家工作人员行贿罪，对外国公职人员、国际公共组织官员行贿罪（刑法第一百六十四条）；受贿罪（刑法第三百八十五条）；单位受贿罪（刑法第三百八十七条）；行贿罪（刑法第三百八十九条）；对单位行贿罪（刑法第三百九十一条）；介绍贿赂罪（刑法第三百九十二条）；单位行贿罪（刑法第三百九十三条）。

在《刑法》中，有关商业贿赂的处罚条款包括但不限于：

（1）公司、企业的工作人员利用职务上的便利，索取或非法收受他人财物，为他人谋取利益，数额较大的，可处以 5 年以下有期徒刑或拘役；数额巨大的，处 5 年以上有期徒刑，并可并处没收财产。

（2）为谋取不正当利益，给予公司、企业的工作人员以财物，数额较大的，处 3 年以下有期徒刑或拘役；数额巨大的，处 3 年以上 10 年以下有期徒刑，并处罚金。

（3）国家工作人员利用职务上的便利，索取或非法收受他人财物，为他人谋取利益的，视为受贿罪。

（二）《中华人民共和国反不正当竞争法》规定

《中华人民共和国反不正当竞争法》第七条规定：

经营者不得采用财物或者其他手段贿赂下列单位或者个人，以谋取交易机会或者竞争优势：

（一）交易相对方的工作人员；

（二）受交易相对方委托办理相关事务的单位或者个人；

（三）利用职权或者影响力影响交易的单位或者个人。

经营者在交易活动中，可以以明示方式向交易相对方支付折扣，或者向中间人支付佣金。经营者向交易相对方支付折扣、向中间人支付佣金的，应当如实入账。接受折扣、佣金的经营者也应当如实入账。

经营者的工作人员进行贿赂的，应当认定为经营者的行为；但是，经营者有证据证明该工作人员的行为与为经营者谋取交易机会或者竞争优势无关的除外。

经营者违反本法第七条规定贿赂他人的，由监督检查部门没收违法所得，处 10 万元以上 300 万元以下的罚款。情节严重的，吊销营业执照。

▶【案例 7-5】
制药公司因商业回扣被罚款 240 万元

杭市监处罚〔2024〕17 号文件显示，当事人广东某制药有限公司生产的某药品在向杭州市桐庐某医院销售过程中，委托庄某个人开展某药品的市场推广工作，并向其提供推广资金。庄某与桐庐某医院负责药品采购的工作人员王某某约定：由王某某负责将某药品运作进桐庐某医院并持续采购，庄某则按一定比例向王某某支付回扣。从 2017 年 6 月 20 日至 2019 年 6 月 14 日，庄某先后向王某某转账某药品回扣款共计 582 448 元。庄某受当事人委托，在桐庐某医院为当事人开展某药品的市场推广工作，应当认定为是当事人的工作人员。

根据《中华人民共和国反不正当竞争法》第七条第三款之规定，因当事人未向杭州市市场监督管理局提交证据证明，庄某行贿的行为与其谋求交易机会或者竞争优势无关，故庄某行贿的行为应当认定为当事人的行为。当事人的上述行为违反了《中华人民共和国反不正当竞争法》第七条第一款之规定，构成商业贿赂行为。

根据《中华人民共和国反不正当竞争法》第十九条和《浙江省市场监督管理行政处罚裁量基准管理办法》第九条第四项之规定，决定做如下处罚：罚款人民币 240 万元。

（三）《关于禁止商业贿赂行为的暂行规定》

《关于禁止商业贿赂行为的暂行规定》第九条规定：

经营者违反本规定以行贿手段销售或者购买商品的，由工商行政管理机关依照《反不正当竞争法》第二十二条的规定，根据情节处以一万元以上二十万元以下的罚款，有违法所得的，应当予以没收；构成犯罪的，移交司法机关依法追究刑事责任。

有关单位或者个人购买或者销售商品时收受贿赂的，由工商行政管理机关按照前款的规定处罚；构成犯罪的，移交司法机关依法追究刑事责任。

二、商业贿赂的认定

商业贿赂其实是不正当竞争行为中的一种行为，主要是指经营者为了争取商业机会向相关负责人员给予钱财或其他好处，从而达到自己的目的的行为。

（一）商业贿赂罪的构成要件

1. 客体要件

本罪侵犯了公平竞争的市场秩序和其他经营者的合法权益。

2. 客观要件

本罪客观上采用了以秘密给付财物或其他手段贿赂对方单位或个人行为。在现实经济活动中，其手段主要表现为回扣，即经营者暗中从账外向交易对方或其他影响交易行为的单位或个人秘密支付钱财或给予其他好处的行为。回扣的表现形式一般有三种。

（1）现金回扣，即卖方从买方付款中扣除一定比例或固定数额，在账外返还给对方。

（2）实物回扣，如给付对方高档家用电器等名贵物品。

（3）提供其他报酬或服务，如为对方提供异地旅游等。

3. 主体要件

本罪主体是经营者。商业贿赂的主体必须是经营者，未在市场监督管理部门登记注册、非经营者不能成为商业贿赂的主体。

4. 主观要件

本罪主观是故意，即行为人主观上有在经营活动中争取交易机会、排斥竞争的目的。

（二）商业贿赂的认定标准

（1）给付或收受现金的贿赂行为；

（2）给付或收受各种各样的费用（促销费、赞助费、广告宣传费、劳务费等）、红包、礼金等贿赂行为；

（3）给付或收受有价证券（包括债券、股票等）；

（4）给付或收受实物（包括各种高档生活用品、奢侈消费品、工艺品、收藏品等，以及房屋、车辆等大宗商品）；

（5）以其他形态给付或收受（如减免债务、提供担保、免费娱乐、旅游、考察等财产性利益以及就学、荣誉、特殊待遇等非财产性利益）；

（6）给予或收受回扣；

（7）给予或收受佣金不如实入账，假借佣金之名进行商业贿赂。

不过在实际中即使有这些行为，但是要构成商业贿赂的话，还需要满足下面的行为特征。

（1）这种罪的主体是经营者，贿赂的那一方是单位或者个人。

作为商业贿赂主体的经营者并不仅仅限于法人，除法人外，还包括其他组织和个人。法人也不限于企业法人，还包括从事经营活动的事业单位法人、社会团体法人。

（2）商业贿赂的目的是销售商品或者购买商品，也就是为达到商业目的，通过贿赂手段，获取优于其他经营者的竞争地位。

三、回扣如何做账务和税务处理

回到开篇的问题，回扣到底能不能入账？税务上合不合规呢？

根据财政部 2021 年发布的《企业财务通则（公开征求意见稿）》第五十条规定：

【业务费用】企业发生销售折扣、折让，以及支付必要的佣金、回扣、手续费、劳务费、提成、返利、进场费、业务奖励等业务费用，应当以内部销售政策、合同约定、有效凭证等作为依据，由相关职能部门和财务部门联合对其真实性和合规性进行审核，履行内部审批手续，防止采用业务费用形式进行贿赂等违法行为。

根据该规定，符合规定的回扣是可以入账，也可以进行税务处理的。

（一）账务处理

符合规定的回扣是可以正常入账的，但是要注意以下入账要点。

（1）必须要有内部销售政策、合同及相关的有效凭证（如发票、收据等），作为入账的依据。

（2）必须要履行公司的内部审批手续，任何以业务费用形式进行贿赂的行为不得入账，更是一种违法行为。

对于入账科目，可以根据企业业务性质，计入"销售费用""管理费用"等。

（二）税务处理

回扣可分为暗扣和明扣。暗扣是指在账外暗中给予对方单位或个人一定比例的商品价款，属于贿赂支出，不得税前列支；明扣是指经营者销售或购买商品，以明示方式给对方折扣。

如果以明示方式且能够取得对方开具的合法、有效的凭证，则可以按照购进劳务／服务的方式进行税务处理。否则，可能属于商业贿赂行为。

例如，企业事前跟对方签订了劳务报酬的服务合同，对方给企业提供了相应的劳务，并给企业开具了合法的发票，那么这种"回扣"行为就属于明示且取得了合法、有效的凭证，是可以进行企业所得税前扣除的。

公司有暗扣，怎么办呢？许多大公司都有转嫁的手法，找一代理公司消化回扣，把需要回扣的业务外包给一批代理公司，大公司本身看起来是规范了，而风险则转嫁到了代理公司身上，这种方法也是不建议的。

四、健全反商业贿赂合规体系

对于企业内部的腐败行为，特别是私企，国家监管力量很难介入，但一旦被公开、被追责，往往对企业经营造成重大影响。因此，企业需要通过建立内部反腐败合规机制，打造反商业贿赂合规体系，形成自我预防、自动监测、自主调查、自我纠错的合规风险内控机制。

（一）反商业贿赂合规体系

反商业贿赂合规体系应涵盖反商业贿赂合规管理办法、反商业贿赂风险库、员工行为准则、反商业贿赂培训计划、反商业贿赂投诉与举报制度等。

（二）反商业合规调查

针对商业贿赂的合规调查包括四个步骤：线索评估、方案制订、调查实施、生成报告。

（1）线索评估。企业合规调查部门收到回扣和商业贿赂问题的线索后，应当进行初步评估，决定是否开展调查并确定调查方式。

（2）方案制订。经评估，对于需要进行合规调查的线索，合规调查部门应当主持召开专题会议，集体研究确定调查方案。调查方案一般包括主要问题、总体思路、调查措施、安全预案、调查团队确定及人员分工和办案保障等几个部分。

（3）调查实施。合规调查一般通过以下方式进行：文件审阅、账目审阅、背景信息调查和关系梳理、第三方调查、调查访谈等。通过上述调查来获取相关行为人违规违法行为的信息，形成访谈或询问笔录，并由被调查人员签字确认。

（4）生成报告。在合规调查实施后，调查团队应当及时制作并形成书面的调查报告。调查报告的内容应当集中于调查中发现的事实情况，提出处理建议。

第八章 发票合规：发票的税务风险与合规管理

发票是指企业和个人在购销商品、提供或接受服务及从事其他经营活动中，所开具和收取的业务凭证，是会计核算的原始依据，也是审计机关、税务机关执法检查的重要依据。关于发票，有一系列合规性问题值得企业重视。比如，如何规避虚开发票的风险？自然人代开发票涉税问题有哪些？无票收入如何入账？公司缺票问题如何合规解决？

第一节 数电票启动：企业合规操作与应对

数电票是"全面数字化的电子发票"的简称，与纸质发票在法律效力上等同。数电票并不以纸质形式存在，不需要实体介质支撑，它将纸质发票的票面信息转化为数字化形式，通过标签管理将多种发票类型整合为单一的电子发票类别。

数电票无须申领，不用税控盘、UKey等常用介质，既能有效防范发票造假，也极大地提高了发票使用的便利性。

数电票的票面信息包括基本内容和特定内容。为了符合纳税人开具发票的习惯，数电票的基本内容在现行增值税发票基础上进行了优化，主要包括动态二维码、发票号码、开票日期、购买方信息、销售方信息、项目名称、规格型号、单位、数量、单价、金额、税率/征收率、税额、合计、价税合计（大写、小写）、备注、开票人。

数电票以试点的形式展开，自试点上线以来，纳税人通过设立的税务数字账户，享受全国统一赋码、智能确定发票开具总额度以及自动流转交付等便捷功能。简而言之，数电票带来了发票管理的数字化转型，为纳税人提供了更高效、更便捷的服务。

汇总各省、区、市税务局公告，截至2023年12月1日，数电票的试点工作范围已经扩大至36个地区（表8-1），实现了除港澳台以外全国范围内的试点全覆盖，标志着数字化发票正在全面铺开。

表 8-1　数电票试点地区

开始时间	地区	数电试点	受票试点
2021 年 12 月 1 日	上海	√	√
	广州	√	√
	内蒙古	√	√
2022 年 10 月 28 日	四川	√	√
2022 年 11 月 30 日	厦门	√	√
2023 年 1 月 28 日	陕西	√	√
	青岛	√	√
	大连	√	√
	重庆	√	√
	天津	√	√
2023 年 3 月 22 日	吉林	√	√
	河南	√	√
2023 年 3 月 30 日	云南	√	√
	福建	√	√
	宁波	√	√
	深圳	√	√
2023 年 4 月 7 日	浙江	√	√
	海南	√	√
	山西	√	√
	辽宁	√	√
	江苏	√	√
	江西	√	√
	广西	√	√
	甘肃	√	√
2023 年 9 月 22 日	湖北	√	√
	新疆	√	√
	黑龙江	√	√
	河北	√	√
2023 年 11 月 1 日	北京	√	√
	山东	√	√
	宁夏	√	√
	湖南	√	√
	贵州	√	√
	安徽	√	√
	青海	√	√
2023 年 12 月 1 日	西藏	√	√

2024 年 11 月 12 日，《国家税务总局关于推广应用全面数字化电子发票的公告》发布，公告称，自 2024 年 12 月 1 日起，在全国正式推广应用数电票。

一、数电票的预警类型

企业在开具数电票时，如果遇到问题，系统会给出相应的提示和预警。

（一）单张大额提示

纳税人首次开票额度大于发票额度的 50%，且开票金额大于 50 万元，会触发大额发票提醒，系统弹出"纳税人单张发票金额达到月初发票额度 50% 及以上且金额达到 50 万元及以上时，给开票人员进行风险提醒，确认是否继续开票；若继续开票，则给网格员发送风险提醒"。

遇到这种提示，企业可以继续开票，但系统会推送给网格员，其中风险需要企业自身去斟酌。

（二）黄、蓝预警

当纳税人收到"您的行为已经触发开票风险预警机制（黄色／蓝色预警），请注意虚开增值税发票风险"的提示时，系统会再次触发刷脸认证，完成刷脸认证后，可继续开票。

（三）红色预警

红色预警相对问题较大，当纳税人收到"您的行为已经触发开票风险预警机制（红色预警），不能继续开具发票，请到主管税务机关进行处理。"红色预警时，纳税人不能继续开票，只能到税务机关进行处理。

二、数电票对企业的影响

当前，数电票的试点工作正在飞速推进，已经成为中国财税管理领域的大趋势，它为企业带来了切实的运营效率提升，但也给企业、行业带来了合规管控、智能应用、数据流通等方面的更高要求。

数电票相比传统税控发票，自开具便实现数字化。数电票以信息技术为载体，以电子发票服务平台税务数字账户的形式展示，包含一连串的交易信息和财务信息，企业的各项业务单据、财务单据均可以在税务局端查询和追踪。

数电票的实施，再结合金税四期，对企业的监控，从原来单方向的财务指标监管深入业务端，同时纳入非税性质的业务监管，系统可自动穿透上下游企业，自动抓取数据，分析业务逻辑的真实性，同时联合税务、银行、社保、公安等多部门数据，实现数据共享、共查，形成了对企业的"全方位、多维度、实时性"监管，企业在税务机关面前将是透明的。

企业面临的税务风险与挑战也与日俱增，主要表现在以下几方面。

（一）虚开即被锁定

过去企业开票都是"认盘不认人"，数电票则是"认人不认盘"。企业要开票，先要实名认证＋人脸识别，实现了开票可追溯，一旦出现虚开，税务机关就能立即锁定责任人。

（二）全面监控票、账、表、税

数电票实现了全领域、全环节、全要素的电子化，根据发票等其他数据会形成税务机关后台的账，能够综合比对企业的票、账、表、税，一旦发现疑点，系统会自动锁定。

（三）实现企业间、行业间数据比对

过去，税务机关的数据调查和分析针对的是单独的企业，现在，通过金税四期、数电票和大数据技术，税务机关能够快捷实现企业之间、行业之间的数据比对，虚列成本等不合规行为很容易被发现。

（四）发票很难再重复入账

数电票投入使用，电子发票取代了纸质发票，无法再重复入账。企业一旦对电子发票进行重复入账，将会第一时间被系统识别。

（五）对开、环开发票难以为继

对开发票、环开发票一直是税务机关关注的重点，但之前存在滞后性，数电票全面实施后，对开、环开的风险疑点将得到实时的监控。

（六）不合规开票将影响开票额度

数电票取消了票面限额，推行"授信总额度管理"，虽然为企业提供了便利，但开票额度会根据纳税人税务合规情况进行动态调整。换句话说，企业一旦出现税务不合规问题，开票额度就会受到影响。

三、企业如何防范发票风险

2023 年 6 月 28 日，深圳市税务局公布：深圳市警税联合破获一起全国首例虚开全面数字化的电子发票案件，摧毁犯罪团伙 1 个，抓获犯罪嫌疑人 8 人。该案犯罪团伙控制 15 户空壳小规模纳税人企业，在没有真实业务交易的情况下，涉嫌对外虚开生活服务类全面数字化的电子发票 814 份，价税合计金额 754.61 万元。

面对数电票和金税四期的严监管，企业对于发票合规问题和风险防范应当更加重视。

（一）树立发票税务风险意识

企业应加强发票风险意识，不存侥幸心理，合法合规取得发票，以业务真实性开具发票，在依法纳税前提下，通过正确的操作方式节税，而不是通过非法手段逃避纳税。

（二）提高财税人员专业素养

企业要鼓励和支持财税人员自我提升专业和业务知识，培养财税专业人员，准确区分享受优惠政策，准确识别企业潜在的税务风险，包括发票税务风险，并及时规避。

（三）完善企业发票管理机制

企业财务做好发票涉税风险管理的同时，还需要制定完善的发票管理制度并严格执行。比如明确负责人、部门、职责、发票时效、发票丢失等情况。

（四）进行发票税务风险自查

自查自纠是企业防范税务风险的一种有效方式，能够让企业尽早发现潜在问题，及时进行应对处理，避免不必要的损失。除了人工核查之外，企业也可以借助智能化的风险监测工具，快速、全面地排查各类风险（表 8-2）。

表 8-2　发票常见涉税风险点

序号	风　　险
1	业务真实发生但没有取得发票，买票或虚开发票来冲抵
2	企业有销无进，利润太高，从外部找发票来抵税
3	发票税率适用错误 开票金额即将达到免征额临界点时，经常出现作废发票现象，增值税普通发票作废比例异常

续表

序号	风 险
4	同一地址注册多家小规模纳税人来开具发票，同一 IP（网际协议）地址对外开具发票，很容易让税务机关怀疑虚开发票
5	销售方随意作废开具的发票
6	未按照规定开具合格的发票
7	发票清单开具错误的问题
8	以其他凭证来代替发票使用
9	取得税收洼地发票过多
10	新成立的小规模纳税人短期内开具大额发票，而且法定代表人或者负责人年龄偏大，并没有经营能力甚至不具备生活能力等，很容易让税务机关怀疑虚开发票
11	大额费用支出发票证据链不充分，有可能带来无法税前扣除的风险
12	股东分红个税高，为了减少分红金额，找些发票来规避取得"咨询费""推广费""会务费""办公用品""食品""材料""配件""日用品""劳保品"等笼统项目的发票，应注意税前扣除的涉税风险
13	利用小规模纳税人增值税月 15 万元（或季 45 万元）的免征额来虚开增值税普通发票，也就是利用免征额临界点达到销售方虚开、购货方虚增成本费用，从而逃交增值税和企业所得税的目的
14	从自然人处取得大量或大额代开普票
15	取得的发票一直未付款或者大额现金支付
16	金额顶格开票的情况
17	舍近求远开票
18	核查企业之间对开、环开发票问题

第二节 虚开发票：涉税风险与合规化应对

虚开增值税发票是企业涉税的高发违法行为，是指有为他人虚开、为自己虚开、让他人为自己虚开、介绍他人虚开行为之一的情形（图 8-1），是税务机关的重点打击对象，企业或相关当事人一旦触犯，必将受到法律严惩。

图 8-1 虚开发票的四种情形

一、虚开增值税的法律规定

我国多部法律法规都对虚开增值税发票作出了界定，主要包括以下几种。

（一）《刑法》

《刑法》第二百零五条规定：

【虚开增值税专用发票、用于骗取出口退税、抵扣税款发票罪】虚开增值税专用发票或者虚开用于骗取出口退税、抵扣税款的其他发票的，处三年以下有期徒刑或者拘役，并处二万元以上二十万元以下罚金；虚开的税款数额较大或者有其他严重情节的，处三年以上十年以下有期徒刑，并处五万元以上五十万元以下罚金；虚开的税款数额巨大或者有其他特别严重情节的，处十年以上有期徒刑或者无期徒刑，并处五万元以上五十万元以下罚金或者没收财产。

（二）《中华人民共和国发票管理办法》

《中华人民共和国发票管理办法》第三十五条规定：

违反本办法的规定虚开发票的，由税务机关没收违法所得；虚开金额在 1 万元以下的，可以并处 5 万元以下的罚款；虚开金额超过 1 万元的，并处 5 万元以上 50 万元以下的罚款；构成犯罪的，依法追究刑事责任。

（三）《中华人民共和国税收征收管理法》

《中华人民共和国税收征收管理法》第六十三条第一款规定：

纳税人伪造、变造、隐匿、擅自销毁账簿、记账凭证，或者在账簿上多列支出或者不列、少列收入，或者经税务机关通知申报而拒不申报或者进行虚假的纳税申报，不缴或者少缴应纳税款的，是偷税。

这是将虚开增值税发票定性为偷税进行处罚的法律依据。

（四）《最高人民法院关于虚开增值税专用发票定罪量刑标准有关问题的通知》（法〔2018〕226 号）

该通知第二条规定：

在新的司法解释颁行前，对虚开增值税专用发票刑事案件定罪量刑的数额标准，可以参照《最高人民法院关于审理骗取出口退税刑事案件具体应用法律若干问题的解释》（法释〔2002〕30 号）第三条的规定执行，即虚开的税款数额在五万元以上的，以虚开增值税专用发票罪处三年以下有期徒刑或者拘役，并处二万元以上二十万元以下罚金；虚开的税款数额在五十万元以上的，认定为刑法第二百零五条规定的"数额较大"；虚开的税款数额在二百五十万元以上的，认定为刑法第二百零五条规定的"数额巨大"。

▶【案例 8-1】
职场新人因高额虚开被判刑，追悔莫及

黄某和陈某受雇于付某的公司做财务，在 2013 年 11 月至 2016 年 7 月间，在明知该公司同 23 家公司没有实际货物交易的情况下，黄某和陈某协助主犯付某记录"内账"、虚构合同、资金走账、开具增值税专用发票等，税额合计 2.57 亿元。

尽管二人系从犯，但鉴于其严重的犯罪事实及后果，两人最终被法院判决：犯虚开增值税专用发票罪，分别判处有期徒刑 7 年、并处罚金 15 万元。

两个毕业不久的年轻人，收到判决书后，欲哭无泪，追悔莫及。

由上述相关法律规定和案例可见虚开增值税专用发票罪的突出特点。

（1）量刑金额低。

（2）刑罚重、判刑期限长。

二、虚开发票的两种情况及风险

（一）恶意取得虚开增值税专用发票的法律风险

纳税人在实际经营过程中，出于少纳税款的目的，往往故意做大进项税额。要达到这种目的，取得虚开的增值税专用发票是一种常见的方式，即恶意取得虚开的增值税专用发票。

纳税人如果恶意取得增值税专用发票用来抵扣进项税，根据《国家税务总局关于纳税人取得虚开的增值税专用发票处理问题的通知》（国税发〔1997〕134 号）的规定，可能面临以下处罚。

（1）依照《中华人民共和国税收征收管理法》及有关规定追缴税款。

（2）被处以偷税数额五倍以下的罚款。

（3）进项税金大于销项税金的，调减其留抵的进项税额。

（4）利用虚开的专用发票骗取出口退税的，依法追缴税款，处以骗税数额五倍以下的罚款。

（5）构成犯罪的，税务机关依法进行追缴税款等行政处理，并移送司法

机关追究刑事责任。

（二）善意取得虚开增值税专用发票的法律风险

纳税人在经营过程中，有时取得的虚开增值税专用发票，并非出于主观上的恶意，即善意取得虚开增值税专用发票。

如何处理善意取得虚开增值税专用发票的纳税人，国家税务总局在《国家税务总局关于纳税人善意取得虚开的增值税专用发票处理问题的通知》（国税发〔2000〕187号）中对善意取得虚开的增值税专用发票的条件进行了明确，即必须同时满足以下条件。

（1）购货方与销售方存在真实交易，销售方使用的是其所在省（自治区、直辖市和计划单列市）的专用发票，专用发票注明的销售方名称、印章、货物数量、金额及税额等全部内容与实际相符。

（2）没有证据表明购货方知道销售方提供的专用发票是以非法手段获得的。

为保护纳税人的合法权益，对于善意取得增值税专用发票的纳税人，不以偷税或者骗取出口退税论处。但应按有关规定不予抵扣进项税款或者不予出口退税；购货方已经抵扣的进项税款或者取得的出口退税，应依法追缴。

同时，税法亦规定了相关的补救措施：纳税人善意取得虚开的增值税专用发票，如能重新取得合法、有效的专用发票，准许其抵扣进项税款；如不能重新取得合法、有效的专用发票，不准其抵扣进项税款或追缴其已抵扣的进项税款。

三、虚开发票的合规化应对

对于虚开发票问题，企业及相关人员要注意风险防范和合规化处理，一方面，要杜绝主动虚开增值税发票；另一方面，要提前采取一些有效的防范措施，尽量减少增值税发票管理使用中的风险。

（一）严加防范，避免取得虚开发票

纳税人在购进货物时，一定要增强防范意识，从思想上重视虚开发票问题，积极主动地采取一些必要措施，有意识地审查所取得发票的真实性。

对具有一般纳税人资格的客户，必须按以下要求开具增值税专用发票。

（1）必须具有真实的交易。

（2）开票金额按当月货款（冲抵配销政策后的金额）精确至元角分予以开具，若有预收账款的，对预收款部分在未实现交易前不予提供增值税专用发票，待实现交易后再行补开增值税专用发票。

（3）货款的收取必须通过银行进行划转，原则上应在货款到达公司指定的银行账户后再行开具增值税专用发票，对以现金结算的货款部分不提供增值税专用发票。

（4）任何公司都不得向无直接往来业务关系的单位开具增值税专用发票，即使通过银行转账方式也不能许可。

（5）对外开具增值税专用发票，不得任意增加开票金额，必须做到订单、回款、开票一致。

（6）任何对外开具的增值税专用发票必须通过银行结算方式方可开具，不得同意客户现金结算换票请求。

（7）其他日常保管、管理规定按公司有关管理规定执行。

（8）各分公司应严格按照总公司统一扎账日期（每月25日）划分收入开票时限，凡当月25日至月末之间发生的销售收入，一律开具次月日期。

（9）遵循先交易后开发票的原则，凡客户请求开具前期交易未开增值税专用发票的，原则上不得予以开具。

企业在购进货物时要重视取得和保存有关的证据，一旦对方故意隐瞒有关销售和开票的真实情况，恶意提供增值税专用发票，给自身造成经济损失，可依法向对方追偿由于其提供虚开发票而带来的经济损失。

（二）了解交易对方的基本情况

通过对交易对方的经营范围、经营规模、企业资质等相关情况的了解，对其有一个总体的评价，并评估相应的风险。一旦发现交易对方有异常情况，应当引起警惕，做进一步的追查，并考虑是否继续进行交易。

（三）交易时尽量通过银行账户划拨货款

在交易中，通过银行账户将货款划拨到交易对方的银行账户。在这个过程中，纳税人可再次对购进业务进行监督审查，以降低相关风险。

（四）交易后复查

做好交易后复查，确保项目采购留存交易往来谈判的相关资料，以及财务付款后发票、合同及其他收货单资料的齐全。

（五）加强对相关业务人员的专业知识培训

通过对相关业务人员进行专业的增值税专用发票知识的培训，使其系统、全面地了解增值税专用发票的相关知识，将大大降低取得虚开增值税专用发票的风险。

（六）完善增值税管理制度

从制度层面来防范增值税涉税风险，是最行之有效的。

第三节　发票代开：个人代开与第三方代开

发票代开，即增值税发票的代开。

发票代开和发票虚开，只有一字之差，核心区别在于"是否有真实业务往来"，如果有，属于发票代开，否则，则为发票虚开。

发票代开是法律所允许的，但要注意做好相应的合规操作和风险防范。发票虚开是违法行为，应予以规避。

实务中，企业让人代开发票分两种情况：自然人代开和第三方（企业）代开。

一、自然人代开发票

企业同自然人有业务往来时，为了解决缺票的问题，往往需要自然人代开发票。

（一）自然人代开发票的类型

通常，自然人只能代开增值税普通发票，特殊情况下，也可以代开增值税专用发票。

1. 申请代开增值税普通发票

根据《国家税务总局货物和劳务税司关于做好增值税发票使用宣传辅导有关工作的通知》（税总货便函〔2017〕127 号）的规定，"有下列情形之一的，可以向税务机关申请代开增值税普通发票……4. 依法不需要办理税务登记的单位和个人，临时取得收入，需要开具增值税普通发票的。"

不需要办理税务登记的单位和个人发生增值税应税行为时，可以向税务机关申请代开增值税普通发票。个人代开的增值税普通发票可以作为受票方企业所得税税前扣除的凭证资料。

2. 申请代开增值税专用发票

根据《国家税务总局关于营业税改征增值税委托地税局代征税款和代开增值税发票的通知》及《国家税务总局关于个人保险代理人税收征管有关问题的公告》的规定：其他个人向购买方（不属于其他个人）销售不动产，自然人向承租方（不属于其他个人）出租不动产，证券经纪人、信用卡与旅游等行业代理人等，可向税务机关申请代开专用发票。

以上情况，自然人可以向税务机关申请代开增值税专用发票。

（二）代开发票风险规避与合规操作

让自然人代开发票，要注意以下合规操作。

1. 基于真实业务

企业让自然人代开发票，必须以业务真实为前提。所谓业务真实是指企业确实与代开发票的自然人发生了应税交易，否则，就属于虚开，无论是为他人、为自己开具与实际经营业务情况不符的发票，还是让他人为自己开具与实际经营业务情况不符的发票，或是介绍他人开具与实际经营业务情况不符的发票等，都属于典型的虚开发票。

虚开发票的后果，除了面临税务处罚外，还将面临刑法相关条例的处罚。

▶【案例 8-2】

代开变虚开，被追刑责

被告人徐某某在经营上海 A 有限公司、D（上海）有限公司、上海 B 有限公司、上海 C 有限公司期间，在公司与代开人无真实业务的情况下，支付费用委托叶某、于某、胡某（已判决）等人提供代开发票服务，配合叶某等人制作虚假合同，并在合同中规避"劳务"等字样，以此方式将个人劳务所得变换为经营所得从而降低纳税额。叶某等人将合同、代开人身份信息等材料汇总后报送税务机关代开发票。经查证，被告人徐某某通过上述方式，让他人为其经营的四家公司虚开增值税普通发票 23 份，价税合计人民币 6 847 万余元，均已入账冲抵成本。

2021 年 11 月 12 日，被告人徐某某经民警电话通知在住处等候接受调查，到案后如实供述了基本犯罪事实。四家涉案公司完成了合规整改，并补缴了税款。

上海市宝山区人民法院经审理认为，被告人徐某某作为公司直接负责的主管人员，让他人为公司虚开增值税普通发票，情节特别严重，其行为已构成虚开发票罪，依法应予惩处。公诉机关指控的犯罪事实清楚，证据确实充分，指控的罪名成立。判决如下：被告人徐某某犯虚开发票罪，判处有期徒刑一年九个月，缓刑一年九个月，并处罚金人民币十万元。

2. 代开地点合规

自然人代开发票不能随意选择代开地点，否则属于无效凭证。

根据《中华人民共和国增值税暂行条例实施细则》（以下简称《增值税暂行条例实施细则》）和《营业税改征增值税试点实施办法》等文件的规定，自然人发生不同的应税行为，纳税地点不一样，从而代开发票地点也不一样。

（1）非固定业务销售货物或者劳务，应当向销售地或劳务发生地主管税务机关申报纳税。未向销售地或劳务发生地的主管税务机关申报纳税的，由其机构所在地或居住所在地的主管税务机关补征税款。

（2）非固定业户应当向应税行为发生地主管税务机关申报纳税。未申报纳税的，由其机构所在地或者居住地主管税务机关补征税款。

（3）其他个人提供建筑服务，销售或者租赁不动产，转让自然资源使用权，应向建筑服务发生地、不动产所在地、自然资源所在地主管税务机关申报纳税。

3. 类目一致

即使自然人的业务活动真实无误，但在申请代开发票时，发票上的税目若与其实际提供的服务或商品类型不匹配，也会有税务风险，因此，要确保税目和商品、服务类型的一致。

4. 依法纳税

财税〔2016〕36 号文规定，个人发生应税行为的销售额未达到增值税起征点的，免征增值税；达到起征点的，全额计算缴纳增值税。按期纳税的，为月销售额 5 000 ～ 20 000 元（含本数）；按次纳税的，为每次（日）销售额 300 ～ 500 元（含本数），即自然人代开 500 元以下的发票，可以直接享受免税优惠。个人代开发票金额在 500 元以上，则需要缴纳税费。

（1）根据税法规定和各地执行情况，自然人取得的所得如果属于经营所得，支付方（即发票的受票方）没有扣缴义务，通常由税务机关在代开发票环节按照不含税收入的一定比率核定征收个人所得税。

（2）自然人取得所得如果属于经营所得以外的其他应税项目，如劳务报酬所得、财产租赁所得、利息所得等，支付方有扣缴义务，此时代开发票的税务机关不再代征个税，而是在备注栏备注"个人所得税由支付方依法代扣代缴或预扣预缴"。

二、第三方代开发票

第三方代开，同样是基于真实业务的如实代开；否则，就构成虚开。

如实代开算不算虚开发票？实务中有争议，具体有两种观点。

（一）如实代开不属于虚开

该观点认为：代开增值税专用发票只要是如实开具，开具方就要如实纳税，而代开方纳税后也必然要求实际经营方即要求代开方承担这笔税款开支，主观上并没有骗取国家税款的故意，客观上看并没有造成国家税收损失。虚开增值税专用发票给国家税收造成损失，这是虚开增值税专用发票的主要危害所在。

（二）如实代开属于虚开

该观点认为：如实代开构成虚开增值税专用发票罪。其理由是：虽然存在真实的货物交易，但是交易的主体和开票的主体并不一致，违反了发票管理办法有关规定，从而认定如实代开的行为构成虚开增值税专用发票罪。

不过，最高人民法院研究室出台的《最高人民法院研究室〈关于如何认定以"挂靠"有关公司名义实施经营活动并让有关公司为自己虚开增值税专用发票行为的性质〉征求意见的复函》（法研〔2015〕58号）第二项中明确规定"虚开增值税发票罪的危害实质在于通过虚开行为骗取抵扣税款，对于有实际交易存在的代开行为，如行为人主观上并无骗取抵扣税款的故意，客观上未造成国家增值税款损失的，不宜以虚开增值税专用发票罪论处"。该复函虽然不是司法解释，但在上述解释之后，因此在审判实践中具有重要的指导作用。

在实务中，如实代开是否构成虚开增值税专用发票罪同样存在着争议，存在同案不同判的情况。因此，企业在实际经营的过程中，应尽量规避如实代开，比如 A 从 B 那里购买货物（服务），但由于 B 无法开具增值税专用发票，然后从 C 处开具与实际业务一致的增值税专用发票，前提需要与 C 签订合同，避免了代开行为。如果实在避免不了，则应当注意对交易凭证的保存，如不幸涉及虚开增值税专用发票案中，可以提供相关交易凭证佐证存在真实的交易，避免被过多追究刑事责任。

第四节　无票入账：无法取得发票如何入账

无票收入，即未开票收入，是企业在销售商品或提供服务后，由于各种原因未向买家开具发票的收入。

无票收入广泛存在于零售行业、电商行业等，这些行业面对的客户群体中个人消费者占比较大，会产生较多的无票收入。另有部分企业，也会由于客户不需要发票或开票条件不成熟等种种因素，而产生无票收入。

对于企业而言，无票收入虽然没有发票作为凭证，但在账务和税务处理上，同有票收入的操作模式是相同的，都需要合规入账。同时无票收入也属于应税收入，需要依法申报并纳税。只要无票收入当月及时入账就属规范范畴，而没有申报收入则会被税务机关检查。

一、无票收入的确认

无票收入按照收入新准则确认的原则和前提条件，根据签订合同的购销双方履约合同的状况进行判断。

（一）收入确认原则

只要企业履行了合同中约定的履约义务，也就是在客户取得商品的控制权时确认收入，即企业在客户有能力获得该商品相关的经济利益时，企业就需要确认收入。

（二）收入确认条件

无票收入确认的前提条件，即企业与客户之间签订的合同，应同时满足五个条件。

（1）合同各方已批准该合同并承诺将履行各自义务。

（2）该合同明确了合同各方与所转让的商品相关的权利和义务。

（3）该合同有明确的与所转让的商品相关的支付条款。

（4）该合同具有商业实质，即履行该合同将改变企业未来现金流量的风险、时间分布和金额。

（5）企业因向客户转让商品额而有权取得的对价很可能收回。

如果企业取得的无票收入满足上述会计收入确认的原则和条件，企业就应该按照收入准则的规定，及时确认会计收入，进而计算企业盈亏。

二、无票收入如何做账

企业在进行入账处理时，因没有开具发票，则确认收入的记账凭证应附原始凭证上缺少了发票，但企业需要附上产品出库单、收款收据、银行进账单、物流配送单，以及双方签订的合同等，作为确认收入的依据。

无票收入的会计处理，应当按照每一笔业务的实际情况进行。一般来说，无票收入应当按照收入确认的条件和标准，计入主营业务收入或其他业务收入，同时计提应交增值税。

▶【案例 8-3】

一般纳税人无票收入的账务处理

某企业（一般纳税人）销售货物，客户不要发票，已经收到货款 10 万元，则会计分录如下。

借：银行存款 10 万元

　　贷：主营业务收入 8.85 万元

　　　　应交税费——应交增值税——销项税额 1.15 万元

其中，销项税额=货款金额÷（1+适用税率）×适用税率=10÷（1+13%）×13%=1.15 万元

如果无票收入是因为对方未付款或者未取得索取款项的单据，则可以暂时不确认收入，待取得相关凭证后再进行确认。

例如，某企业（一般纳税人）销售货物，客户不要发票，但还没有付款，合同约定货款为 10 万元，等客户付款时一并做账，则会计分录如下。

借：应收账款 10 万元

　　贷：主营业务收入 8.85 万元

　　　　应交税费——应交增值税——销项税额 1.15 万元

当客户付款后，再进行结算。

借：银行存款 10 万元

　　贷：应收账款 10 万元

另外，财务人员在进行无票收入账务处理时，应将其具体时间区分为当期与前期，然后再根据企业纳税类型进行记账。

（1）企业为一般纳税人时，应借记库存现金或银行存款，贷记主营业务收入，应交税费——应交增值税（销项税额）。同时结转销货成本，借记主营

业务成本，贷记库存商品。

（2）企业为小规模纳税人时，应借记库存现金/银行存款，贷记主营业务收入，应交税费——应交增值税。同时结转销货成本，借记主营业务成本，贷记库存商品。

（3）针对前期已按无票收入进行账务处理，后期又补开发票的情形，财务人员需要在开具发票的当期，将对应无票收入的记账凭证进行红字冲销，然后再根据开具发票的金额入账。

在进行账务处理时，应将会计科目尽量细分，设置二级或三级科目，这样能更清晰得出各项商品的销售情况。做收入的对方科目一般会设定其他应收款作为过渡科目，需要和资金进行校对，达到记账管控的目的。

三、税务申报

无票收入需要依法合规进行税务申报，无票收入的申报，应当在每个纳税期内及时进行，不能拖延或者漏报。如果在后期开具了发票，则需要在开具发票期间进行调整。

（一）税额计算方式

通常，无票收入对应实际销售金额，则

不含税收入 = 无票收入 /（1+ 适应税率或征收率）

税额 = 无票收入 /（1+ 适应税率或征收率）× 适用税率或征收率 = 无票收入 – 不含税收入

（二）纳税申报

无票收入的纳税申报，区分为一般纳税人和小规模纳税人。

（1）企业为一般纳税人时，需在增值税纳税申报表销售明细所对应的未开具发票处，将本期未开票收入对应的不含税金额填入其中，核对税额是否与账上相符。

（2）若企业为小规模纳税人，且该季度总收入未超过免税额度的，应在增值税纳税申报表所对应的小微企业免税销售额处，将本季度开具发票收入与未开票收入之和的不含税金额填入其中，核对税额是否与账上相符。

（3）对于后期补开发票的情况，需在开具发票处据实填写当期总计的不含税收入，然后在未开票发票销售额处填写其对应的负数金额。

第五节　公司缺票：合法合规解决缺票问题

缺票，是很多企业的常态。大家都清楚，如果企业没有获得相应的入账发票，直接的后果便是账面利润会显得虚高，不仅会影响企业的财务报告，也会让企业缴纳更多的企业所得税，增加额外的税务负担。

在金税三期、四期系统出台前，企业如果缺成本票或进项票，有可能"铤而走险"，选择买票、虚开发票等途径来解决缺票的问题。然而，在当前的金税四期透明化监管之下，买票、虚开发票等违规行为已经"此路不通"。

如何合法合规解决缺票问题，需要整体考虑、系统思考。

一、缺票原因

（一）客户因素导致的缺票

尽管业务真实发生，但由于上游企业（个人、个体户、小规模公司）不规范，无法开具增值税发票，导致无法正常获取发票。

（二）企业自身因素导致的缺票

内部因素导致缺票的情况也很多，常见的有以下几种。

（1）企业主动不要发票。业务真实发生，但上游企业通过压低单价或返点等优惠形式给到企业，企业受眼前利益诱惑，因而不要票。需要提醒大家的是，这种方式看似支出成本低，但无票会导致企业实际税负较高。

（2）虚假费用开支导致的缺票。企业有些支出本来不是费用，却以费用的名义出现。比如，老板从公司提钱，不打算还款，也不打算交个税，就会让会计将这笔钱伪装成费用入账。费用项目可以伪装，但发票却无从取得。

（3）业务量小。一些小微企业或初创企业由于业务量较小，无法获得足够的成本票。这类企业只有少量的采购和销售活动，难以获得足够的发票。

（4）缺乏合规意识。有些企业可能缺乏合规意识，没有建立健全的财务管理制度，导致无法及时获取和保存成本票。

（5）企业并非真正缺票。企业自身行业毛利较高，增值税税负较重，使企业产生缺票的错觉。

二、合规解决缺票问题

首先梳理出缺票的真实原因，才能对症下药，从根源上合规合法地解决缺票的问题。

（一）利用自然人代开

企业和个人发生业务往来，可利用税收优惠政策，申请自然人代开，来解决部分成本票缺失问题。

（二）利用个体工商户或个人独资企业核定征收

企业缺成本票，企业所得税税负高，可通过业务转包和分包的方式，来减轻企业税负压力。在税收优惠园区内成立个体户或个人独资企业来分包业务，通过享受核定征收，核定个税为 0.5% ~ 1%，综合税率为 2.5% ~ 3%，一年可开 450 万元左右的增值税发票，全程不需法人到场。前提要有真实的业务，没有真实的业务，就变成了虚开发票。

1. 零星支出用收款凭证代替

企业从自然人处购买货物或服务，符合条件的，无须取得发票，可以凭收款凭证扣除（图 8-2）。

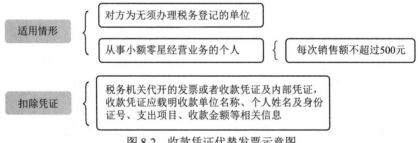

图 8-2　收款凭证代替发票示意图

2. 利用灵活用工平台

当企业大量与个人存在业务往来，可以通过灵活用工平台进行任务发送，代发佣金，代征个税，取得 6% 的增值税专用发票进行抵扣。

3. 利用地方产业扶持政策

当企业进项发票缺失、进项税抵扣不足、增值税税负太高时，可通过在税收优惠园区内成立新公司、子公司或分公司的形式，来承接主体公司部分增值业务，新公司正常经营纳税，可以享受到地方税收扶持奖励，企业缴纳的税金，地方财政会按月兑现返还给企业。

4.更换供应商

如果企业供应商不愿开发票，可以更换供应商，选择合规的合作伙伴，不能因为上游的不规范造成企业的被动，从而带来税务风险。

即使对方加税点才愿意开票，从税务的角度去考虑，通常情况下只要不超过不含税价款的38%，也建议取得发票，可以抵扣13%的增值税，还可以抵扣25%的企业所得税，如果再算上抵扣20%的分红个税，整体非常合算。

5.改变商业模式

可以考虑延长或缩短企业自身的业务链条。例如，建筑企业的人工费占比较大，支出难以取得发票，可以成立自己的建筑劳务公司和主体公司进行合作，建筑劳务公司再外包给包工头，通过逐步优化和规范整个产业链结构，保证增值税业务链条的完整性，进项发票可取，然后合理拆分业务入驻有财政奖励的园区，合法合规间接降低企业整体税负。

6.存货暂估入库

企业日常发生的采购业务中，经常会遇到"货已到，票未到"的情形，为了保证存货账实相符，需要先按结算单据或合同约定的价格对存货做"暂估入账"处理，等收到发票时再按发票价格入账。

7.购入固定资产

比如，以公司的名义买车、买房，可以抵扣增值税和企业所得税，在一定程度上解决了企业缺票问题。

8.利用分割单进行税前扣除

《企业所得税税前扣除凭证管理办法》第十八条和第十九条规定：

第十八条 企业与其他企业（包括关联企业）、个人在境内共同接受应纳增值税劳务（以下简称"应税劳务"）发生的支出，采取分摊方式的，应当按照独立交易原则进行分摊，企业以发票和分割单作为税前扣除凭证，共同接受应税劳务的其他企业以企业开具的分割单作为税前扣除凭证。

企业与其他企业、个人在境内共同接受非应税劳务发生的支出，采取分摊方式的，企业以发票外的其他外部凭证和分割单作为税前扣除凭证，共同接受非应税劳务的其他企业以企业开具的分割单作为税前扣除凭证。

第十九条 企业租用（包括企业作为单一承租方租用）办公、生产用房等资产发生的水、电、燃气、冷气、暖气、通信线路、有线电视、网络等费用，出租方作为应税项目开具发票的，企业以发票作为税前扣除凭证；出租方采取分摊方式的，企业以出租方开具的其他外部凭证作为税前扣除凭证。

注意，分割只能作为企业所得税的凭证进行税前扣除，不能作为增值税的抵扣凭证抵扣进项税。

三、无票也能入账的费用

有些支出费用，无票也能入账（表8-3）。

表8-3　无票也能入账的费用

支出类别	详　　情	需要凭证
违约金	企业因各种原因支付的违约金，不属于增值税应税行为，无须发票就可入账，并可在企业所得税前扣除	1. 双方签字盖章的合同／协议。 2. 违约金赔偿协议／法院的判决书或调解书、仲裁机构的裁定书等违约金收取方开具的收据／银行回单
零星支出	支付给个人的不超过500元的小额零星支出	1. 收款人开具的收据／收条，需要写明收款人姓名、身份证号、收款原因、收款金额等相关信息。 2. 企业支付凭据
工资支出	向员工支出的工资、奖金、加班费等，不需要发票就可以入账，在企业所得税前扣除	1. 考勤记录表、经过审批的加班申请表、工资表、个人所得税申报表。 2. 通过银行发放的银行回单、通过现金发放的员工签字的工资表
差旅费	支付给出差人员的差旅费补助，不需要发票，即可在企业所得税前扣除。该项支出不属于工资，不需要代扣代缴个人所得税	1. 公司的差旅费报销制度。 2. 出差申请单、差旅费报销单（写明出差人姓名、出差地点、出差事由、审批人等）。 3. 通过银行转账的银行回单、通过现金报销的出差人签领单
现金福利	公司向职工发放的过节费、生活困难补助、结婚红包、生日红包等福利费，不需要发票，可在企业所得税前扣除，但可能涉及要代扣代缴个人所得税	1. 公司福利费相关文件。 2. 过节费等福利的发放明细表（员工签字）。 3. 现金福利的银行回单、收款人签领单
分摊费用	企业租赁经营场所发生的水电费、物业费、暖气费、网费等费用，不能单独取得发票的，可以凭出租方提供的费用分割单入账，在企业所得税前扣除	1. 双方签字盖章的租赁合同。 2. 出租方出具的费用分制单（加盖公章）、出租方取得的水电费等的发票复印件、公司支付分割费用的银行回单
供应商存续问题	供应商被注销／吊销／撤销了营业执照，导致付款方支付了款项，收到了货物，却没有取得发票。在这种情况下，公司不需要发票就可以入账，在企业所得税前扣除	1. 双方签字盖章的合同／协议。 2. 供应商被注销／吊销／撤销了营业执照的证明。 3. 公司的入库单、付款的银行回单等

第九章 ｜ 劳动用工合规：企业用工中的财税合规

劳动用工合规表现在三个层面。

第一，劳动者权益保障层面。企业要依法合规用工，为劳动者提供合理的劳动报酬和劳动保障，包括签署正规的劳务合同、缴纳社保、依法扣缴个税等。

第二，节税避税层面。通过合理的用工模式筹划，来达到节税避税的目的。

第三，内部财务人员合规层面。作为企业财务工作者，要"知合规之意，行廉洁之道"，做好企业财税管理的守门人。

第一节　涉税处理：企业用工的涉税处理

企业常见的用工模式包括全日制用工、非全日制用工、劳务派遣和劳务外包四种模式，不同模式的用工，其涉税问题和风险点也不相同。

一、全日制用工

全日制用工是企业最常见的用工模式，企业与劳动者应签立书面劳动合同，建立雇佣关系，规定劳动时间（每天工作时间）及劳动期限。员工享受社保、住房公积金、年假等福利。

（一）全日制用工涉税问题

1. 个人所得税

企业需要按照员工的工资薪金预扣预缴个税。

2. 增值税

支付给员工的工资薪金不涉及增值税。

3. 企业所得税

企业所得税上，合理的工资薪金支出，准予税前扣除。

（二）全日制用工风险点

（1）企业应及时、全额为全日制员工缴纳社保，试用期未交社保、一年以内未交社保、按照最低标准缴纳社保都是违规行为。

（2）工资发放最好通过银行转账。

（3）必须通过个税申报系统正常申报个税。

（4）职工工资薪金不宜长期过低、脱离行业实际；否则，容易引发税务机关怀疑。

二、非全日制用工

非全日制员工依然是员工，只不过是特殊员工，包括实习生、临时工、小时工等。

（一）实习生

实习生是非全日制用工的一种，可以不签署劳动合同，同用人单位存在事实上的雇佣关系。

1. 实习生个人所得如何纳税

根据《国家税务总局关于个人所得税若干业务问题的批复》（国税函〔2002〕146 号）第四条的规定："在校学生因参与勤工俭学活动（包括参与学校组织的勤工俭学活动）而取得属于个人所得税法规定的应税所得项目的所得，应依法缴纳个人所得税。"

据此，实习生实习期间取得的个人所得应当按照"工资、薪金"所得缴纳个人所得税。

2. 实习生所得能否在企业所得税前进行扣除

根据《国家税务总局关于企业所得税应纳税所得额若干税务处理问题的公告》（国家税务总局公告 2012 年第 15 号）第一条的规定："关于季节工、临时工等费用税前扣除问题 企业因雇用季节工、临时工、实习生、返聘离退休人员以及接受外部劳务派遣用工所实际发生的费用，应区分为工资薪金支出和职工福利费支出，并按《企业所得税法》规定在企业所得税前扣除。其中属于工资薪金支出的，准予计入企业工资薪金总额的基数，作为计算其他各项相关费用扣除的依据。"

因此，实际支付给实习生的支出可作为工资薪金在企业所得税前进行扣除。

（二）临时工

临时工的涉税问题，要分两种情况来探讨。

1. 存在雇佣关系

企业同临时工签有短期或长期劳动合同，存在事实上的雇佣关系，且按月支付劳动报酬。

这种情况符合《国家税务总局关于企业工资薪金及职工福利费扣除问题的通知》（国税函〔2009〕3 号）的规定，其工资薪金允许在税前扣除。需要提供的资料有工资明细清单、劳动合同（协议）文本、个人所得全员全额申报证明及个人所得税代扣代缴证明。

2. 不存在雇佣关系

企业未和临时工签署有期限的劳动合同，不存在事实上的雇佣关系，只是按次支付报酬。

这种情况就应该按照劳务费处理，接受劳务的企业不需要为提供劳务的人提供社保。这类员工提供劳务需要去税务机关代开劳务发票，企业凭劳务发票入账，个人所得税按照劳务报酬所得计算缴纳。

（三）小时工

小时工是非全日制劳动关系的一种，按小时计算薪酬，劳动者在同一用人单位平均每日工作不超过 4 小时、每周累计不超过 24 小时。其适用于保姆、保洁等零星工作的岗位。

税务处理如下。

（1）对于个人所得税，企业需要预扣预缴。

（2）增值税不涉及。

（3）企业所得税需要区分为工资薪金支出和职工福利费支出，允许税前扣除。

三、劳务派遣

劳务派遣用工，是国内企业用工的补充形式，只能在临时性、辅助性或者替代性的工作岗位上实施。

（一）劳务派遣用工范围

《劳务派遣暂行规定》第三条规定：

用工单位只能在临时性、辅助性或者替代性的工作岗位上使用被派遣劳动者。

前款规定的临时性工作岗位是指存续时间不超过 6 个月的岗位；辅助性

工作岗位是指为主营业务岗位提供服务的非主营业务岗位；替代性工作岗位是指用工单位的劳动者因脱产学习、休假等原因无法工作的一定期间内，可以由其他劳动者替代工作的岗位。

企业要确保劳务派遣用工范围的合规，超出上述范围，则适用其他类型的劳动用工模式。

（二）劳务派遣用工比例

《劳务派遣暂行规定》第四条规定：

用工单位应当严格控制劳务派遣用工数量，使用的被派遣劳动者数量不得超过其用工总量的 10%。

前款所称用工总量是指用工单位订立劳动合同人数与使用的被派遣劳动者人数之和。

计算劳务派遣用工比例的用工单位是指依照劳动合同法和劳动合同法实施条例可以与劳动者订立劳动合同的用人单位。

举例来说：A 公司是一家制造型企业，其中，与企业签订劳动合同的职工人数为 300 人，当年承受的劳务派遣用工人数为 30 人，该公司运用的劳务派遣用工比例 =30/（300+30）=9.09%。A 公司在劳务派遣用工比例上是合规的。

（三）税务处理

劳务派遣公司涉及增值税、企业所得税、个人所得税、印花税、城市维护建设税等税种。其中，个人所得税为代扣代缴税种，增值税为主要税种。

根据财税〔2016〕47 号即《财政部 国家税务总局关于进一步明确全面推开营改增试点有关劳务派遣服务、收费公路通行费抵扣等政策的通知》的规定，一般纳税人和小规模纳税人的税务处理方式有所不同。

1. 一般纳税人

一般纳税人提供劳务派遣服务，可以按照《财政部 国家税务总局关于全面推开营业税改征增值税试点的通知》（财税〔2016〕36 号）的有关规定，以取得的全部价款和价外费用为销售额，按照一般计税方法计算缴纳增值税。

2. 小规模纳税人

小规模纳税人提供劳务派遣服务，可以按照《财政部 国家税务总局关于全面推开营业税改征增值税试点的通知》（财税〔2016〕36 号）的有关规定，以取得的全部价款和价外费用为销售额，按照简易计税方法依 3% 的征收率计算缴纳增值税。

四、劳务外包

企业将工作外包给个人或者其他企业，针对个人和企业的涉税处理也是不同的。

（一）外包给个人

（1）个人所得税需要外包企业代扣代缴，如涉及印花税，需要按对应的印花税税目缴纳。

（2）增值税上，每次（日）销售额为 500 元以上的，需要找税务机关代开增值税务普通发票（3%）。

（3）企业所得税上，作为费用支出，允许在税前扣除。

（二）外包给企业

增值税上，取得增值税专用发票允许抵扣（一般纳税人 3%、6%、9%、13% 或小规模纳税人 3%）；企业所得税上，作为费用支出，允许在税前扣除。

无论企业采用哪种用工模式，都要进行合规操作，注意防范涉税风险。

第二节　社保合规：社保入税与社保合规

社保入税，并不是企业交社保的时候也要缴税。

社保原来是由社保部门负责征收，而社保入税，是将企业缴纳的社保费改由税务部门征收。社保入税是将基本养老保险费、基本医疗保险费、失业保险费、工伤保险费、生育保险费等各项社会保险费交由税务部门统一征收（表 9-1）。

表 9-1　社保部门征收与税务部门征收的区别

项目	社保部门征收	税务部门征收
申报	主动向社保局申报＋税务局代征	主动向社保局申报＋税务局直征＋数据比对
稽查	社保审计＋社保稽查	税务稽查
收入	不联网，不透明	全国联网，公开透明
责任	补缴＋罚款＋滞纳金	补缴＋罚款＋滞纳金
监管	没有专人负责	税务专管员负责监管
数据	企业提供	金税四期数据库
银行数据	很难查询	数据共享，自动推送

从表 9-1 可以看出，社保入税后，征管手段更加完善、信息化，社保和个税数据打通，征管效率会提升。未来，社保合规是必然。

一、社保入税对企业的影响

社保入税的目的是实现社保全覆盖，倒逼企业为全员交社保。简单来讲，我们都知道不交税是违法的，现在社保入税，社保改由税务部门来征收，今后企业不交社保也是违法行为。

社保入税对企业的影响主要表现在以下几方面。

（一）成本费用增加

社保入税前，企业向社保部门缴纳员工社保。实务中，很多企业为了降低成本，会想方设法少交或不交员工社保。缴纳社保费中存在以下各种问题。

（1）缴费人数不足。有些企业只给部分核心员工交社保，对于普通员工、试用期员工或进城务工人员，则不交社保费。

（2）缴费基数不足。有些企业不是按照实际工资缴纳，而是按照当地社保部门规定的最低基数缴费或者按照部分工资计算。

（3）缴费险种不足。正常的社保费包括基本养老保险费、基本医疗保险费、失业保险费、工伤保险费、生育保险费五项社会保险费。而有些善于钻空子的企业则只缴纳三险或者四险等，而不是五险。

（二）涉税风险加大

社保入税后，税务机关将全面负责社保费征缴的各个环节，包括申报、核定、追缴等，税务机关通过数据共享，更容易发现企业是否违规缴纳社保费。企业如果没有按照实际情况缴纳社保，将会面临补缴、罚款、滞纳金等各项处罚。

社保入税之后，企业"涉保"风险剧增，不仅要解决当下员工社保的问题，而且还有可能被追缴欠缴的社保费用。

（三）应足额缴纳社保

社保入税，是不是意味着每个企业都要按工资基数足额交社保？这涉及工资要不要全部入账的问题。而且，企业为员工缴纳社保属于法定义务，非因不可抗力等法定事由不得缓缴、减免。因此，企业应足额缴纳社保。如果用人单位未按时足额缴纳社会保险费，根据《中华人民共和国社会保险法》第八十六条的规定，社会保险费征收机构将责令其限期缴纳或者补足，并自欠缴之日起，按日加收万分之五的滞纳金。如果逾期仍不缴纳，有关行政部门将处以欠缴数额 1 倍以上 3 倍以下的罚款。

（四）失信风险

2018 年 11 月，国家发展改革委等 28 部门联合印发《关于对社会保险领域严重失信企业及其有关人员实施联合惩戒的合作备忘录》，就社会保险领域严重失信企业及其有关人员实施联合惩戒达成一致意见。

按照备忘录内容，联合惩戒的对象是人力资源社会保障部、国家税务总局和医疗保障局会同有关部门确定的违反社会保险相关法律、法规和规章的企事业单位及其有关人员，存在以下九种情形的将被列入社保严重失信、失范行为惩戒名单。

（1）用人单位未按相关规定参加社会保险且拒不整改的。

（2）用人单位未如实申报社会保险缴费基数且拒不整改的。

（3）应缴纳社会保险费却拒不缴纳的。

（4）隐匿、转移、侵占、挪用社会保险费款、基金或者违规投资运营的。

（5）以欺诈、伪造证明材料或者其他手段参加、申报社会保险和骗取社会保险基金支出或社会保险待遇的。

（6）非法获取、出售或变相交易社会保险个人权益数据的。

（7）社会保险服务机构违反服务协议或相关规定的。

（8）拒绝协助社会保险行政部门、经办机构对事故和问题进行调查核实的；拒绝接受或协助税务部门对社会保险实施监督检查，不如实提供与社会保险相关各项资料的。

（9）其他违反法律法规规定的。

失信不是小问题，企业一旦因社保问题进入失信黑名单，将成为重点监督对象，在财政补贴和资金支持、优惠政策支持、政府采购、政府项目合作、融资授信、保险购买、企业认证、评选表彰、土地供应、招标投标，乃至重组上市等方面都会受到限制或禁止，失信企业的直接责任人也将限制乘坐飞机和高铁。

（五）降低企业所得税

社保入税后，企业为员工合规交社保，也有利好。根据所得税的有关规定，纳税人为全体雇员按国家规定缴纳的社保费可以税前扣除。企业缴纳的社保费增加，那么所得税就会减少。

对于那些一直合规、足额为员工交纳社保的企业，社保入税是没有任何影响的。其影响的只是那些不按规定交社保的企业。

二、企业如何应对社保入税

针对社保入税政策，企业应从自身内部实际需求入手，采取合规交社保、改变用工结构、改变薪酬结构、改变用工模式、改变工资发放模式等灵活策略来降本增效。

（一）合规交社保

按规定为员工交社保，是最根本的解决之道，也是用人单位应尽的基本义务。应尽快进行整改，让社保缴纳合规合法。

（二）改变用工结构

如果企业实在不想为员工交社保，或无力承担员工社保支出，可以考虑采取合法的灵活用工形式。例如，以下用工形式，企业无须为员工交社保。

（1）返聘退休人员。

（2）即将毕业实习生。

（3）承包商派遣人员。

（4）停薪留职人员。

（5）协保人员。

（6）非独立劳动的兼职人员。

（7）劳务派遣人员。

（8）个体户外包企业业务。

（9）非全日制用工。

（10）灵活就业人员。

尽管无须为上述员工交社保，但要合规支付劳动报酬，提供相应的劳动保证，避免出现其他违规行为。

（三）改变薪酬结构

建议参考"可以不列入社保缴费基数的部分"，根据企业自身的特点进行工资的结构合理规划，达到降低社保缴费基数、减少企业开支的目的。可以将员工薪酬福利化，将薪酬的一部分转化为福利费，不作为社保缴费基数。

（四）改变用工模式

可以考虑将员工变为企业合伙人，采用员工入股的形式，降低员工工资，可达到少交社保、减轻企业负担的目的。而且，员工入股分红还可提高员工的工作积极性，使员工对企业更具归属感。

（五）改变工资发放模式

其适合总分公司形式的企业，工资发放操作要点如下。

（1）设有分公司的企业，可以让员工分别与总部和外地公司签订劳动合同，两处任职，两处发放工资。

（2）外地公司与企业总部签订服务合同，向总部提供服务，收取服务费并开具发票。

（3）将员工工资拆分为两部分，企业总部发放的工资金额较低，外地公司发放的工资金额较高。

（4）员工选择在企业总部缴纳社保，按总部发放的工资金额作为社保缴纳基数即可，不需再在外地公司缴纳社保。

（六）选择灵活用工平台

对于基础岗位人员或非核心部门人员可以同外部灵活用工平台合作，这类外包员工可以通过人力资源外包平台合理节税和解决社保问题。

第三节　灵活用工：化解企业的财税痛点

企业传统用工模式，在财税上存在三大痛点。

（1）公转私问题，操作比较复杂，容易涉嫌漏税。

（2）个人开票难，个人很难给企业提供发票。

（3）缺票问题突出，企业不得不到处找票，游走在合规与不合规的边缘，存在较大涉税风险。

灵活用工模式的出现，完美地解决了以上痛点。

灵活用工模式，即员工个人不与企业及其关联组织建立雇佣关系/劳务关系，企业基于用人的季节性需求，灵活地按实际需求雇佣人才，企业直接同灵活用工平台合作，不与人才建立正式的全职劳动关系的全新用工模式。

对于劳动者来说，灵活用工让劳动者不受固定工时的约束，可以根据自己的实际情况来自由安排工作。

对于企业，灵活用工可按照季节、阶段需求招聘员工，提高用工弹性，降低用工成本，同时可通过灵活用工平台解决缺票的问题，实现企业和员工的双赢。

从合规合法角度看，灵活用工在我国是有法律支持的，《中华人民共和国劳动合同法》允许了多种兼职。在法律范畴，灵活用工是被认可的用工方式。也就是说，灵活用工这种新型用工模式是合法的。

国家税务总局在《对十三届全国人大三次会议第 8765 号建议的答复》中就充分地表明了其对灵活用工服务平台本身是认同的，足以说明平台存在的合理合法性。

一、操作模式

灵活用工是怎样帮助企业实现税务筹划的？

（1）借助灵活用工平台，企业可以将灵活用工部分员工的招聘、管理、培训以及社保、代缴个税等多个维度的工作，交付于外部平台，从而节省用工成本费用，增加企业的可流动资金。

（2）企业向用工平台支付合作费用，不算企业的薪资所得，不会纳入企业的薪资总额中，就不会产生相关的税费。

灵活用工平台收到费用后，可以合法合规给用人企业开具发票进行税前抵扣，解决企业的支出无票痛点，同时还能利用平台丰富园区和税收优惠资源，有效优化企业税负。

（3）通过新零工灵活用工平台的资源，灵活就业者的个税可以进行核定征收，大幅节省了个税税金，增加了实际到手收入。

灵活用工平台的解决方案不仅实现了企业与个人减轻税负的目的，也有利于国家财税法规的落地，增加国家财政收入，实现多方共赢（图 9-1）。

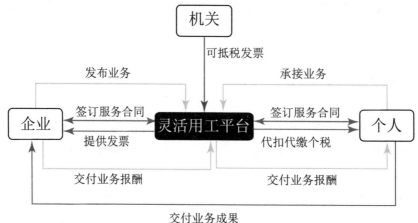

图 9-1　灵活用工平台业务模式

▶【案例 9-1】
互联网公司的灵活用工解决方案

某互联网公司，规模庞大，且新兴岗位多、公司人员数量庞大，如果全部聘用全职员工，不仅管理上比较复杂，还会带来一系列问题，比如：

第一，企业用工成本较高，尤其是社保成本。

第二，企业缺少进项发票，导致利润虚高。

该公司还有大量岗位并不属于核心部门，但是人数却相当庞大，如 call center（呼叫中心）、基础维护、运营等。

经过反复研究，该公司决定将上述非核心岗位通过灵活用工平台的模式来解决。通过一段时间的合作，该公司体会到了灵活用工模式的种种优点。

第一，解决了企业目前社保个税不一致问题，通过转变传统劳动合同关系为合作关系，解决了企业员工部分社保个税不合规的难题。

第二，通过合作关系，减轻了企业人力成本压力，将原本风险过高未进行社保缴纳部分的人员通过灵活用工进行纳税申报。

第三，协助企业解决兼职费用发放问题，减轻了企业的劳务税负担。

第四，完善了企业四流合一，企业有进项发票可进行抵扣。

除了互联网行业，适合灵活用工模式的行业还包括表 9-2 所示的企业。

表 9-2 灵活用工适用行业

行　业	使用场景
教育行业	线上兼职教师结算
培训行业	讲师、教练、顾问结算
电商行业	推广返佣结算
直播行业	网红主播结算
物业行业	保洁、安保、渠道佣金结算
旅游行业	导游、翻译、导购结算等
影视行业	演员、群演结算
支付行业	POS（销售终端）推广人员结算
传媒行业	自媒体、KOL（关键意见领袖）结算
保险行业	保险销售、代理、经纪结算
医美行业	线上兼职医生、顾问结算
建筑行业	包工头及劳务工结算

二、灵活用工模式的优势

（一）优化企业成本

灵活用工模式对企业成本的优化表现在三个方面。

（1）灵活用工模式下，企业与员工变成合作关系，而非雇佣关系，能够为企业节省社保、公积金支出和解聘赔偿金以及代缴个税费用。

（2）企业可节省员工招聘、管理、培训等支出，也可根据业务量增减员工，避免劳动成本浪费。

（3）利用灵活用工平台丰富的园区和税收资源，可以让合作企业享受到优惠税收，最大限度节省税收支出。

▶【案例9-2】
零工用工模式每月为企业节省开支38.4万元

某公司每月人工支出占了很大部分，主要包括员工工资、社保、个税、劳务费等。尤其是疫情期间，尽管企业没有复工，但是员工的社保等支出仍要照旧。

过去，企业每月的人员开支为：工资140万元，社保支出24万元，个税支出6万元，合计人工成本支出170万元。

后来，该公司通过第三方的灵活用工平台，将部分员工从传统的雇佣模式转换成合作模式，试行一个月后，发现同样的人员，其成本下降到了140万元，节省开支30万元。

另外，由于该公司是一般纳税人，140万元的发票有8.4万元的进项税额（6%），可以抵扣增值税8.4万元，合计节省开支＋节税：30+8.4=38.4万元。

用工模式的转换，取得了立竿见影的降本增效成果。对于灵活零工模式，上述行业内的企业或其他适合该模式的企业，都不妨大胆一试。

（二）降低涉税风险

灵活用工平台根据企业实际经营情况量身定制解决方案，合同、业务、资金、发票四流一致，企业安全完成灵活用工转型。企业通过平台合法获得发票，杜绝虚开发票或使用不合规发票的涉税风险。

三、风险防范

灵活用工模式是否存在风险？这个问题的答案很大程度上取决于平台本身。灵活用工平台在企业财税风险／违法的边缘游走，自然存在风险。但如果灵活用工平台是在国家法律下合理合规操作，便合法合规。

企业如果有需要与灵活用工平台的，注意考查选择合规的灵活用工平台。同时，要警惕灵活用工平台可能存在的五大风险，以免被拖累。

（一）涉嫌洗钱

如果有人利用灵活用工平台进行洗钱，将会导致平台部分服务供应商与业务合作伙伴的专属资金账户被冻结。

（二）虚开发票

灵活用工平台同企业并没有发生真实业务，而虚构场景，以"灵活用工、代发薪资、任务众包"等旗号为名干着倒卖发票和对私转账的生意，当然这种情况下，被虚开发票的企业也存在责任。

▶【案例 9-3】

"伪灵活用工平台"被查处

2020 年 9 月，上海某团伙成员因伪装"灵活用工平台"被公安机关抓获，并以虚开发票罪被追究其刑事责任。

经查，2018 年 1 月至 2019 年 10 月，该团伙先后在上海注册设立三家企业管理及人力资源公司，以提供薪酬优化、合理避税、代发工资为名，在无真实业务的情况下，通过资金过账后扣除开票费用再返还资金的方式，向 30 家单位虚开增值税普通发票 300 余份，票面金额合计人民币 2 000 余万元。此外，该犯罪团伙还以预付卡模式虚开发票，致使多家预付卡持牌支付机构被牵连。

（三）"跑路"风险

部分灵活用工平台，会采取健身、美容行业的拉人套路，进行传销式推广，"拉人头"式吸引加盟商和合作企业，一旦资金流断裂，或者圈到了足够多的资金，可能会"跑路"，给合作企业带来损失。

（四）代征税风险

如果企业同平台方采取的委托代征合作模式，可能出现代征平台未按期上缴税款、擅自决定少征税款等问题，将牵连企业被追缴税款和处罚。

（五）资金风险

企业同灵活用工平台合作，如果将资金汇入灵活用工平台关联的委托代征公司账户，存在资金被挪用、被盗的风险，导致企业资金受损。

企业在防范用工平台风险的同时，也应强化对自身的合规要求，坚守业务真实性底线，避免卷入涉税风险。

据我观察，实务中不乏部分用工企业与灵工人员的劳务事项已经完结，但用工企业因缺少增值税发票，找到灵工平台，要求灵工平台为企业发布虚假的用工信息、支付虚假款项等，以此掩盖虚假用工事实，进而开具虚假的增值税发票，最后双双被处罚，这种行为实在要不得。

第四节　财务人员：知合规之意，行廉洁之道

财务人员是企业财务管理的守门人，企业实现财税合规，财务人员的作用至关重要。

知合规之意，行廉洁之道。财务从业人员严格遵守行规行约、制度规范，是廉洁从业的最基本要求。

"绳短不能汲深井，浅水难以负大舟。"财务人员要守好企业财税合规之门，要立足岗位，树立"红线意识"，坚持"底线思维"，内外兼修，练就过硬本领，勇于担责，真正承担为企业守底线、守好门、守好责的使命。

一、遵循职业道德

财务工作从业者，首先必须遵循基本的职业道德。

根据《会计法》和《会计基础工作规范》的规定，会计人员职业道德的内容主要包括以下方面。

（一）爱岗敬业

热爱本职工作，这是做好一切工作的出发点。只有建立了这个出发点，才会勤奋、努力钻研业务技术，使自己的知识和技能适应具体从事的会计工作的要求。

（二）熟悉法规

会计工作不只是单纯的记账、算账、报账工作，会计工作时时、事事、处处涉及执法守规方面的问题。会计人员应当熟悉财经法律、法规和国家统一的会计制度，做到自己在处理各项经济业务时知法依法、知章循章，依法把关守口，同时还要进行法规的宣传，增强法治观念。

（三）依法办理

按照《会计法》保证会计信息真实、完整的规定，会计人员必须依法办事，树立自己的职业形象和人格尊严，敢于抵制歪风邪气，同一切违法乱纪的行为做斗争。

（四）客观公正

会计人员在办理会计事务中，应当实事求是、客观公正。这是一种工作态度，也是会计人员追求的一种境界。做好会计工作，不仅要有过硬的技术本领，还需要有实事求是的精神和客观公正的态度。否则，就会把知识和技能用错地方，甚至参与弄虚作假或者通同作弊。

（五）搞好服务

会计工作的特点，决定了会计人员应当熟悉本单位的生产经营和业务管理情况，因此，会计人员应当积极运用所掌握的会计信息和会计方法，为改善单位的内部管理、提高经济效益服务。

（六）保守秘密

会计人员应当保守本单位的商业秘密，除法律规定和单位负责人同意外，不能私自向外界提供或者泄露单位的会计信息。会计人员由于工作性质的原因，有机会了解本单位的财务状况和生产经营情况，有可能了解或者掌握重要商业机密，因此，必须严守秘密。泄密，是一种不道德行为，会计人员应当确立泄露商业秘密为大忌的观念，对于自己知悉的内部机密，在任何时候、任何情况下都严格保守，不能随意向外界泄露商业秘密。

▶【案例 9-4】

某公司对财务人员的廉洁要求

M 公司是一家生产棉麻制品的企业，该公司特别注意对财务工作者的合规教育和廉洁要求。该公司要求财务工作者时刻做到以下四点。

第一，爱岗敬业。要求财务人员充分认识并珍惜、热爱本职工作，自觉主动履行岗位职责；以积极向上的健康心态，正确处理权、责、利三者的关系；具备强烈的事业心、责任感和高度负责的精神，做到恪尽职守。

第二，熟悉法规。财务工作涉及面广，为了正确处理各个方面关系，要求财务人员必须熟悉财经方针政策和各种会计法律法规与制度，确保财务操作的正确性。只有熟悉了准则、具备了娴熟的会计技能，才会遵循准则、坚持准则、做到客观公正。

第三，依法办事。财务工作以法律法规为指导、以会计处理为载体，涉及社会经济生活中的所有经济事项和各色人物等，财务人员必须自觉遵守《会计法》和相关的会计规章制度，正确处理国家、集体和个人三者利益关系，把好关口，依法理财，做到"不唯上、不唯情、不唯钱，只唯法"。

第四，客观公正。财务工作的首要职能就是对各项经济活动进行客观公正的记录与反映，务必根据实际发生的客观经济事项进行会计处理。对一些特殊会计事项的处理必须坚持客观公正的原则，这不仅是职业道德规范的要求，也是财务人员个人品德的体现。

企业在约束财务人员时，可以依据《会计法》和《会计基础工作规范》等规定，以及企业实际，形成适合企业自身需求的职业道德准则。

二、严守职业底线

财务岗位特殊责任重大。财务人员要忠诚守信、甘于奉献、脚踏实地、用心做事、耐得住寂寞、禁得起诱惑，严守职业底线。

（一）诚实守信

财务人员应该保持诚信，不夸大或虚构财务数据，不为企业隐瞒或伪造财务信息。

（二）廉洁自律

财务人员日常和钱、票打交道，"常在河边走，哪有不湿鞋"，社会新闻中提到的财务人员涉及职务侵占、挪用公款的案例有很多，这是严重的刑事犯罪，一旦东窗事发，必遭法律制裁。

财务人员务必要廉洁自律，不得利用职权或职务之便谋取不正当的利益。

（三）守规守法

财会人员应该遵守相关法律法规，如《会计法》《企业会计准则》等，不得违反法律法规，不得协助客户或企业做出违法行为。

（四）严守机密

财务工作者要谨言慎行，做到以下几点。

（1）不知道、不清楚的情况不要瞎说。

（2）机密信息，不论是企业自身的信息，还是客户的信息，都坚决不说，严格保密。

（3）不要胡乱承诺自己有可能做不到的事情。

（五）保持独立

财务人员应保持一定的独立性，不受到任何外部或内部压力的干扰，确保自己的工作独立、客观、公正。

同时，要避免卷入内部帮派纷争，更不要轻易与其他部门的人结成所谓的"攻守同盟"。

（六）合规办税

为企业合规办税，坚持不参与骗税、偷税、漏税等行为，时刻提醒企业相关人员各种涉税风险，并做好防范。

（七）保护声誉

财务人员应随时随地维护自身和整个行业的职业声誉，不得从事不道德、不合法的行为，不得损害行业的形象和信誉。

三、内控机制约束

合规与廉洁，仅凭财务人员自身的自觉与自律还不够，企业还需要引入内控机制，用制度来管控，用机制来规避风险。

（一）健全财务管理制度和内控制度

企业反腐败，制度先行，建立健全各种财务管理制度和内部控制制度，如财会人员岗位责任制度，账、物分管制度，签发现金支票审批制度，未达账项清查制度，库存现金盘点制度，出纳报告单制度，会计凭证和账、证、卡、表的复核制度。

财务内控制度在形式上表现为一套相互监督、相互制约、相互制衡、彼此联结的方法、措施和程序。

（二）不相容职务分离

所谓不相容职务，是指那些如果由一个人担任，既可能发生错误和舞弊行为，又可能掩盖其错误和弊端行为的职务。不相容职务分离的关键在于"内部牵制"，公司每项经济业务都要经过两个或两个以上的部门或人员的处理，财务部门单个人或部门的工作必须与其他人或部门的工作相一致或相关联，并受其监督和制约。

不相容职务一般包括：授权批准与业务经办、业务经办与会计记录、会计记录与财产保管、业务经办与稽核检查、授权批准与监督检查等。

通常，有效的公司财务管控，要对以下不相容的职责进行分离。

（1）某项经济业务授权批准的职责与执行该项经济业务的职责。

（2）执行某项经济业务的职责与审核该项经济业务的职责。

（3）执行某项经济业务的职责与记录该项经济业务的职责。

（4）保管某项资产的职责与记录该项资产的职责。

（5）保管某项资产的职责与清查该项资产的职责。

（6）记录总账的职责与记录明细账、日记账的职责。

（三）钱账分管

所谓钱账分管，即管钱的不管账、管账的不管钱。企业应配备专职或兼职的出纳员，负责办理现金收付业务和现金保管业务，非出纳员不得经管现金收付业务和现金保管业务。出纳员也不得兼管稽核、会计档案保管和收入、费用、债权、债务账目的登记工作。

建立钱账分管制度，使出纳员和会计人员相互前置、相互监督，降低违规和贪污舞弊的可能性。

为将钱账分管制度落到实处，需做到以下几点。

（1）不可由一人办理货币资金业务的全过程。

（2）不可由同一部门或个人办理合同业务的全过程。

（3）不可由同一部门或个人办理固定资产采购业务的全过程。

（4）不可由同一部门或个人办理投资业务的全过程。

（四）财务人员定期轮岗机制

对关键职务，特别是不相容职务，可实行定期轮岗制。例如，财务负责人进行 3 年制的轮岗，物资采购人、仓库管理员、审计、会计、出纳也要进行定期轮岗，移交工作要有部门负责人监督。

定期轮岗一方面可以加强企业财务内控，减少舞弊现象的发生；另一方面也可以改善员工懒散、散漫的工作态度，让员工能够相互学习、相互沟通，适应不同岗位的工作，提升财务人员的全面胜任素质。

（五）加强审计监督

加强内部财务审计，是企业内审工作中的一项重要组成部分，在企业的经营发展中起着不可替代的作用。加强企业内部财务审计监督有利于保障企业经营发展的有效性、合规性、合法性，同时减少腐败和舞弊行为的发生。内部审计部门要采取定期或不定期审计的办法，监督货币资金的动态和货币资金收支是否合法，发挥审计监督的作用。

另外，企业管理者或财务主管领导要坚持"财务报告单"制度，及时掌握货币资金的动态，发挥好领导者的监督作用。

第四篇

企业
纳税
合规

第十章　纳税合规：涉税合规与风险管理

税务合规包括纳税申报、缴纳税款、合理利用税收优惠政策等方面。税法和税收优惠政策在不断变化更新，因此，企业要关注税收法律法规的变化，及时了解税收优惠政策的内容和适用范围，合理利用这些政策来降低税负。

税法也不是单一概念，包括增值税、消费税、印花税、企业所得税、个人所得税等，每个税种，都有严谨而细致的规定。企业的每项业务，都需要匹配到具体的税法条目，有的时候，一项业务可能还会涉及多条税法规定，要具体问题具体分析。

第一节　企业纳税身份与所缴税种

税种，是指一个国家税收体系中的具体税收种类，是基本的税收单元。我国现行税费包含 18 种税、6 种费（表 10-1）。

表 10-1　我国现行税费体系

税费类别	五大税类	税　种	简　述
18 种税	流转税	增值税	货物卖出后，净赚的钱要交税
		消费税	卖高档奢侈品要交税
		关税	货物、物品进出关境要交的税
	所得税	企业所得税	企业赚了钱，要交 25% 的税
		个人所得税	个人赚了钱，按一定比率梯度交税
	资源税	资源税	开采矿、盐等资源要交税
		城镇土地使用税	名下土地使用了要交税
		土地增值税	买卖土地、房产要交税
	财产税	房产税	名下房子买卖、出租要交税
		契税	买房、地要交的税
		车辆购置税	买车要交的税
		车船税	名下有车、船等要交税
	行为税	印花税	签了合同，有了保障要交税
		烟叶税	收购烟叶时交的税
		环境保护税	保护环境人人有责，污染环境交税
		船舶吨税	进入我国口岸的船舶要交税
		耕地占用税	占用耕地需要交的税
		城市维护建设税	交税是为了创造维护美好城市

续表

税费类别	五大税类	税　　种	简　　述
6种费		教育费附加、地方教育附加、文化事业附加费、工会经费、残疾人保障金、社会保险费	

一、企业纳税身份

增值税纳税人身份有两种，即一般纳税人和小规模纳税人，下面看一下二者的主要区别和优劣。

（一）一般纳税人和小规模纳税人的概念

1. 一般纳税人

一般纳税人是指年应征增值税销售额超过财政部规定的小规模纳税人标准的企业和企业性单位。

从事货物生产、销售或者提供应税劳务、服务的纳税人，年应征增值税销售额（以下简称"年应税销售额"，包括一个公历年度内的全部应税销售额）超过财政部规定的小规模纳税人标准（500万元）的企业和企业性单位。

2. 小规模纳税人

小规模纳税人是指年销售额在规定标准以下、会计核算不健全、不能按规定报送有关税务资料的增值税纳税人。

根据《中华人民共和国增值税暂行条例》及其《增值税暂行条例实施细则》的规定，小规模的认定标准为：

从事货物生产、销售或者提供应税劳务、服务的纳税人，以及以从事货物生产或者提供应税劳务为主，并兼营货物批发或者零售的纳税人，在连续12个月的经营期内应征增值税销售额（以下简称"应税销售额"）在500万元以下（含本数，下同）的。2018年5月1日起，增值税小规模纳税人标准统一认定为小规模纳税人身份。

（二）一般纳税人和小规模纳税人的区别

1. 认定条件不同

自2018年5月1日起，除特殊情况外，增值税小规模纳税人的认定标准为年应税销售额500万元及以下，相应地，年应税销售额500万元以上的公司应认定为一般纳税人。

2. 执行税率不同

此处税率是指增值税税率，一般纳税人：适用 6%、9%、13% 三档税率。小规模纳税人：适用 3%、5% 的征收率。

3. 纳税申报周期不同

一般纳税人是按月进行纳税申报，而小规模纳税人的纳税申报一般是按季度（例外情况：一些小规模纳税人也可申请按月纳税申报）。

由于一般纳税人规模和收入通常较大，会计核算水平也较为健全，因此一般纳税人每个月都需要进行增值税纳税申报，而小规模纳税人只需要在每年的 1 月初、4 月初、7 月初和 10 月初按季度进行四次纳税申报即可。

4. 发票权限不同

小规模纳税人可以开具普通发票，在向一般纳税人销售货物或提供应税劳务，且购货方要求销货方提供增值税专用发票时，也可开具专用发票。小规模纳税人可以收取增值税专用发票，但不能用于抵扣进项税额。

一般纳税人既可开具普通发票，也可开具增值税专用发票，且收到的专用发票可用于抵扣进项税额。

5. 是否能抵扣进项税

小规模纳税人取得的增值税专用发票不能抵扣进项，只能用作成本冲减所得税应纳税额；一般纳税人取得销货方开具的增值税专用发票，可以作为当期进项税抵扣。

（三）小规模纳税人和一般纳税人的优势

1. 小规模纳税人的优势

（1）征收率比较低，按照 3% 计征增值税。

（2）月销售额 10 万元以下（含本数）的增值税小规模纳税人，免征增值税。

（3）如果小规模纳税人是季度申报，申报次数比一般纳税人少。

2. 一般纳税人的优势

（1）一般纳税人可以合理控制税负率及实缴税额。如果公司收到进项专用发票，进项税额可以认证抵扣。

（2）一般纳税人税种多样化。只要是营业范围内有的项目，都可以去税务机关添加税种，按照不同税率计征。

（3）一般纳税人财务制度比较健全、规模比较大，跟政府或正规大型公司合作，一般纳税人更占优势，客户更认可资质健全、规模较大的公司。

（4）一般纳税人年收入没有上限，而小规模有上限（工业企业、商贸企业、服务行业均为500万元），一旦连续12个月的收入超过500万元，就强制变为一般纳税人。

就增值税而言，一般纳税人和小规模纳税人谁的纳税额更低呢？需要具体问题具体分析。

▶【案例10-1】

小规模纳税人和一般纳税人纳税额谁更低

假设某商品进货价为100 000元，售价为200 000元（含税价），一般纳税人企业和小规模纳税人企业的增值税纳税额分别为

一般纳税人：

增值税应纳税额＝（200 000/1.13）×0.13-（100 000/1.13）×0.13=23 008.8-11 504.4=11 504.4（元）

小规模纳税人：

应纳增值税额＝（200 000/1.03）×0.03＝5 825.2（元）

这种情形下，显然是小规模纳税人企业交税较少。

换一个假设，如果该商品的进价较大，假如是180 000，则一般应纳税：

200 000/1.13×0.13-180 000/1.13×0.13＝2 300.9（元）

由于可以进行进项税抵扣，这种情况下，一般纳税人的增值税纳税额就比小规模纳税人小。

初创公司或小微企业，如果不太清楚应税销售额能达多少，建议选择小规模纳税人，后期可以升级为一般纳税人。

（四）如何选择

对于是选择一般纳税人还是选择小规模纳税人，可以结合以下几个判断标准。

1. 看发展

如果公司投资较大、发展前景看好，预计年销售收入很快就能突破500万元，就可以直接申请为一般纳税人。相反，如果公司规模较小、收入预期不高的话，则可选择小规模纳税人。近年来的国家税收政策，对小规模纳税人一直很惠顾，能享受到不同程度的税收优惠或减免政策。

2. 看客户

如果企业服务的主要是大客户，且客户无法接受 3% 征收率的增值税专用发票的话，可以认定为一般纳税人。如果企业客户主要为个人、个体户或小微企业的话，可选定小规模纳税人。

3. 看行业

如果企业所处行业的增值税征收税率为 3%，公司为轻资产运作模式，可选择小规模纳税人，以降低税负；否则，就选定一般纳税人。

4. 看抵扣

如果公司的成本费用构成中取得增值税专用发票占比较高，进项税额抵扣充分，通过测算估计后的增值税税负低于 3%，最好选择认定一般纳税人；否则选择小规模纳税人。

二、企业所缴税种

企业经营过程中最常涉及的税种有增值税、企业所得税、个人所得税和印花税，也被称为四大税种（表 10-2），此外，附加税也会涉及。

表 10-2　企业所缴税种及申报、计算

纳税人	税　种	申报方式	税　　率	计算公式
小规模纳税人	增值税	按季申报	税率为 3%，若企业月开票额≤10 万元或季开票额≤30 万元，免增值税	应交增值税 = 不含税收入 ×3%
	企业所得税	按季申报	利润 0~300 万元之间税率为 5%；利润 >300 万元税率为 25%	企业所得税 = 利润总额 × 税率（5%、25%）
	个人所得税	按月申报	起征点 5 000 元，月工资收入超过 5 000 元才缴税	个人所得税税额 = 应纳税所得额 × 税率 − 速算扣除数
	印花税	按季申报	看合同类型选择税率或税款	据合同类型计算
	附加税	按季申报	城建税（7%、5%、1%）；教育费附加 3%；地方教育附加 2%	附加税 =（增值税税额 + 消费税税额）× 税率
一般纳税人	增值税	按月申报	税率为 13%、9%、6%	应纳税额 = 当期销项税额 − 当期进项税额

续表

纳税人	税　种	申报方式	税　　率	计算公式
一般纳税人	企业所得税	按季申报	利润 0～300 万元之间税率为 5%；利润＞300 万元税率为 25%	企业所得税＝利润总额×税率
	个人所得税	按月申报	起征点 5 000 元，月工资收入超过 5 000 元才缴税	个人所得税税额＝应纳税所得额×税率－速算扣除数
	印花税	按月申报	看合同类型选择税率或税款	据合同类型计算
	附加税	按月申报	城建税（7%、5%、1%）；教育费附加 3%；地方教育附加 2%	附加税＝（增值税税额＋消费税税额）×税率

第二节　"应税、减计、不征税、免税"收入

从纳税的角度衡量，企业税收可以分为四类：应税收入、减计收入、不征税收入、免税收入。

严格来讲，后三者，即减计收入、不征税收入、免税收入都是企业所得税领域的概念，不过实务中，增值税、个人所得税虽然没有相应概念，但有类似政策，也需要了解。

一、应税收入

企业所得税前、增值税和个人所得税均有应税收入概念。

应税收入是指企业或个人在一定时期内根据税法规定需要缴纳税款的收入总额。它包括从各种来源取得的收入，如销售收入、提供劳务收入、资本利得、权益性投资收益、利息收入、租金收入、特许权使用费收入等。

应税收入的计算基础是权责发生制，即属于当期的收入和费用，不论款项是否收付，均作为当期的收入和费用。

（一）企业所得税应税收入

《企业所得税法》第五条、第六条规定：

第五条　企业每一纳税年度的收入总额，减除不征税收入、免税收入、各项扣除以及允许弥补的以前年度亏损后的余额，为应纳税所得额。

第六条　企业以货币形式和非货币形式从各种来源取得的收入，为收入总额。包括：

（一）销售货物收入；

（二）提供劳务收入；

（三）转让财产收入；

（四）股息、红利等权益性投资收益；

（五）利息收入；

（六）租金收入；

（七）特许权使用费收入；

（八）接受捐赠收入；

（九）其他收入。

其他收入是指企业取得的除《企业所得税法》第六条第（一）项至第（八）项规定的收入外的其他收入，包括企业资产溢余收入、逾期未退包装物押金收入、确实无法偿付的应付款项、已做坏账损失处理后又收回的应收款项、债务重组收入、补贴收入、违约金收入、汇兑收益等。

由以上规定可得出，企业所得税应税收入 = 收入总额 – 不征税收入 – 免税收入。

（二）增值税应税收入

增值税应税收入，具体见《中华人民共和国增值税暂行条例》和《增值税暂行条例实施细则》相关规定。

《中华人民共和国增值税暂行条例》第一条规定：

在中华人民共和国境内销售货物或者加工、修理修配劳务（以下简称劳务），销售服务、无形资产、不动产以及进口货物的单位和个人，为增值税的纳税人，应当依照本条例缴纳增值税。

对上述规定，《增值税暂行条例实施细则》相关内容有详细解释，具体如下：

第二条　条例第一条所称货物，是指有形动产，包括电力、热力、气体在内。

条例第一条所称加工，是指受托加工货物，即委托方提供原料及主要材料，受托方按照委托方的要求，制造货物并收取加工费的业务。

条例第一条所称修理修配，是指受托对损伤和丧失功能的货物进行修复，使其恢复原状和功能的业务。

第三条　条例第一条所称销售货物，是指有偿转让货物的所有权。

条例第一条所称提供加工、修理修配劳务（以下称应税劳务），是指有偿提供加工、修理修配劳务。单位或者个体工商户聘用的员工为本单位或者雇主提供加工、修理修配劳务，不包括在内。

本细则所称有偿，是指从购买方取得货币、货物或者其他经济利益。

（三）个人所得税应税收入

《个人所得税法》第二条规定：

下列各项个人所得，应当缴纳个人所得税：

（一）工资、薪金所得；

（二）劳务报酬所得；

（三）稿酬所得；

（四）特许权使用费所得；

（五）经营所得；

（六）利息、股息、红利所得；

（七）财产租赁所得；

（八）财产转让所得；

（九）偶然所得。

二、减计收入

减计收入为企业所得税概念，增值税和个人所得税有类似政策。

（一）企业所得税减计收入

1. 法律规定减计收入

《企业所得税法》第三十三条规定：

企业综合利用资源，生产符合国家产业政策规定的产品所取得的收入，可以在计算应纳税所得额时减计收入。

《中华人民共和国企业所得税法实施条例》（以下简称《企业所得税法实施条例》）第九十九条对上述规定进行了解释：

企业所得税法第三十三条所称减计收入，是指企业以《资源综合利用企业所得税优惠目录》规定的资源作为主要原材料，生产国家非限制和禁止并符合国家和行业相关标准的产品取得的收入，减按90%计入收入总额。

前款所称原材料占生产产品材料的比例不得低于《资源综合利用企业所得税优惠目录》规定的标准。

2. 其他减计收入项目

（1）对金融机构农户小额贷款的利息收入在计算应纳税所得额时，按

90% 计入收入总额。

（2）对保险公司为种植业、养殖业提供保险业务的保费收入，在计算应纳税所得额时，按 90% 计入收入总额。

（3）对经省级金融管理部门（金融办、局等）批准成立的小额贷款公司取得的农户小额贷款利息收入，在计算应纳税所得额时，按 90% 计入收入总额。

（4）企业持有铁路债券取得的利息收入，减半征收企业所得税。

（5）提供社区养老、托育、家政服务取得的收入，在计算应纳税所得额时，减按 90% 计入收入总额。

（二）增值税相关政策

增值税没有减计征收的概念，原先有类似政策：差额征收，现已停止使用。

（三）个人所得税相关政策

个人所得税有减除费用的概念，适用于劳务报酬所得、稿酬所得、特许权使用费所得。

具体见国家税务总局公告 2018 年第 61 号《个人所得税扣缴申报管理办法（试行）》第八条规定：

扣缴义务人向居民个人支付劳务报酬所得、稿酬所得、特许权使用费所得时，应当按照以下方法按次或者按月预扣预缴税款：

劳务报酬所得、稿酬所得、特许权使用费所得以收入减除费用后的余额为收入额；其中，稿酬所得的收入额减按百分之七十计算。

减除费用：预扣预缴税款时，劳务报酬所得、稿酬所得、特许权使用费所得每次收入不超过四千元的，减除费用按八百元计算；每次收入四千元以上的，减除费用按收入的百分之二十计算。

三、不征税收入

不征税收入是指从性质和根源上不属于企业营利性活动带来的经济利益、不负有纳税义务并不作为应纳税所得额组成部分的收入。

（一）企业所得税不征税收入

《企业所得税法》第七条规定：

收入总额中的下列收入为不征税收入：

（一）财政拨款；

（二）依法收取并纳入财政管理的行政事业性收费、政府性基金；

（三）国务院规定的其他不征税收入。

《财政部 国家税务总局关于专项用途财政性资金企业所得税处理问题的通知》（财税〔2011〕70号）进一步明确：

企业从县级以上各级人民政府财政部门及其他部门取得的应计入收入总额的财政性资金，凡同时符合以下条件的，可以作为不征税收入，在计算应纳税所得额时从收入总额中减除：

（一）企业能够提供规定资金专项用途的资金拨付文件；

（二）财政部门或其他拨付资金的政府部门对该资金有专门的资金管理办法或具体管理要求；

（三）企业对该资金以及以该资金发生的支出单独进行核算。

关于企业所得税不征税收入，有以下几个注意事项。

（1）不征税收入用于支出所形成的费用，不得在计算应纳税所得额时扣除。

（2）用于支出所形成的资产，其计算的折旧、摊销不得在计算应纳税所得额时扣除。

（3）符合规定条件的财政性资金做不征税收入处理后，在5年（60个月）内未发生支出且未缴回财政部门或其他拨付资金的政府部门的部分，应计入取得该资金第六年的应税收入总额；计入应税收入总额的财政性资金发生的支出，允许在计算应纳税所得额时扣除。

（4）不征税收入要求单独进行核算。

（二）增值税相关政策

财税〔2016〕36号附件2《营业税改征增值税试点有关事项的规定》中有关于不征收增值税的项目：

（二）不征收增值税项目。

1. 根据国家指令无偿提供的铁路运输服务、航空运输服务，属于《试点实施办法》第十四条规定的用于公益事业的服务。

2. 存款利息。

3. 被保险人获得的保险赔付。

4. 房地产主管部门或者其指定机构、公积金管理中心、开发企业以及物业管理单位代收的住宅专项维修资金。

5. 在资产重组过程中，通过合并、分立、出售、置换等方式，将全部或者部分实物资产以及与其相关联的债权、负债和劳动力一并转让给其他单位和个人，其中涉及的不动产、土地使用权转让行为。

（三）个人所得税

个人所得税暂无不征税收入的相关政策。

四、免税收入

免税收入是指属于企业的应税所得但按照税法规定免予征收企业所得税的收入。

免税收入同不征税收入的区别在于：不征税收入是指不属于法律规定的税收范围内的收入，而免税收入是指属于税收范围内的收入，是国家为了实现某些经济和社会目标，在特定时期或对特定项目取得的经济利益给予的税收优惠照顾。

（一）企业所得税免税收入

《企业所得税法》第二十六条规定：

企业的下列收入为免税收入：

（一）国债利息收入；

（二）符合条件的居民企业之间的股息、红利等权益性投资收益；

（三）在中国境内设立机构、场所的非居民企业从居民企业取得与该机构、场所有实际联系的股息、红利等权益性投资收益；

（四）符合条件的非营利组织的收入。

（二）增值税免征政策

国家在特定时期对特定收入和特定主体会有增值税减免政策，如国家税务总局公告 2019 年第 4 号《关于小规模纳税人免征增值税政策有关征管问题的公告》就规定了对小规模纳税人的增值税免征政策：

小规模纳税人发生增值税应税销售行为，合计月销售额未超过 10 万元（以 1 个季度为 1 个纳税期的，季度销售额未超过 30 万元，下同）的，免征增值税。

小规模纳税人发生增值税应税销售行为，合计月销售额超过 10 万元，但扣除本期发生的销售不动产的销售额后未超过 10 万元的，其销售货物、劳务、服务、无形资产取得的销售额免征增值税。

（三）个人所得税免征政策

《个人所得税法》第四条规定：

下列各项个人所得，免征个人所得税：

（一）省级人民政府、国务院部委和中国人民解放军军以上单位，以及外国组织、国际组织颁发的科学、教育、技术、文化、卫生、体育、环境保护等方面的奖金；

（二）国债和国家发行的金融债券利息；

（三）按照国家统一规定发给的补贴、津贴；

（四）福利费、抚恤金、救济金；

（五）保险赔款；

（六）军人的转业费、复员费、退役金；

（七）按照国家统一规定发给干部、职工的安家费、退职费、基本养老金或者退休费、离休费、离休生活补助费；

（八）依照有关法律规定应予免税的各国驻华使馆、领事馆的外交代表、领事官员和其他人员的所得；

（九）中国政府参加的国际公约、签订的协议中规定免税的所得；

（十）国务院规定的其他免税所得。

前款第十项免税规定，由国务院报全国人民代表大会常务委员会备案。

第三节　误区：两税收入数据要一致

很多老会计在做账的时候都会遵循一个潜规则，即对外开多少发票，就做多少收入，企业所得税收入也就申报多少。

实务中，很多财务人员还有一个误区，即增值税申报表的销售额应该等于所得税申报表的营业收入，应该等于财务报表的营业收入。如果以上三个数据不一致，就会感到担心，害怕会引来税务检查。

事实上，税务重点监管的风险点为所得税收入与增值税收入差异过大，而不是要求二者保持一致。

从理论上讲，企业所得税的应税收入总额应该远远大于增值税的应税收入总额才对，企业应该警惕的是增值税申报收入大于企业所得税申报收入的情况，而不是让二者保持一致。

因此，真正合规操作下，增值税和企业所得税收入并非完全一致，两者的差异主要表现在纳税义务时间确认的差异、视同销售的差异以及收入确认金额的差异。

一、纳税义务发生时间差异

（一）增值税纳税义务发生时间

增值税收入（不含税）是计算增值税销项税额（一般纳税人）或应纳税额（小规模纳税人）的依据。

关于增值税纳税义务时间，《中华人民共和国增值税暂行条例》第十九条有明确规定：

增值税纳税义务发生时间：

（一）发生应税销售行为，为收讫销售款项或者取得索取销售款项凭据的当天；先开具发票的，为开具发票的当天。

（二）进口货物，为报关进口的当天。

（二）企业所得税纳税义务发生时间

企业所得税纳税义务时间确认的原则为商品销售合同已经签订，企业已将商品所有权相关的主要风险和报酬转移给购货方，企业对已售出的商品既没有保留通常与所有权相联系的继续管理权，也没有实施有效控制，且收入的金额能够可靠计量，成本能够可靠核算。

其确认标准主要是《国家税务总局关于确认企业所得税收入若干问题的通知》（国税函〔2008〕875号）文件的相关规定，不同业务行为确认标准稍有不同，以销售商品为例：

一、除企业所得税法及实施条例另有规定外，企业销售收入的确认，必须遵循权责发生制原则和实质重于形式原则。

（一）企业销售商品同时满足下列条件的，应确认收入的实现：

1.商品销售合同已经签订，企业已将商品所有权相关的主要风险和报酬转移给购货方；

2.企业对已售出的商品既没有保留通常与所有权相联系的继续管理权，

也没有实施有效控制；

3.收入的金额能够可靠地计量；

4.已发生或将发生的销售方的成本能够可靠地核算。

上述确认标准的意思表达得很清楚，只要发生实际交易，企业无论是否收到款项，都应当确认所得税收入。

二、增值税和企业所得税收入确认差异

增值税纳税义务的时间关键是付款，先开具发票的以发票为准；企业所得税纳税义务的时间关键则在于所有权的转移。两税收入确认差异见表 10-3。

表 10-3　两税收入确认差异

收入类型	增　值　税	企业所得税
委托代销	收到代销清单或收到全部或部分销售货款的当天，未收到销售清单及货款的，为发出代销货物满 180 天的当天	收到代销清单时，即确认销售收入的实现
预收款方式提供租赁服务	收到预收款的当天，确认收入的实现	租赁期限跨年且租金提前一次性支付的，在租赁期内分期均匀计入当年收入
预收款方式销售大件货物	生产销售生产工期超过 12 个月的大型机器设备、轮船、飞机等，以收到预收款或书面合同约定的收款日期当天来确认收入的实现	按照完工进度来确认收入的实现
托收承付方式销售货物	纳税义务时间为发出货物并办妥托收手续的当天	办妥托收手续即可确认收入的实现

三、视同销售收入确认差异

增值税视同销售和所得税视同销售的规则不完全相同，比如企业外购物品用作对外无偿赠送（无论是在经营中还是在促销中），增值税通常要求视同销售，而所得税并不要求视同销售，正常计入相关费用即可。

增值税视同销售强调增值，由于"进项抵扣销项，环环征，环环扣"的征收原则，企业所得税视同销售强调所有权的转移。

（一）增值税视同销售收入

根据《增值税暂行条例实施细则》的规定，以下行为需要视同销售缴纳增值税。

（1）将货物交付其他单位和个人代销（委托代销中的委托方）。

（2）销售代销货物（委托代销中的代销方）。

（3）设有两个机构并实行统一核算的纳税人，将货物从一个机构移送非同一县市的其他机构用于销售的。

（4）将自产或委托加工的货物用于非增值税应税项目。

（5）将自产或委托加工的货物用于集体服务或个人消费的。

（6）将自产、委托加工的货物或购进的货物作为投资，提供给其他单位或个体工商户的。

（7）将自产、委托加工的货物或购进的货物分配给股东或投资者。

（8）将自产、委托加工的货物或购进的货物无偿赠送其他单位或个人的。

（二）企业所得税视同销售收入

根据《企业所得税法实施条例》的规定，企业发生非货币性资产交换以及将货物、财产、劳务用于捐赠、偿债、赞助、集资、广告、样品、职工福利或利润分配等用途的，应当视同销售货物、转让财产或提供劳务。

综上，增值税纳税义务发生时间确认同所得税并不完全一致，因此企业增值税纳税申报收入同所得税纳税申报收入不同非常正常，强行让二者保持一致反而不合规，可能引发风险。实务中，可根据两税的上述差异情况，分别按照税法进行合规处理，各自申报。

第四节　抵扣与扣除项的税务合规

扣除和抵扣是两个不同的概念，简单来讲，抵扣是在计算应纳税所得额之后减少税额，主要用于增值税的计算。扣除是在计算应纳税所得额之前减少收入，主要适用于企业所得税和某些特定税种。

一、增值税抵扣

抵扣是在确定应纳税所得额之后，从应纳税额中减去已经缴纳的税款，以减轻企业的税负。

抵扣增值税制度的实施对企业来说是一件好事。首先，抵扣增值税可以减轻企业负担，提高企业盈利水平。

例如，某家生产灯具的企业，在购买原材料、生产设备等生产资料时，必须缴纳增值税，此为进项税。等生产完成后销售出去时，企业可以将所缴纳的增值税抵扣其在生产和经营过程中支付的增值税，只需要向国家缴纳销售额中的增值部分即可。这样，企业所缴纳的增值税就会大大减少，负担也会得到一定程度的缓解。

抵扣主要用于增值税一般计税方法下应纳税额的确定，计算公式为

$$应纳税额 = 当期销项税额 - 当期进项税额$$

（一）抵扣范围

增值税抵扣适用范围是一般纳税人，主要是一般纳税人在提供修理修配、销售货物或者销售不动产或者提供其他服务的时候，根据收入计算的销项税，扣减买进货物或者服务时取得的有效的增值税扣税凭证的进项税额，计算缴纳增值税。

小规模纳税人不能进行增值税抵扣。

根据《中华人民共和国增值税暂行条例》的规定，一般纳税人可以按照下列规定抵扣进项税额。

（1）从销售方取得的增值税专用发票上注明的增值税额，允许抵扣。

（2）购进农产品，除取得增值税专用发票或者海关进口增值税专用缴款书外，按照农产品收购发票或者销售发票上注明的农产品买价和11%的扣除率计算进项税额，计算公式为：进项税额 = 买价 ×11%。其中，买价包括纳税人购进农产品所支付的全部价款和直接负担的税金、费用等。

（3）下列项目的进项税额不得从销项税额中抵扣：用于简易计税方法计税项目、免征增值税项目、集体福利或者个人消费的购进货物、劳务、服务、无形资产和不动产；非正常损失的购进货物，以及相关的劳务和交通运输服务；非正常损失的在产品、产成品所耗用的购进货物（不包括固定资产）、劳务和交通运输服务；国务院规定的其他项目。

（二）抵扣的要求

（1）抵扣增值税需要企业拥有有效的增值税发票，如果发票缺失或不完整，企业就无法享受抵扣增值税的政策。

《营业税改征增值税试点实施办法》第二十六条规定，增值税扣税凭证，是指增值税专用发票、海关进口增值税专用缴款书、农产品收购发票、农产品销售发票和税收缴款凭证。

只要企业合法取得上面几类凭证，就可以按照规定计算进项税额，然后进行增值税抵扣。

（2）抵扣增值税存在时间限制，企业必须在一定的时限内对所购买的生产资料、销售产品和提供服务的增值税进行抵扣，否则就无法享受抵扣的政策。

《国家税务总局关于进一步明确营改增有关征管问题的公告》规定："自2017年7月1日起，增值税一般纳税人取得的2017年7月1日及以后开具的增值税专用发票和机动车销售统一发票，应自开具之日起360日内认证或登录增值税发票选择确认平台进行确认，并在规定的纳税申报期内，向主管税务机关申报抵扣进项税额。"即增值税一般纳税人，在收到增值税专用发票后，在发票开具日期起360天之内认证，可以抵扣进项税。

（三）抵扣与抵减

抵扣与抵减是关于增值税的两个概念，二者区别如下。

（1）抵扣适用一般纳税人，抵减则适用所有纳税人。增值税抵减是根据国家相关的税收政策，允许企业在申报缴纳增值税的时候进行抵减。

（2）进行增值税抵扣，需要有增值税扣税凭证，企业根据取得的增值税扣税凭证与收入对应的销项税额，计算应缴纳税金；增值税抵减则要取得符合政策规定的专用发票，才能进行。有些专用设备，只有在第一次购买的时候才能进行抵减。

（3）增值税抵扣所计算的可抵扣税金应计入"应交税费——进项税额"；增值税抵减所允许的税金，一般纳税人冲减"应交税费——本月未交增值税"或者"应交税费——简易计税"，小规模纳税人冲减"应交税费——应交增值税"。

二、企业所得税扣除

扣除主要是在计算应纳税所得额之前，从收入中减去已经发生的与取得收入有关的、合理的支出。这些支出包括成本、费用、税金、损失和其他支出。扣除的目的是确定应纳税所得额。

（一）扣除项目及比例（扣除比例100%）

1. 工资、薪金

企业发生的合理的工资薪金支出，准予100%扣除。企业安置残疾人员的，在按照支付给残疾职工工资据实扣除的基础上，可以在计算应纳税所得额时按照支付给残疾职工工资的100%加计扣除。

2. 职工福利费

企业发生的职工福利费支出，不超过工资薪金总额 14% 的部分，准予扣除。

3. 职工教育经费

企业发生的职工教育经费支出，不超过工资薪金总额 8% 的部分，准予在计算企业所得税应纳税所得额时扣除；超过部分，准予在以后纳税年度结转扣除。

4. 职工工会经费

企业拨缴的工会经费，不超过工资薪金总额 2% 的部分，准予扣除。

5. 基本养老保险费、基本医疗保险费、失业保险费和住房公积金

企业依照国务院有关主管部门或者省级人民政府规定的范围和标准为职工缴纳的基本养老保险费、基本医疗保险费、失业保险费、工伤保险费、生育保险费等基本社会保险费和住房公积金，准予 100% 扣除。

6. 企业责任保险

企业参加雇主责任险、公众责任险等责任保险，按照规定缴纳的保险费，准予在企业所得税税前 100% 扣除。

7. 研发费用

《财政部 税务总局关于进一步完善研发费用税前加计扣除政策的公告》规定：

企业开展研发活动中实际发生的研发费用，未形成无形资产计入当期损益的，在按规定据实扣除的基础上，自 2023 年 1 月 1 日起，再按照实际发生额的 100% 在税前加计扣除；形成无形资产的，自 2023 年 1 月 1 日起，按照无形资产成本的 200% 在税前摊销。

8. 业务招待费支出

企业发生的与生产经营活动有关的业务招待费支出，按照发生额的 60% 扣除，但最高不得超过当年销售（营业）收入的 5‰。

9. 广告费和业务宣传费支出

一般企业发生的符合条件的广告费和业务宣传费支出（烟草企业不得扣除）不超过当年销售（营业）收入 15% 的部分，准予扣除；超过部分，准予在以后纳税年度结转扣除。

化妆品制造或销售、医药制造和饮料制造（不含酒类制造）企业：不超

过当年销售（营业）收入 30% 的部分，准予扣除；超过部分，准予在以后纳税年度结转扣除。

10. 公益性捐赠支出

企业发生的公益性捐赠支出，在年度利润总额 12% 以内的部分，准予在计算应纳税所得额时扣除；超过年度利润总额 12% 的部分，准予结转以后 3 年内在计算应纳税所得额时扣除。

11. 手续费和佣金支出

企业发生与生产经营有关的手续费及佣金支出，不超过以下规定计算限额以内的部分，准予扣除；超过部分，不得扣除。

（1）保险企业：财产保险企业按当年全部保费收入扣除退保金等后余额的 15%（含本数，下同）计算限额；人身保险企业按当年全部保费收入扣除退保金等后余额的 10% 计算限额。

（2）其他企业：按与具有合法经营资格中介服务机构或个人（不含交易双方及其雇员、代理人和代表人等）所签订服务协议或合同确认的收入金额的 5% 计算限额。

12. 党组织工作经费支出

党组织工作经费纳入企业管理费列支，不超过职工年度工资薪金总额 1% 的部分，可以据实在企业所得税前扣除。

（二）禁止扣除项

《企业所得税法》第十条规定：

在计算应纳税所得额时，下列支出不得扣除：

（一）向投资者支付的股息、红利等权益性投资收益款项；

（二）企业所得税税款；

（三）税收滞纳金；

（四）罚金、罚款和被没收财物的损失；

（五）本法第九条规定以外的捐赠支出；

（六）赞助支出；

（七）未经核定的准备金支出；

（八）与取得收入无关的其他支出。

第五节 企业所得税：查账征收和核定征收

了解企业所得税，首先必须掌握企业所得税的征收方式，选好征收方式，对企业合规纳税、减税降负能起到事半功倍的作用。

针对企业所得税，有两种基本的征税模式：核定征收与查账征收。

一、核定征收与查账征收

（一）什么是核定征收

核定征收是指由税务机关根据纳税人情况，在正常生产经营条件下，对其生产的应税产品查实核定产量和销售额，依照税法规定的税率征收税款的征收方式。做了核定征收只要不超过核定的额度税务机关就不会查账，也就不会要求纳税人提供相关的成本费用发票。

核定征收方式有两种办法。

（1）定额征收：直接核定所得税额。

（2）核定应税所得率征收：按照收入总额或成本费用等项目的实际发生额，按预先核定的应税所得率计算缴纳所得税。

《中华人民共和国税收征收管理法》第三十五条规定：

纳税人有下列情形之一的，税务机关有权核定其应纳税额：

（一）依照法律、行政法规的规定可以不设置账簿的；

（二）依照法律、行政法规的规定应当设置账簿但未设置的；

（三）擅自销毁账簿或者拒不提供纳税资料的；

（四）虽设置账簿，但账目混乱或者成本资料、收入凭证、费用凭证残缺不全，难以查账的；

（五）发生纳税义务，未按照规定的期限办理纳税申报，经税务机关责令限期申报，逾期仍不申报的；

（六）纳税人申报的计税依据明显偏低，又无正当理由的。

核定征收其实是税务机关对个体工商户或者个人独资企业这种税收制度不健全，没有专业会计人员的纳税人作出的一种简易征收的方式，降低了个人创业的成本，有利于市场主体的发展和壮大。

（二）什么是查账征收

查账征收是指纳税人在规定的纳税期限内根据自己的财务报表或经营情

况向税务机关申请其营业额和所得额，经税务机关审核后，由纳税人限期缴纳税款的方式。

二、核定征收与查账征收有什么区别

（一）定义不同

（1）查账征收。其适用于财务制度健全的企业，能准确核算收入、成本、费用的情形。

（2）核定征收。其适用于财务制度不健全的企业，不能准确核算收入、成本、费用的情形。

（二）核算水平不同

（1）查账征收。查账征收的纳税人可以正确核算收入及成本费用等。

（2）核定征收。核定征收纳税人收入总额和成本费用总额均不能查实、合理计算和推定。

（三）征收税率、计税基础、应税所得不同

查账征收是有明确的计算方式的，在一定程度上算是定额征收，是按企业的利润作为基础来计算对应的企业所得税。

$$企业应税所得 = 收入 - 成本 - 费用 - 税金 - 损失$$

查账征收的计税基础为利润，企业赚钱才需要缴纳企业所得税，企业亏损是不需要缴纳企业所得税的。也存在例外，如果企业的会计利润与税法规定的应纳税所得额偏差很大，即企业会计利润为负数，企业亏损了，但按照税法规定调整后应纳税所得额为正数，企业需要缴纳企业所得税。

核定征收则是需要根据企业的性质不同来核算税率。虽然不同行业的核定征收税率大不相同，但一般来说采用核定征收的税款要比查账征收的税款低，基本上是按企业取得的收入比例来计算征收企业所得税。

$$企业应税所得 = 收入总额 \times 应税所得率 \times 企业所得税率$$

（四）适用状况不同

两种征收方式的区别在于纳税单位财务制度完善程度。

（1）查账征收。其适用于会计凭证、财务制度健全，企业数据能够真实准确反映经营效益的纳税人。

（2）核定征收。账簿、凭证、财务核算困难的单位，比如个人独资企业

和个体工商户会更加倾向于核定征收（以税务机关核定通知书为准）。

由于行业的特殊性，有很大一部分企业是不能够采取核定征收的，只能采取查账征收，具体如下。

（1）汇总纳税企业（即企业集团和设有分支机构的企业）。

（2）上市公司。

（3）银行、信用社、小额贷款公司、保险公司、证券公司、期货公司、信托投资公司、金融资产管理公司、融资租赁公司、担保公司、财务公司、典当公司等金融企业。

（4）会计、审计、资产评估、税务代理、房地产估价、土地估价、工程造价、律师、价格鉴证、公证机构、基层法律服务机构、专利代理、商标代理以及其他经济鉴证类社会中介机构。

（5）国家税务总局规定的其他企业。

（6）专门从事股权（股票）投资业务的企业，不得核定征收企业所得税。

（7）房地产开发企业不得事先确定企业的所得税按核定征收方式进行征收、管理。

总之，核定征收是税务机关对会计账簿不健全，且不能提供会计资料等的企业，根据企业的经营结果和行业水平，分别采用核定应税所得率和核定应税所得税额的方法，来征收企业应纳税款。

三、核定征收与查账征收哪种税负高

核定征收与查账征收哪种税负高？没有固定答案，主要取决于以下因素。

（一）企业利润率高低

如果企业利润率较高，实行核定应税所得率征收就会少缴税（不考虑小微企业所得税优惠政策），否则就会多缴税。

▶【案例 10-2】

企业两种征收模式税负对比

某企业经营收入 100 万元，成本费用 40 万元，流转环节税金 10 万元，利润率为 40%，假如核定应税所得率为 25%，则：

核定应税所得率征收的企业所得税 = 收入 × 核定应税所得率 × 税率 = 100 万元 × 25% × 25%=6.25 万元

查账征收的企业所得税 =（收入 – 成本费用 – 流转环节税金）× 税率 =

（100–40–10）万元 ×25%=12.5 万元

两者相差 6.25 万元，核定征收税负更低，因为企业利润率 40% 高于核定应税所得率 25%。

如果企业利润率较低，甚至亏损的情况下（无须交企业所得税），核定征收税负较高。

（二）小微企业财税优惠政策

在当前对小微企业的税收优惠政策下，案例 10-2 中，企业如果采取查账征收，则实际企业所得税率在 5%，应纳企业所得税为：（100–40–10）万元 × 5%=2.5 万元，显然税负更低。

（三）核定征收优惠政策

例如，云南对个人独资贸易企业的核定征收优惠政策为：应税所得率为 5%，核定征收率为 0.3%，则上述案例核定征收的企业所得税为：100 万元 × 0.3%×5%=150 元，税负较低。

（四）核定征收怎么报税

（1）纳税人在应纳所得税额尚未确定之前，可暂按上年度应纳所得税额的 1/12 或 1/4 预缴，或者按经主管税务机关认可的其他方法，按月或按季分期预缴。

（2）在应纳所得税额确定以后，减除当年已预缴的所得税额，余额按剩余月份或季度均分，以此确定以后各月或各季的应纳税额，由纳税人按月或按季填写《中华人民共和国企业所得税月（季）度预缴纳税申报表》，在规定的纳税申报期限内进行纳税申报。

（3）年度终了后，纳税人在规定的时限内按照实际经营额或实际应纳税额向税务机关申报纳税。申报额超过核定经营额或应纳税额的，按申报额缴纳税款；申报额低于核定经营额或应纳税额的，按核定经营额或应纳税额缴纳税款。

第六节　纳税零申报：风险与合规

无论是一般纳税人还是小规模纳税人，都应根据税法及相关规定定期、按时进行纳税申报。纳税申报有一种特殊情况,即零申报。

所谓零申报,是在市场监管部门办理了统一社会信用代码证的纳税人、扣缴义务人当期未发生应税行为,按照国家税收法律、行政法规和规章的规定,应向税务机关办理零申报手续,并注明当期无应税事项。

在经营活动中,及时、准确地完成税务申报是每个企业应尽的义务。但在某些特殊情况下,如经营不善或者行业环境不好等各种原因,导致企业没有产生任何应纳税收入,这种情况下就可以进行税务零申报。

对于一些小微企业,尤其是初创期的小微企业,由于收入很低,或几乎没有收入,于是就出现了零申报。税务零申报在一定程度上减轻了小微企业的负担,简化了税务申报的流程。

一、零申报的场景

如何判断自己的企业是否可以进行零申报呢?标准如下。

(1)增值税可以零申报的情形。小规模纳税人应税收入为零,一般纳税人当期没有销项税额,且没有进项税额。

(2)企业所得税可以零申报的情形。纳税人当期没有经营,收入、成本都是零。

(3)其他税种可以做零申报的情形。计税依据为零时。

通常,如果企业还在筹建期,没有投入生产经营,收入、成本和费用都是零,可以放心地进行零申报。

零申报通常适用于以下类型的企业。

(1)新办企业未投入生产经营。有些公司注册后,按规定办理了税务登记,启用了税种,甚至还申请了一般纳税人,但却由于各种因素未能进行实际上的生产经营,这类公司可以进行零申报,尽量不要持续3个月甚至半年以上。

(2)长期不经营的企业。当公司长期处于停业、未经营的状态时,需要进行(零)申报。

(3)季节性企业。比如,有些小型代加工厂,从事的加工业务具有明显的季节性、淡旺季特征,接单就加工,无单就停工,没有常态化的固定生产计划,很可能在某一申报期内企业完全没有经营,只好零申报,也是合情合理的。

二、零申报的误区

（一）零税款＝零申报

例如，某公司为增值税小规模纳税人，当月销售收入可以享受小微企业增值税免税的优惠政策，在申报时，是否可以做零申报？

答案是不可以。不用缴纳税款≠零申报，企业在享受优惠政策的同时应向税务机关如实申报。

（二）公司没有销售收入＝零申报

例如，某新设一般纳税人，还没有产生销售收入，但已经发生增值税进项，并取得增值税发票，可以做零申报吗？

答案是不可以。新办企业当期虽未发生收入，但发生了进项税额，不能做零申报。正确申报方式是在增值税申报表对应的销售额栏次填写"0"，将当期已认证的进项税额填入申报表中相应栏次，产生期末留抵税额留待下期继续抵扣。

（三）免税收入进行零申报

例如，刘老板的公司做的是水果批发生意，属小规模纳税人，办理了增值税减免备案，当季销售收入全部符合免税条件，是不是可以直接零申报？

答案是不能，正确的操作应当是将当期免税收入填入申报表中的"其他免税销售额"一栏。

（四）免征增值税，所以进行零申报

通常，小规模纳税人是享受免征增值税的，对于符合免征条件的小规模纳税人，反正在免征范围之内，也不用缴纳增值税，直接进行零申报不是更省事？

国家的政策优惠和企业如实申报是不冲突的，即使在免征标准之内，企业也要进行纳税申报，即要计算出应缴纳增值税额，再根据免征标准享受免税，中间的程序必不可少。

（五）取得的收入没有开票，于是进行零申报

实操中有很多老板，认为自己的公司虽然有收入，但是没有开过票，所以税务机关也不知道自己的公司是不是在经营中，就可以大胆进行零申报。

要提醒各位老板的是，取得未开票收入也应当如实申报，否则被查处后

不仅要补缴当期税款，还要加收滞纳金和罚金。尤其是在金税四期系统已全面投入运行的当下，在大数据技术的赋能下，企业管理者的公私账户都会处于税务机关的监控中，每一笔收入都将无所遁形，任何逃税的想法都是不切实际的，将会面临巨大的风险。

（六）公司亏损，所以进行零申报

市场不景气，公司也没收入，一直处于赔钱状态，应该可以进行零申报了吧？

企业的亏损是可以向以后五个纳税年度结转弥补的，如果企业做了零申报，第二年盈利就不能弥补以前的年度亏损，是不是不划算？

另外，如果当年做了所得税零申报，却将亏损延长到之后的年度扣除，也是不符合要求的。

三、长期零申报有哪些风险

符合企业实情的零申报，是允许的，也是合规的。会产生风险的是长期零申报。对于企业可以零报税多久，其实也是没有明文强制的规定，实务中，一般连续超过 6 个月零申报，就会被认为是长期零申报。

长期零申报的企业，会面临如下风险。

（一）被税务机关稽查

长期零报税，会引起税务机关的稽查。如果连续零申报超过 6 个月，就有可能会被税务机关稽查，然后就会被列入重点监控对象中。

企业隐瞒收入，选择了零申报，一旦被查到，会被定性为偷税，不仅要补缴税款和滞纳金，还会被罚款。

▶【案例 10-3】

零申报企业被处罚 15 万元

某公司自成立以来一直零申报，未开具过发票，未能提供账簿资料。经税务机关调取该公司 2019—2023 年银行账户资料，并结合其他相关资料和证据，认定该公司存在隐瞒收入的行为，收取加盟费未申报缴纳相应税费。税务机关决定追缴增值税、城市维护建设税、教育费附加、地方教育附加、企业所得税，共计 106 345 元；对该公司进行虚假纳税申报造成少缴税款的偷税行为，处少缴税款百分之五十的罚款，共计 53 467 元。连补带罚共计 159 812 元。

尽管零申报（包括长期零申报）本身不会招致税务处罚，但它却是诱因，有可能在税务稽查过程中，被税务部门发现企业其他违法违规问题，从而被处罚。因此，企业要做好自查自检，如实进行纳税申报。

（二）影响企业纳税信用等级

按照《国家税务总局关于明确纳税信用管理若干业务口径的公告》（国家税务总局公告 2015 年第 85 号）的规定，"非正常原因一个评价年度内增值税或营业税连续 3 个月或者累计 6 个月零申报、负申报的，不能评为 A 级。"

如果企业连续 3 个月或累计 6 个月零申报，企业的纳税信用等级就不能评为 A 级。如果提供虚假的申报材料去享受税收优惠，企业的纳税信用将直接降为 D 级，更加得不偿失。

（三）被列入走逃户

纳税人一旦被认定为走逃户，会被纳入重大的失信黑名单中并对外公告。纳税人等级则会直接被评定为 D 级，承担 D 级纳税人后果。

（四）核定收入

税务机关通过核查，可以按照相关规定采用成本费用公式来核定纳税人收入，即采用责任企业所在行业平均税率进行征税，会增加企业纳税负担。

（五）可能会被吊销营业执照

公司成立后无正当理由超过 6 个月未开业的，或者开业后自行停业连续 6 个月以上的，可以由公司登记机关吊销营业执照。

四、如何规避零申报风险

（1）尽快实现业务突破，走向正轨，否则就失去了创办公司的初衷。

（2）对于长期不经营的空壳企业，或者经营迟迟打不开局面的企业，及时进行注销处理，避免留下涉税风险。

第十一章 税务筹划合规：合法享受税收优惠

税收征管法规在一定程度上存在弹性空间，因此也留给了企业纳税筹划的空间，企业可以通过对涉税业务进行策划，规划出一套完整的纳税操作方案，达到节税的目的。

税务筹划，相对其他节税手段，本身具有合法性。但在实务中还是要慎之又慎，做到合规税务筹划，即在合法合规的前提下，通过合理的方式降低税负，避免违规。

第一节　税务筹划合规：合法合规地降低税费支出

美国政治家、科学家本杰明·富兰克林（Benjamin Franklin）有一句名言叫："死亡和税收，是人生不可避免的两件事情。"

税收是无可避免的，不过现实中绝大多数企业面对税收时，也会采取各种或合法的，或非法的，或是游离于合法、非法之间的手段，来减少税务支出。

一、偷税、避税、逃税、节税、骗税与税务筹划

有人说，野蛮者抗税，愚昧者偷税，糊涂者漏税，狡猾者骗税，机敏者避税，精明者节税，真正聪明者会进行税务筹划。

我们就来了解一下偷税、避税、逃税、节税、骗税和税务筹划的内涵与区别所在。

（一）偷税

偷税，是指纳税人为了少缴或不缴税款，而故意违反相关税收法规，采取各种不公开的手段，如欺骗、隐瞒等方式来达到逃避纳税的目的。

偷税是一种违法行为，触犯了国家法律，损害了国家利益，情节严重的还会构成犯罪，要依法受到惩处。

（二）避税

避税，是指纳税人利用税法漏洞或者缺陷钻空取巧，通过对经营及财务

活动的精心安排，做适当的财务安排或税收策划，在不违反税法规定的前提下，以期达到纳税负担最小的经济行为。

（三）逃税

逃税，又被称为非法避税，是指纳税人借助不法手段企图逃避税款的一种行为。

广义上的逃税还包括纳税人因疏忽或过失没有履行税法规定的纳税义务的行为。

逃税不是专门的法律术语，但依据中国税法及有关规定，它有以下两个特征。

（1）逃税是一种违法行为，为法律所明文禁止。

（2）国家对逃税者会采取一定行政措施。广义的逃税，应包括偷税和抗税。后者是列入刑事犯罪范畴的，是逃税发展的极端结果。偷是秘密的，抗是公开的，表现形式不同，性质没有太大区别。

（四）节税

节税，亦称税收节减，是指纳税人在不违背税收法规和政策的前提下，当有多种纳税方案选择时，通过充分利用税法中固有的起征点、减免税等一系列优惠政策，以税收负担最低的方式来处理财务、税务、经营、交易事项。

节税是合法且合理的行为。

（五）骗税

骗税，是指纳税人用假报出口等虚构事实或隐瞒真相的方法，经过公开的、合法的程序，利用国家税收优惠政策，骗取减免税或者出口退税的行为。同偷税相比，骗税具有明显的、公开的欺骗性，以非法占有国家税款为目的。

骗税主要有两种形式。

（1）骗取减免税。

（2）骗取出口退税。

（六）税务筹划

税务筹划，是指纳税人在税法规定的范围内，通过对经营、投资、理财等活动进行相应的筹划和安排，来尽可能减少税款缴纳。

税务筹划具有合法性、风险性、筹划性、专业性、整体性和目的性的特点，详见表 11-1。

表 11-1　税务筹划的特点

特　点	内　　容
合法性	税务筹划只能在税收法律许可的范围内进行。这里有两层含义：一是遵守税法，二是不违反税法。合法是税务筹划的前提，当存在多种可选择的纳税方案时，纳税人可以利用对税法的熟识、对实践技术的掌握，作出纳税最优化选择，从而降低税负
不确定性	在进行税务筹划时，由于各种不确定因素的存在，筹划收益可能会偏离纳税人的预期结果，筹划结果也存在一定的不确定性
筹划性	在纳税行为发生之前，对经济事项进行规划、设计、安排，达到减轻税收负担的目的
专业性	专业性不仅是指税务筹划需要由财务、会计专业人员进行，而且指面临社会化大生产、全球经济一体化、国际贸易业务日益频繁、经济规模越来越大、金税系统越来越完善的情况下，仅靠纳税人自身进行税收筹划显得力不从心，还需要借助专业的"外脑"
整体性	税务筹划是一项企业层面的整体行为，需要纳税人对所承担的所有税收以及整个经营过程进行通盘考虑和总体筹划，而不是单单针对某个税种和某个经营环节
目的性	税务筹划有很强的目的性，它的直接目的就是降低税负，减轻纳税负担。这里有两层意思：一是选择低税负。低税负意味着较低的税收成本，较低的税收成本意味着高的资本回收率。二是滞延纳税时间（不是指不按税法规定期限缴纳税款的欠税行为），获取货币的时间价值

二、合规进行税务筹划

在金税四期面前，一切非法的、不合规、钻空子的手段，我建议都要就此打住，其风险和后果，此处不再赘述。

税务筹划，相对其他节税手段，本身具有合法性。但在实务中还是要慎之又慎，做到合规税务筹划。

（一）遵守法律法规

税收筹划不能违反税法和相关法律法规，违反税法的行为根本不属于税收筹划范畴。企业进行税收筹划，应该以国家现行税法及相关法律法规为依据，要在熟知税法的前提下利用税制构成要素中的税负弹性等进行税收筹划，从中选择最优的方案。

非合规税收筹划，则是指不遵循国家政策相关法规，非法避税和逃税，通过违法手段降低企业税负。这种行为将严重危害企业和社会的正常运行，一旦被发现，将面临巨额的经济惩罚和严重的社会信任危机。

（二）自我保护原则

自我保护原则实质上是守法原则的延伸，只有在遵循法规的前提下才能实现自我保护。纳税人为了实现自我保护，应做到增强法治观念、熟知税法等相关规定、熟知会计准则、熟悉税收筹划的技术和方法等。

（三）确保真实客观

税务筹划必须基于真实原则，不得通过虚构事实、扭曲事实或者诈骗行为来达到降低企业税负的目的，即税务筹划不能围绕税收目的编制虚假的财务报表，应当保持客观、公正和透明。

（四）谨慎选择税筹专家

企业应在税务筹划过程中，谨慎选择税筹专家，避免被带入"坑"中，确保企业处于纳税合规状态。

▶【案例 11-1】

"税筹专家"惹的祸

某机电公司为小规模纳税人，曾在税筹专家的支招下，成功享受到了小型微利企业所得税减免优惠。

但后来税务机关经过大数据分析发现，该公司在持续经营期间，销售费用增长幅度远超过其营业收入增长幅度，且近两年的应纳税所得额均低于300万元，很可能存在多列支费用以降低应纳税所得额，违规享受小型微利企业所得税减免优惠的风险。

经过约谈，公司法定代表人终于透露真言，原来该公司为降低税负，在某短视频平台找了一名"税筹专家"，盲目听信了"税筹专家"的意见，违规取得代开的市场推广费发票，并将相应费用作为销售费用，在企业所得税前扣除。最终，该公司不仅补缴了企业所得税10余万元，而且还缴纳了20余万元的滞纳金。

在必要的时候，借助外脑、求助税筹专家是没错的，但要擦亮眼睛，找真正有资质、有实操经验的税筹专家。

第二节 增值税筹划：增值税合规筹划的基本思路

增值税称得上我国第一大税，2023 年，我国增值税税收金额为 69 332 亿元，占全部税收收入比例为 38%。2023 年，我国增值税收入实现了高速增长，同比增长 42.3%。

增值税作为链条税，有销项就会有进项，上方的销项就是下游的进项，直到最终的销售环节。和企业所得税相比，其税务筹划的空间较小。而且，增值税筹划并不能体现企业的最终税负。根据现行税收法规规定，城建税和教育费附加是根据增值税应纳税额附征的，增值税的减少必然导致城建税和教育费附加的减少，但两项税费的减少必然会增加企业的利润总额，相应地增加企业所得税。

换言之，增值税的减少会相应地增加企业所得税，对于增值税的筹划，应该结合企业所得税进行通盘考虑，找到最优方案。

一、利用税收优惠政策进行筹划

税法对不同的产品、服务、行业制定了各种减免增值税的优惠政策。比如现行税法中关于增值税的减免政策有 170 余项。企业在做增值税税收筹划时，应充分研究税收优惠政策，这是最实用、最直接的零风险节税方法。

当前，除了关于小微企业的优惠外，增值税优惠政策还有以下方面。

（一）农业类税收优惠政策

（1）农业生产者销售的自产农产品免征增值税。

（2）部分农业生产资料免征增值税。

（3）农民专业合作社税收优惠政策。

▶【案例 11-2】

某乳品企业为增值税一般纳税人，既有牧场养奶牛，又有乳品加工车间，将原奶加工成含不同成分的袋装、盒装牛奶出售。按现行税制规定，该类企业为工业生产企业，不属农业生产者，其最终产品不属农产品，不享受农业生产者自产自销的免税待遇。

《中华人民共和国增值税暂行条例》第十五条规定：农业生产者销售自产农业产品免征增值税，具体来说是指对直接从事种植业、养殖业、林业、牧业、水产业的单位和个人销售自产的初级产品免征增值税。

据此规定，该乳品企业进行的增值税税收筹划方法是：将牧场和乳品加工厂分为两个独立的企业。虽然原来的生产程序不变，但经过工商登记后，都成了独立法人。牧场生产销售原奶，属自产自销农产品，可享受免税待遇，销售给乳品加工厂的原奶按正常的成本利润率定价。分立后的乳品加工厂从牧场购进原奶，可作为农产品收购的税务处理，按专用收购凭证所记收购额的 13% 计算进项税额，销项税额的计算不变，其税负大为减轻。

（二）资源综合利用产品增值税税收优惠政策

销售自产货物，如再生水、翻新轮胎、以废旧轮胎为全部生产原料生产的胶粉等，实行免征增值税政策。

（三）促进残疾人就业增值税税收优惠政策

（1）残疾人个人提供的加工、修理修配劳务免征增值税。

（2）对安置残疾人的单位，符合一定条件的，由税务机关按单位实际安置残疾人的人数，限额即征即退增值税。

（四）针对医疗机构的增值税优惠

对非营利性医疗机构自产自用的制剂，免征增值税。

（五）低税率增值税税收优惠

一般纳税人销售或者进口粮食、自来水、图书等商品，增值税税率为 9%。

（六）地方性税收优惠政策

为了发展区域经济，国家及地方层面都出台了一系列的区域性税收优惠政策，多数经济开发区出台了财政扶持政策。例如，江西、浙江、天津、上海等地都有很好的税收优惠政策。将新注册公司设立在税收洼地，享受当地的税收奖励和优惠。

二、通过纳税人身份来进行筹划

一般纳税人和小规模纳税人之间税率和征收方式的差别为增值税税收筹划带来了一定的空间。企业可以通过计算自身的税负平衡点来选择纳税人身份，从而达到降低增值税的目的。

▶【案例 11-3】

纳税人身份变动带来的增值税筹划效果

甲公司是一家矿产开采企业，是增值税一般纳税人。乙公司是甲公司新近收购并控股的矿石开采企业，该公司于 2017 年 11 月中旬注册，是增值税小规模纳税人，两家公司同在一个地区。

甲公司作为一般纳税人，增值税适用税率为 13%，相对小规模纳税人高出很多，于是甲公司打算作出以下安排。

第一，确定矿产品不含税定价。按原含税价作为 2019 年的销售价，对于甲公司是不利的。增值税作为流转税具有转嫁性，是由购买者来负担的。甲公司开采的石灰石产品一般是生产水泥产品的原材料，大多数销售给水泥制造企业，这些企业均为一般纳税人。一家正常生产经营的企业，必然是销项税金大于进项税金，会缴纳增值税。

第二，保证公司的产品利润率。自 2019 年起，甲公司所有石灰石销售价以不含税价为基础，与客户签订销售合同，将增值税税率增加的税负转嫁给了下家。而甲公司的下家多支付了 4% 的税款，可以作为进项税金进行抵扣，不会增加下家的成本，没有增加下家的资金流出。

由于新修订的增值税条例将小规模纳税人的征收率统一降至 3%，甲公司与乙公司都为非金属矿石灰石开采企业，前者是增值税一般纳税人，后者是增值税小规模纳税人，石灰石销售另一部分市场是公路建设部门和房地产建设公司及个人，分别用作公路基础路面的铺设和房屋建筑物基础的浇筑，这一类用户很多不是增值税一般纳税人，不需要取得增值税专用发票。为此，增值税筹划策略可以按以下方式进行。

纳税筹划前：一般纳税人销售产品给非一般纳税人，适用的增值税税率为 13%。以甲公司为例，由于进项税金仅限于炸药、电费、运费等少量物资劳务，增值税税负偏高（实缴增值税/主营业务收入）。

增值税筹划后：对于非一般纳税人的用户，因小规模纳税人的征收率为 3%，乙公司销售比甲公司销售有优势，增值税税负下降明显。

例如，2019 年某客户公司向甲公司购入石灰石价税共计 45 万元，甲公司实现的收入为 45÷1.13=39.82（万元），改由乙公司销售给某客户企业，则乙公司实现的收入为 45÷1.03=43.69（万元）。以销售含税额 45 万元计算，转移销售后乙公司可少缴纳增值税 3.87 万元。

要注意的是，《增值税暂行条例实施细则》（2011 年修订）第二十八条第一款有这样的规定："条例第十一条所称小规模纳税人的标准为：（一）从事货物生产或者提供应税劳务的纳税人，以及以从事货物生产或者提供应税劳务为主，并兼营货物批发或者零售的纳税人，年应征增值税销售额（以下简称应税销售额）在 50 万元以下（含本数，下同）的；（二）除本条第一款第（一）项规定以外的纳税人，年应税销售额在 80 万元以下的。"

《增值税暂行条例实施细则》（2011 年修订）第三十四条规定："除本细则第二十九条规定外，纳税人销售额超过小规模纳税人标准，未申请办理一般纳税人认定手续的。"

根据上述规定，公司销售额达到规定的标准就必须办理一般纳税人资格，而且《增值税暂行条例实施细则》（2011 年修订）第三十三条规定："除国家税务总局另有规定外，纳税人一经认定为一般纳税人后，不得转为小规模纳税人。"此规定可知纳税人身份具有不可逆转性。

三、通过合理销售的方法进行筹划

根据税法相关规定，以现金折扣方式销售货物时，折扣金额应在发生后计入财务费用，这种费用不能从销售额中扣除，不能实现节税效果。但如果货物可通过商业折扣销售，当折扣金额和销售金额列在同一张发票上时，就能根据折扣后的余额计算和缴纳增值税，增值税会减少。

四、通过延长增值税缴纳时间进行筹划

如果企业的现金流比较紧张，可以采取延长缴纳增值税的时间，变相达到降低税负的目的，实现企业利益的最大化。比如，企业通过商业承兑汇票或者在当期进行进项税额的抵扣，使纳税时间得到相应的延长。

五、优化业务流程

根据《中华人民共和国增值税暂行条例》的规定，对同一项服务，在不同环节提供时，适用的增值税政策可能不同。

例如，对于建筑安装服务，在施工阶段提供时，适用 9% 或 11%（取决于建筑物类型）的增值税税率；而在竣工验收后提供时，则适用 3% 或 5%（取决于纳税人身份）的征收率。

因此，如果企业从事建筑安装服务，在合同中可以约定在竣工验收后才

收取服务费，以便享受较低的征收率。

第三节　企业所得税筹划：合规筹划四大基本方向

企业税领域，企业所得税是仅次于增值税的第二大税。2023 年，我国共实现企业所得税收入 41 098 亿元。

企业所得税筹划有四个操作方向：纳税人身份筹划、会计政策选择、合理利用税收优惠政策、控制税基实现时间。

一、纳税人身份筹划

不同纳税人身份对应不同的税法和政策，选择合适的纳税人身份是企业所得税筹划的首要步骤。对于符合条件的小型微利企业、小规模纳税人，有很多办法可以进行企业所得税筹划。

（一）利润延后

如果企业利润总额超过所得税优惠政策规定的额度，可将利润延后来避税。

▶【案例 11-4】————————————————————

延后利润实现所得税筹划

假设 A 公司截至 2025 年 12 月 15 日，已实现利润约 290 万元。预计 12 月中下旬，销售部还将成交一个订单，利润大约 20 万元。公司财务部进行审核时，建议该笔业务可以往后推到次年 1 月份，否则会增加企业所得税。

针对该公司的情况，如果不将该项业务和利润延后，则公司将获得的年利润总额为：290 万元 +20 万元 =310 万元。

利润总额超过了 300 万元，无法享受小微企业的所得税优惠政策，则企业所得税纳税额为：310 万元 ×25%=77.5 万元。

如果将该笔业务延后，将利润延后至次年，则该公司 2025 年度的利润总额为 290 万元，可以享受小微企业的所得税优惠政策。应缴纳企业所得税额度为：290 万元 ×25%×20%=14.5 万元。

将利润延后后，A 公司缴纳的所得税额会大大降低。

（二）固定资产扣除

如果企业的应纳税所得额超出 300 万元的临界点，也可采取购置固定资产并一次扣除的方法进行税务筹划。税法规定，新购进的设备、器具（指除房屋、建筑物以外的固定资产），单位价值不超过 500 万元的，可以一次性计入当期成本费用在计算应纳税所得额时扣除。

▶【案例 11-5】——————————————————————

企业所得税筹划的固定资产扣除法

假设 B 公司预计 2025 年应纳税所得额为 400 万元，企业所得税按规定要缴纳 100 万元，无法享受税收优惠政策，高额的所得税支出将增大企业的资金压力。

该公司决策层和财务部门经过探讨后，决定购置一台 110 万元的机器设备，并进行一次性折旧扣除，使应纳税所得额下降到 290 万元，符合小型微利企业条件，可以依法享受所得税优惠政策。

这样，筹划前，企业预计将缴纳所得税额为：400 万元 ×25%=100 万元。

筹划后应缴纳所得税额为：290 万元 ×25%×20%=14.5 万元。

经过筹划，该公司的企业所得税大幅减少 85.5 万元，新购置的机器还能为企业进行增值税留抵，变相为企业增加了流动资金。

（三）费用提前

如果企业资产总额或利润总额超出了小微企业的认定标准，可以适当将一些费用提前，以使资产和利润额度符合小微企业标准，从而享受所得税优惠税率。

▶【案例 11-6】——————————————————————

费用巧提前，实现节税目的

C 公司 2022 年资产总额为 5 010 万元，年平均职工人数为 200 人，利润额为 310 万元。

C 公司的数据中有两项指标不符合小微企业的认定政策，即资产总额超过了 5 000 万元，利润超过了 300 万元，导致企业无法享受所得税优惠政策。如果按照这种情况，其应当缴纳的企业所得税为：310 万元 ×25%=77.5 万元。

由于该方案税负较高，该公司内部进行了一轮盘查，发现刚好还有一笔

12 万元的营销费用没有支付，于是决定用现金支付。这样，公司总资产就变成了 4 998 万，利润减为 298 万元，可以享受小微企业的优惠税率，则 C 公司应当缴纳的企业所得税为：298 万元 ×25%×20%=14.9 万元。

（四）利润捐赠

《企业所得税法》第九条规定，企业发生的公益性捐赠支出，在年度利润总额 12% 以内的部分，准予在计算应纳税所得额时扣除。基于该项规定，如果企业年度利润额度超出 300 万元，可以拿出一部分进行公益捐赠，享受所得税优惠。

▶【案例 11-7】

捐赠的节税效果

D 公司 2022 年度调整后利润为 310 万元，则应纳所得税额为：310 万元 ×25%=77.5 万元。

后公司经过研究，决定拿出 11 万元捐给社会公益性组织。该捐款按利润 12% 以内可全部税前扣除，那么应税利润就是 299 万元，应纳所得税额为：299 万元 ×25%×20%=14.95 万元。

企业所得税支出减少额度为：77.5 万元 –14.95 万元 =62.55 万元。

进行捐赠扣除操作时，要注意以下几点。

（1）并不是所有的捐赠支出均可税前扣除，只有与生产经营活动无关的非广告性质的赞助支出才可以扣除。

（2）企业通过公益性社会团体或者县级以上人民政府及其部门，用于公益事业的捐赠支出才可税前扣除，通过其他途径捐赠的支出不可税前扣除。

（3）通过公益性社会团体进行捐赠，则公益性社会团体需满足《财政部 税务总局 民政部关于公益性捐赠税前扣除有关事项的公告》的相关规定，否则所发生的捐赠支出也不能税前扣除。

企业要进行最大限度的税前费用列支，还要注意以下几点。

（1）发生商品购销行为要取得符合要求的发票。

（2）费用支出要取得符合规定的发票。

（3）费用发生要及时入账。

（4）适当缩短摊销期限，增加前几年的费用扣除，以递延纳税时间。

（5）对不限额列支的费用进行充分列支，对限额列支的费用应准确掌握列支标准。

二、会计政策选择

企业所得税的筹划，受会计政策选择的影响非常明显。企业进行所得税筹划的过程，也是一个会计政策选择的过程。在税务筹划中运用会计政策，具体涉及很多方面，主要包括以下两点。

（一）折旧、折耗和摊销的筹划

对于折旧方法的选择有直线法、双倍余额递减法和年数总和法等，企业为了达到递延纳税的目的，在税法允许的行业，可以采用加速折旧法、年数总和法等计提折旧，相当于企业获得了一种无息贷款，企业无形中增加了收入。

加速折旧的政策依据为财税〔2015〕106号的规定："对轻工、纺织、机械、汽车等四个领域重点行业（具体范围见附件）的企业2015年1月1日后新购进的固定资产，可由企业选择缩短折旧年限或采取加速折旧的方法。"

另据财政部 税务总局公告2019年第66号的规定："自2019年1月1日起，适用《财政部 国家税务总局关于完善固定资产加速折旧企业所得税政策的通知》（财税〔2014〕75号）和《财政部 国家税务总局关于进一步完善固定资产加速折旧企业所得税政策的通知》（财税〔2015〕106号）规定固定资产加速折旧优惠的行业范围，扩大至全部制造业领域。"

▶ 【案例11-8】

加速折旧来降低企业所得税

某工业企业2022年10月购入一台大型设备并于当月投入使用，不含税单价为1 000万元，预计残值为100万元，无其他费用，税法规定该机器设备折旧年限不得低于10年，可以采取两种方案。

第一，采用基准折旧年限确定为10年进行折旧。

第二，采用加速折旧法，即采用缩短年限法时以60%为限将年限缩短至6年。

采用第一种方案：

2023—2032年设备每年折旧 =（1 000–100）/10=90（万元）

采用第二种方案：

2023—2028 年设备每年折旧＝（1 000–100）/6=150（万元）

虽然两种方案最终提取的折旧总额是相同的，但该企业采用了第二种方案，减少了早期企业所得税金的支出占用，减缓了早期资金压力，从货币时间价值看，为公司争得了一定时期的无息贷款，达到了递延企业所得税的纳税期间的效果。

（二）存货计价方法的筹划

存货的核算方法包括个别计价法、先进先出法、后进先出法、加权平均法、移动平均法等。在通货膨胀时，企业注册成立或企业申请会计政策变更得到有关部门批准时，可以采用后进先出法核算成本；在物价变化不定时，可以采用加权平均法和移动平均法核算成本，可以提高企业成本，减少所得税。

三、合理利用税收优惠政策

国家为了鼓励某些行业或地区的发展，会出台一系列的税收优惠政策。企业所得税筹划应充分利用这些政策，降低应纳税额。对于高新技术企业、节能环保项目等，国家会给予企业所得税的优惠，企业可以积极申请这些优惠政策，降低税负。

（一）高新技术企业

（1）《企业所得税法》（主席令第六十三号，主席令第二十三号修订）第二十八条第二款规定："国家需要重点扶持的高新技术企业，减按 15% 的税率征收企业所得税。"

（2）《企业所得税法实施条例》第九十三条规定：

企业所得税法第二十八条第二款所称国家需要重点扶持的高新技术企业，是指拥有核心自主知识产权，并同时符合下列条件的企业：

（一）产品（服务）属于《国家重点支持的高新技术领域》规定的范围；

（二）研究开发费用占销售收入的比例不低于规定比例；

（三）高新技术产品（服务）收入占企业总收入的比例不低于规定比例；

（四）科技人员占企业职工总数的比例不低于规定比例；

（五）高新技术企业认定管理办法规定的其他条件。

（二）西部地区鼓励类产业企业

财政部、税务总局、国家发展改革委《关于延续西部大开发企业所得税政策的公告》（财政部 税务总局 国家发展改革委公告 2020 年第 23 号）第一条规定："自 2021 年 1 月 1 日至 2030 年 12 月 31 日，对设在西部地区的鼓励类产业企业减按 15% 的税率征收企业所得税。"

（三）技术先进型服务企业

财政部 税务总局 商务部 科技部 国家发展改革委《关于将技术先进型服务企业所得税政策推广至全国实施的通知》（财税〔2017〕79 号）第一条规定：自 2017 年 1 月 1 日起，在全国范围内对经认定的技术先进型服务企业，减按 15% 的税率征收企业所得税。

（四）从事污染防治的第三方企业

自 2019 年 1 月 1 日至 2027 年 12 月 31 日，对符合条件的从事污染防治的第三方企业（以下简称"第三方防治企业"）减按 15% 的税率征收企业所得税。第三方防治企业是指受排污企业或政府委托，负责环境污染治理设施（包括自动连续监测设施）运营维护的企业。

（五）设在横琴粤澳深度合作区符合条件的产业企业

《财政部 税务总局关于横琴粤澳深度合作区企业所得税优惠政策的通知》（财税〔2022〕19 号）规定：自 2021 年 1 月 1 日起，对设在横琴粤澳深度合作区符合条件的产业企业，减按 15% 的税率征收企业所得税。

（六）设在平潭综合实验区符合条件的企业

《财政部 税务总局关于延续福建平潭综合实验区企业所得税优惠政策的通知》（财税〔2021〕29 号）规定：自 2021 年 1 月 1 日至 2025 年 12 月 31 日，对设在平潭综合实验区的符合条件的企业减按 15% 的税率征收企业所得税。

（七）设在前海深港现代服务业合作区符合条件的企业

《财政部 税务总局关于延续深圳前海深港现代服务业合作区企业所得税优惠政策的通知》（财税〔2021〕30 号）规定：自 2021 年 1 月 1 日至 2025 年 12 月 31 日，对设在前海深港现代服务业合作区的符合条件的企业减按 15% 的税率征收企业所得税。

（八）注册在海南自由贸易港并实质性运营的鼓励类产业企业

《财政部 税务总局关于海南自由贸易港企业所得税优惠政策的通知》（财税〔2020〕31号）规定：自2020年1月1日至2024年12月31日，对注册在海南自由贸易港并实质性运营的鼓励类产业企业，减按15%的税率征收企业所得税。

（九）中国（上海）自贸试验区临港新片区重点产业企业

《财政部 税务总局关于中国（上海）自贸试验区临港新片区重点产业企业所得税政策的通知》（财税〔2020〕38号）规定：自2020年1月1日起，对新片区内从事集成电路、人工智能、生物医药、民用航空等关键领域核心环节相关产品（技术）业务，并开展实质性生产或研发活动的符合条件的法人企业，自设立之日起5年内减按15%的税率征收企业所得税。

（十）设在南沙先行启动区符合条件的鼓励类产业企业

《财政部 税务总局关于广州南沙企业所得税优惠政策的通知》（财税〔2022〕40号）规定：自2022年1月1日至2026年12月31日，对设在南沙先行启动区符合条件的鼓励类产业企业，减按15%的税率征收企业所得税。

符合以上条件的企业，可进一步了解优惠政策的落实细则，以便合规享受到企业所得税的优惠。

四、控制税基实现时间

税基，即企业所得税的计算基础，也就是应纳税所得额，即企业的收入减去成本、费用和损失。税基式纳税筹划主要是指纳税人通过缩小计税基础的方式来减轻纳税人义务和规避税收负担的行为。

缩小计税基础一般都要借助财务会计手段，其主要表现为增加营业成本费用，降低纳税所得，达到减少应纳所得税的目的。实操中，纳税人可采取改变存货计价法、合理费用分摊法、资产租赁法、折旧计算法以及筹资方式的选择等纳税筹划方法。

第四节　股东分红收入：如何进行个人所得税筹划

分红是将当年的收益，在按规定提取法定公积金、公益金等项目后向股东发放，是股东收益的一种方式。根据《个人所得税法》的规定，利息、股息、红利所得税税率20%，当个人股东收到企业分配的股息和分红时，应当依法缴纳 20% 个人所得税。股东的分红表面上看起来非常可观，但在交税后却大为缩水。

针对企业给股东的分红，可以借助一些筹划措施来节税。

一、股东分红的条件

分红之前，企业利润需按照如下步骤对公司收入进行处理。

（一）缴税

企业利润要缴纳企业所得税，缴纳税款后剩余的利润才属于待分配利润，而非会计利润或利润总额。

（二）弥补亏损

公司原有的法定公积金不足以弥补以前年度亏损时，应当在提取当年法定公积金前先用当年利润弥补亏损。

（三）提取公积金

（1）法定公积金。《公司法》第二百一十条的规定："公司分配当年税后利润时，应当提取利润的百分之十列入公司法定公积金。公司法定公积金累计额为公司注册资本的百分之五十以上的，可以不再提取。"

（2）任意公积金。公司从税后利润中提取法定公积金后，经股东会或者股东大会决议，可以从税后利润中提取任意公积金。

有限责任公司的当年利润应当首先弥补亏损和提取公积金，如有盈余，剩余的税后利润方可用于股东分红。实务中判断公司是否有盈余、盈余多少，主要取决于专业机构的审计报告。如未按照法律规定处理利润，直接分红，有可能被认定为抽逃公司资本，要承担相应的法律责任。

另据《公司法》和《上市公司章程指引》的有关规定，上市公司股利的分配必须由董事会提出分配预案，按法定程序召开股东大会进行审议和表决，并由出席股东大会的股东所代表的 1/2 现金分配方案或 2/3 红股分配方案以上表决权通过时方能实现。

二、股东分红如何合规避税

（一）个人持股变为公司持股

举例来说，某公司年度经营利润为 100 万元，假设公司老板一人 100%

持股，这笔利润分红到老板口袋里还能剩下多少呢？

首先，100 万元的利润需要缴纳 25% 的企业所得税：100 万元 ×25%= 25 万元，剩下 75 万元的税后利润。

其次，税后利润分红到老板个人账户，还要缴纳 20% 的个人所得税：75 万元 ×20%=15 万元，最后真正进入老板口袋的分红只有 60 万元。

如果老板是以自然人身份持股公司，在分红时就要依法缴纳个人所得税。根据《个人所得税法》的规定，个人拥有债权而取得的利息、股息、红利所得，应当缴纳 20% 个人所得税。自然人直接持股的方式，个人所得税筹划的空间几乎为零。

这种情况下，可以将老板个人持股转变为公司持股。

公司持股实际就是法人股东持有公司股份，与自然人股东不一样的是股东为法人股东。法人股东一般是有限责任公司或股份有限公司，即自然人通过有限公司的方式间接持股。这样根据《企业所得税法》第二十六条的规定，符合条件的居民企业之间的股息、红利等权益性投资收益为免税收入。这种方式就无须缴纳个人所得税。

（二）设立个人独资企业

税收洼地的个人独资企业的基本税率很低，能够实现股东分红的合理节税。

所以，可以将股东分红转化为个人独资企业对股东所属企业的服务性收入，由股东所属企业支付给个人独资企业服务费，个人独资完税后法人将剩余资金以"备用金"进行提现，就能将这一笔资金提取出来，正常使用，可以起到一定的节税作用。

（三）通过企业间利润转移

成立多个关联公司或者是个体工商户等，通过关联交易将业务外包来转移利润，利用关联公司的税收优惠或者个体工商户的核定征收优势降低税负。

比如，A 公司老板可以另外注册一家公司或工作室 B，然后将业务外包给 B。A 公司将酬劳支付过去之后就成了 B 的收入，对于 A 公司来说，就减少了一部分的企业所得税。

要注意利润转移时定价要在合理范围内，若不合理，会有税务风险。

（四）给老板（股东）发工资

如果老板（股东）也在公司任职，可以按普通员工为其发放工资，降低税前利润，减少企业所得税和个人所得税支出。

2019 年个税改革后，员工的工资薪金按照七级累进制进行计算，适用税率 3% ～ 45%，还可以申请六项专项附加扣除，降低税负，但筹划时应特别注意发放的工资金额的适用税率，工资不宜过高。

▶【案例 11-9】 ─────────────────────────

哪种税负高：发工资 vs 分红

2023 年，某公司实现利润总额 60 万元。经公司股东会议决定，税后利润全部进行分配。那么，公司如何分配利润，才能实现税负最低呢？

财务部提出了以下两种分配方案。

第一种方案：采用净利润方式，60 万元缴纳 15 万元企业所得税后，45 万元净利润以股息、红利的形式分配。

第二种方案：每月发放工资 5 万元，12 个月共计发放 60 万元，以实现节税的目的。

两种方案申报纳税情况如下。

第一种方案：

公司应纳企业所得税 =60 万元 ×25%=15 万元。

股东应纳个人所得税 =（60–15）万元 ×20%=9 万元。

股东税后收益 =60–15–9=36（万元）。

第二种方案：

全年共增加工资支出 =5 万元 ×12=60 万元。

发放工资后企业利润总额 =60–60=0。

股东工资部分应缴纳个人所得税 =[（60–0.5×12）×30%–5.292]=10.908 万元。

股东税后收益 =60–10.908=49.092 万元。

对比以上两种方案，第二种方案可以让股东多出 49.092 万元的收益，以每月发放 5 万元工资，可造成企业利润为 0，即公司也无须缴纳企业所得税。

如何把握好尺度？有一个临界点，只要工资的个税缴纳数额不超过分红形式所缴纳的个税额度，就可以采纳。

正常情况下，老板（股东）领取的工资只要综合税负低于 40% 都是划算的，在目前的市场环境下，给予老板（股东）发放年薪 50 万～ 60 万元完全合理，能达到避税目的，具体还需要结合企业的经营情况、盈利情况，由内部财务人员进行更精确的计算。

第五节　小微企业：了解并合规享受税收优惠政策

小微企业，即小型微利企业，是指从事国家非限制和禁止行业，且同时符合年度应纳税所得额不超过 300 万元、从业人数不超过 300 人、资产总额不超过 5 000 万元三个条件的企业。

近些年来，国家一直在大力支持小微企业发展，在政府的支持和帮扶下，大量小微企业如雨后春笋般地涌现出来。截至 2023 年 1 月，我国小微企业数量已超过 4 080 万户。

在 2018 年的第十届陆家嘴论坛上，时任央行行长易纲在发言时指出："小微企业贡献了全国 80% 的就业，70% 左右的专利发明权，60% 以上的 GDP 和 50% 以上的税收。"可见，小微企业在增加就业、提高经济活力、促进经济增长和社会和谐稳定方面具有重要的战略意义。

为了扶持小微企业发展，当前国家各个层面出台了大量有关小微企业的税收优惠政策。小微企业要及时了解并合规利用相关税收优惠，减轻企业负担，强化竞争优势。

一、小微企业税收优惠政策

我国企业涉及的两大税种是增值税、企业所得税，基本占企业总税负的 75% 左右。而我国对小微企业在这两种税以及印花税和"六税两费减免"上都有很大的税收优惠力度。

（一）增值税优惠政策

1. 增值税小规模纳税人月销售额 10 万元以下免征增值税政策

财政部 税务总局公告 2023 年第 19 号第一条规定：【优惠内容】至 2027 年 12 月 31 日，对月销售额 10 万元以下（含本数）的增值税小规模纳税人免征增值税。

例如，某小规模纳税人 2023 年 7—9 月的销售额分别是 6 万元、8 万元和 12 万元。如果纳税人按月纳税，则 9 月的销售额超过了月销售额 10 万元的免税标准，可减按 1% 缴纳增值税，7 月、8 月的 6 万元、8 万元能够享受免税政策；如果纳税人按季纳税，2023 年 3 季度销售额合计 26 万元，未超过季度销售额 30 万元的免税标准，26 万元全部能够享受免税政策。

2. 增值税小规模纳税人适用 3% 征收率的应税销售收入减按 1% 征收率增值税政策

财政部 税务总局公告 2023 年第 19 号第二条规定：【优惠内容】至 2027 年 12 月 31 日，增值税小规模纳税人适用 3% 征收率的应税销售收入，减按 1% 征收率征收增值税；适用 3% 预征率的预缴增值税项目，减按 1% 预征率预缴增值税。

例如，一家餐饮企业为按月申报的增值税小规模纳税人，2024 年 3 月 5 日为客户开具了 2 万元的 3% 征收率增值税普通发票。3 月实际月销售额为 15 万元，均为 3% 征收率的销售收入，因公司客户为个人，无法收回已开具发票，还能享受 3% 征收率销售收入减按 1% 征收率征收增值税政策吗？

此种情形下，该餐饮企业 3% 征收率的销售收入 15 万元，可以在申报纳税时直接进行减税申报，享受 3% 征收率销售收入减按 1% 征收率征收增值税政策。为减轻纳税人办税负担，无须对已开具的 3% 征收率的增值税普通发票进行作废或换开。需要注意的是，按照《中华人民共和国发票管理办法》等相关规定，纳税人应如实开具发票，今后享受 3% 征收率销售收入减按 1% 征收率征收增值税政策时，如需开具增值税普通发票，应按照 1% 征收率开具。

3. 金融机构小微企业及个体工商户 100 万元及以下小额贷款利息收入免征增值税政策

财政部 税务总局公告 2023 年第 13 号第一条规定：【优惠内容】2027 年 12 月 31 日前，对金融机构向小型企业、微型企业及个体工商户发放小额贷款取得的利息收入，免征增值税。

例如，2024 年第 1 季度，假设 A 银行（一般纳税人，增值税税率为 6%）向 30 户小型企业、微型企业发放的单笔额度 100 万元及以下的小额贷款，取得的利息收入共计 300 万元（不含税收入）。4 月份 A 银行纳税申报时，可直接申报享受免税政策，对应免税额为：300 万元 ×6%=18 万元。

4. 为农户、小微企业及个体工商户提供融资担保及再担保业务免征增值税政策

财政部 税务总局公告 2023 年第 18 号（本公告执行至 2027 年 12 月 31 日）

规定："纳税人为农户、小型企业、微型企业及个体工商户借款、发行债券提供融资担保取得的担保费收入，以及为上述融资担保（以下称原担保）提供再担保取得的再担保费收入，免征增值税。再担保合同对应多个原担保合同的，原担保合同应全部适用免征增值税政策。否则，再担保合同应按规定缴纳增值税。"

例如，2024 年 1 月，假设 A 公司为 10 户农户、小型企业、微型企业及个体工商户借款、发行债券提供融资担保取得的担保费收入 10 万元（不含税收入）。2 月 A 公司纳税申报时，可直接申报享受免税政策，对应免税额 0.6 万元 =10 万元 ×6%。

（二）企业所得税优惠政策

根据财政部 税务总局公告 2023 年第 12 号第三条的规定："对小型微利企业减按 25% 计算应纳税所得额，按 20% 的税率缴纳企业所得税政策，延续执行至 2027 年 12 月 31 日。"

例如，A 企业 2023 年成立，从事国家非限制和禁止行业，2023 年 1 季度季初、季末的从业人数分别为 120 人、200 人，1 季度季初、季末的资产总额分别为 2 000 万元、4 000 万元，1 季度的应纳税所得额为 190 万元。

2024 年 1 季度，A 企业"从业人数"的季度平均值为 160 人，"资产总额"的季度平均值为 3 000 万元，应纳税所得额为 190 万元。符合关于小型微利企业预缴企业所得税的判断标准：从事国家非限制和禁止行业，且同时符合截至本期预缴申报所属期末资产总额季度平均值不超过 5 000 万元、从业人数季度平均值不超过 300 人、应纳税所得额不超过 300 万元，可以享受优惠政策。A 企业 1 季度的应纳税额为：190 万元 ×25%×20%=9.5（万元）。

（三）印花税优惠政策

金融机构与小微企业签订借款合同可享受免征印花税政策，具体见财政部 税务总局公告 2023 年第 13 号第二条规定：【优惠内容】2027 年 12 月 31 日前，对金融机构与小型企业、微型企业签订的借款合同免征印花税。

（四）六税两费减免政策

增值税小规模纳税人、小型微利企业和个体工商户减半征收"六税两费"政策依据为财政部 税务总局公告 2023 年第 12 号第二条和第四条的规定：【优惠内容】"自 2023 年 1 月 1 日至 2027 年 12 月 31 日，对增值税小规模纳税人、小型微利企业和个体工商户减半征收资源税（不含水资源税）、城市维护建设税、房产税、城镇土地使用税、印花税（不含证券交易印花税）、耕地占用税和教育费附加、地方教育附加。""增值税小规模纳税人、小型微利企业和个体工商户已依法享受资源税、城市维护建设税、房产税、城镇土地使用税、印花税、耕地占用税、教育费附加、地方教育附加等其他优惠政策的，可叠加享受本公告第二条规定的优惠政策。"

二、合规享受税收优惠

企业想要减轻经营负担，享受税费优惠政策可以理解，但一定要严格依法享受。如果达不到享受相关优惠政策的标准，就不享受，千万不要试图采取一些"法外手段"让自己强行达标，不仅后期会被税务机关查处并受到相应的处罚，还可能构成偷税等更严重的税务违法行为甚至犯罪行为。

小微企业税收优惠享用上，常见的风险点包括以下方面。

（一）谎报误报资产和人数

符合小型微利企业标准的企业（图 11-1），才能享受相应的针对小微企业的税收优惠，实务中，有些企业会谎报资产和人数来伪装成小微企业，从而享受优惠政策。

图 11-1　小微企业三大标准

▶【案例 11-10】

电商企业不符合小微标准被罚款

某电商企业 2023 年申报享受小型微利企业所得税减免优惠，但税务机关经过大数据比对发现，其年度申报的资产总额与系统测算的数据差距较大。经核查，该公司未按照全年季度平均值计算资产总额，只是对年初与年末资产进行了简单的平均计算，其申报年度资产总额 4 590 万元，远低于实际资产总额 11 753 万元，不符合小型微利企业条件，无法享受小型微利企业所得税减免优惠，最终补缴企业所得税税款近 5 万元，同时补缴滞纳金。

（二）隐瞒销售收入

收入是企业确认应纳税所得额的重要基础。根据税收征收管理法，企业应该如实向税务机关申报销售收入。实操中，有些企业会通过隐瞒收入来降低应纳税所得额，目的是享受企业所得税优惠。这种行为一旦被税务机关查到，会涉嫌偷税，不仅要补缴税款，还会被罚款。

（三）虚列成本费用

根据企业所得税法的规定，企业所得税税前扣除，应遵循真实性、相关性、合理性原则。但总有些大胆的企业会违反真实性、相关性原则，将取得的与生产经营无关的咨询费、业务推广费、会议费等不合规发票，作为扣除凭证，将相应费用在企业所得税税前扣除；或者将业务招待费、佣金手续费、广告宣传费等项目支出混淆，未按照税法规定进行纳税调整，从而减少企业所得税应纳税所得额。一旦被查处，同样会面临补缴税款和滞纳金的后果。

第十二章

稽查风险防范合规：企业如何合规应对稽查

金税四期环境下，税务机关的稽查手段已经今非昔比，税务机关可以利用大数据对企业的经营情况和纳税情况进行精准扫描、建模。因此，面对税务稽查，不可抱有侥幸心理，一方面要确保合规经营、依法纳税，从根本上规避税务风险；另一方面，要积极配合稽查人员，做好涉税自查，同时做好稽查过程中自身权益的维护。

第一节 税务稽查：稽查选案与稽查内容

劳德·布兰威尔关于税收有一句经典名言："税收如母亲，经常被误解，但很少被遗忘。"

企业涉税问题，稍有风吹草动，就会被关注，会被税务稽查部门重点"关照"。

税务稽查，是税务局稽查局依法对纳税人、扣缴义务人和其他涉税当事人履行纳税义务、扣缴义务情况及涉税事项进行检查处理，以及围绕检查处理开展的其他相关工作。

税务稽查，是市场经济环境下的一种特殊的经济监督管理手段，能够保证税收政策的顺利贯彻执行、各项税收法律法规的有效实施，进而实现税收分配的预期目标。

▶【案例 12-1】

金税四期下的税务稽查

2023 年 12 月 5 日，济南市税务局稽查局根据精准分析线索，联合公安部门依法查处一起利用小规模纳税人减免增值税政策虚开团伙案件。经查，该虚开团伙控制多家空壳企业，利用小规模纳税人减免增值税政策先后对外虚开发票 4 175 份，涉及金额 7 208 万元。目前，该案已由公安机关移送检察机关审查起诉。

济南市税务局稽查局有关负责人表示："将进一步发挥税务、公安、检察、法院、海关、人民银行、外汇管理七部门联合打击机制作用，对涉税违法犯罪行为坚决予以打击。同时，加强对各类享受税费优惠政策企业的税费服务和税收监管，护航税费优惠政策落实落地。"

案例 12-1 是金税四期在税务稽查和违法打击中的一个典型应用，企业在面对税务稽查问题时，要予以高度重视。

一、税务稽查查什么

根据国家税收法律、法规要求，依法查处税收违法行为，保障国家税收收入，维护正常的税收秩序，促进依法纳税，保证税法的顺利实施。税务稽查的具体任务主要包括以下三个方面。

（1）纳税人执行税法以及履行正常纳税义务的情况。

（2）纳税人执行财务纪律、制度以及会计准则的情况。

（3）纳税人的内部经营管理和核算情况。

另据《中华人民共和国税收征收管理法》，税务稽查被赋予的执法权力有查账权、场地检查权、责成提供资料权、询问权、查证权、检查存款账户权、税收保全措施权、税收强制执行措施权等。

税务稽查的范围主要有以下三方面。

（1）纳税人对税务相关法律、法规、制度等的贯彻执行情况。

（2）纳税人生产经营活动及税务活动的合法性。

（3）偷、逃、抗、骗、漏税及滞纳情况。

二、税务稽查的案源类型

案源，即稽查对象。根据《税务稽查案源管理办法（试行）》的规定，税务稽查的案源有九大类型。

（1）推送案源。推送案源是指根据风险管理等部门按照风险管理工作流程推送的高风险纳税人风险信息分析选取的案源。

（2）督办案源。督办案源是指根据上级机关以督办函等形式下达的，有明确工作和时限要求的特定纳税人税收违法线索或者工作任务确认的案源。

（3）交办案源。交办案源是指根据上级机关以交办函等形式交办的特定纳税人税收违法线索或者工作任务确认的案源。

（4）安排案源。安排案源是指根据上级税务局安排的随机抽查计划和打击偷税（逃避缴纳税款）、逃避追缴欠税、骗税、抗税、虚开发票等稽查任务，对案源信息进行分析选取的案源。

（5）自选案源。自选案源是指根据本级税务局制定的随机抽查和打击偷税（逃避缴纳税款）、逃避追缴欠税、骗税、抗税、虚开发票等稽查任务，对案源信息进行分析选取的案源。

（6）检举案源。检举案源是指对检举线索进行识别判断确认的案源。

（7）协查案源。协查案源是指对协查线索进行识别判断确认的案源。

（8）转办案源。转办案源是指对公安、检察、审计、纪检监察等外部单位以及税务局督察内审、纪检监察等部门提供的税收违法线索进行识别判断确认的案源。

（9）其他案源。其他案源是指对税务稽查部门自行收集或者税务局内、外部相关单位和部门提供的其他税收违法线索进行识别判断确认的案源。

其中，督办案源、交办案源、转办案源、检举案源和协查案源由于来源渠道特殊，被称为特殊案源。对特殊案源应当由稽查局指定专人负责管理，严格遵守保密纪律，依法依规进行处理。

三、税务稽查部门的权限

税务稽查的主体是各级税务机关，准确地说是县级以上的税务局所属的稽查局，这些机构具有税务稽查管理和税务稽查执法的双重职责。根据《中华人民共和国税收征收管理法》以及《中华人民共和国税收征收管理法实施细则》的规定，税务稽查部门在进行税务稽查过程中有以下权限。

（1）检查纳税人的账簿、记账凭证和报表等相关资料。

（2）对存在偷逃税款行为的纳税人采取税收保全措施。

（3）向有关部门咨询相关纳税人的纳税情况。

（4）对纳税违法案件有调查取证的权利。

四、税务稽查如何实施

在对纳税人实施税务稽查之前，税务机关应充分了解被稽查对象的相关情况，据之确定稽查措施。随后，要向被稽查对象发出书面通知，告知其稽查的具体时间以及需要对方准备的资料等。对那些被举报存在税收违法嫌疑的纳税人，税务机关可以不必事先通知。

在实施检查时，税务部门检查人员一般2人一组，会向被查对象出示税务检查证和《税务检查通知书》。检查人员会通过实地检查、询问、调取账簿资料、提取证据原件、调研空白发票、调取发票原件、检查电子信息系统、检查存款账户、储蓄存款等方式开展检查。

《中华人民共和国税收征收管理法实施细则》（国务院令第 362 号）第八条规定："税务人员在核定应纳税额、调整税收定额、进行税务检查、实施税务行政处罚、办理税务行政复议时，与纳税人、扣缴义务人或者其法定代表人、直接责任人有下列关系之一的，应当回避：

（一）夫妻关系；

（二）直系血亲关系；

（三）三代以内旁系血亲关系；

（四）近姻亲关系；

（五）可能影响公正执法的其他利害关系。"

当事人依法享有要求稽查人员回避的权利，不过对于稽查人员是否需要回避，最终应由税务稽查部门的领导来裁定。

五、哪种稽查对象会被立案查处

当税务稽查对象出现下述情形之一时，会予以立案查处。

（1）偷税、逃避追缴欠税、骗取出口退税、抗税和为纳税人、扣缴义务人非法提供银行账户、发票、证明或者其他方便，导致税款流失的。

（2）查补税额在 5 000 元至 2 万元以上的。

（3）私自印制、伪造、倒卖、非法代开、虚开发票，非法携带、邮寄、运输或者存放空白发票，伪造、私自制作发票监制章和发票防伪专用品的。

（4）税务机关认为需要立案查处的其他情形。

第二节　企业自查：提前发现涉税风险点

先看两条税务稽查动态：

【稽查动态 1】

2023 年 11 月 14 日，国家税务总局青岛市税务局稽查局公示了 2023 年度异常稽查对象随机抽查情况之二，根据《中华人民共和国税收征收管理法》第五十四条及国家税务总局《推进税务稽查随机抽查实施方案》（税总发〔2015〕104 号）文件规定，国家税务总局青岛市税务局稽查局于 2023 年 10

月通过"金税税收管理系统"对异常稽查对象实施了随机抽查程序，共有 109 户企业被抽中。

根据工作要求，此次调查采取先自查再立案检查、直接立案检查相结合稽查方式。

【稽查动态 2】

2023 年 11 月 30 日，国家税务总局无锡市税务局公告了随机自查工作进展，无锡市税务局稽查局通过开展对辖区内股权转让企业、船舶制造企业、医药器械销售企业及重点稽查对象的自查工作，共涉及 55 户股权转让企业、4 户船舶制造企业、17 户医药器械销售企业及 29 户重点稽查对象。

该 105 户企业全部展开随机自查工作，共计自查补税 17 162.87 万元，已全部入库。

以上稽查动态的共同点在于：税务机关正式立案检查前，会通知企业首先自查。如果企业能够积极自查，做到让税务机关满意的话，就可以顺利过关。如果不满意，税务机关则会进行全面调查或者责令企业继续自查。

在自查自纠的环节，纳税人、扣缴义务人要认真开展自查，通过自行对照现行税收法律、法规进行自查，纠正自身存在的漏报应税收入、多列支出、漏报或错报代扣（收）税项目、错用税率或计算错误等问题。

税务稽查前的纳税人自查，可视为一项内部审计工作，甚至可以将其常态化，通过定期或不定期的自查来发现税额计算中有无漏洞和问题。一方面能够确保企业财会资料及涉税数据的准确、完整；另一方面，也能够为接受税务稽查做好前期准备，通过自查也有助于健全企业的内部管理流程。

一、企业自查的"五步骤"

（1）对照相关法律法规与企业财务制度，将企业内部的各种财会处理制度与国家相关税收条例规定进行对照自查，看是否存在差异和矛盾，如果存在，是否会造成企业纳税上的违规。

（2）制度执行情况自查。此即与税费缴纳情况相关的企业内部有关制度的执行情况的自查，主要是用来确定企业内部这些相关的制度、流程执行情况如何，是否存在影响税费计算准确性的因素。

（3）纳税申报的自查。此即通过账证与纳税申报表的对照自查。自查的目的是从中发现是否存在足额申报税款的问题。

（4）账簿对应关系的自查。此即通过账簿数据的勾兑关系自查是否存在税费计算上的错误。

（5）数据、指标分析。此即对企业的一些财务数据按各税法具体要求进行对比。自查目的是从财务数据、指标角度看企业是否可能存在税务违章问题。

二、自查工作要点

自查期间，企业应严格按照税法规定对生产经营活动进行全面自查。自查工作应涵盖企业生产经营涉及的全部税种。其中，三大主要税种的自查要点见表 12-1。

表 12-1　企业税务自查要点

税种	自 查 要 点
增值税	1. 用于抵扣进项税额的增值税专用发票是否真实合法？开票单位与收款单位是否一致？票面所记载货物与实际入库货物是否一致 2. 用于抵扣进项税额的运输业发票是否真实合法：是否有与购进和销售货物无关的运费申报抵扣进项税额；是否有以国际货物运输代理业发票和国际货物运输发票抵扣进项税额；是否存在以开票方与承运方不一致的运输发票抵扣进项税额；是否存在以项目填写不齐全的运输发票抵扣进项税额等情况；是否已经在备注栏标明货物的品种、数量、送达地、发出地 3. 是否有用于非增值税应税项目、免征增值税项目、集体福利和个人消费、非正常损失的货物（劳务）、非正常损失的在产品、产成品所耗用的购进货物（劳务）和所发生的运费抵扣进项税额 4. 是否存在未按规定开具农产品收购统一发票申报抵扣进项税额的情况 5. 用于抵扣进项税额的废旧物资发票是否真实合法 6. 发生退货或取得销售折让是否按规定做进项税额转出 7. 用于非增值税应税项目、免征增值税项目、集体福利和个人消费、非正常损失的货物（劳务）、非正常损失的在产品、产成品所耗用的购进货物（劳务）是否按规定做进项税额转出 8. 销售收入是否完整及时入账：是否存在销售产品不开发票，取得的收入不按规定入账的情况；是否存在销售收入长期挂账不转收入的情况；是否收取外单位或个人水、电、气等费用，不计、少计收入或冲减费用；是否存在将应收取的销售款项，先支付费用（如购货方的回扣、推销奖、营业费用、委托代销商品的手续费等），再将余款入账做收入的情况 9. 是否存在视同销售行为，未按规定计提销项税额的情况：将自产或委托加工的货物用于非增值税应税项目、集体福利或个人消费；将自产、委托加工或购买的货物用于投资、分配、无偿捐助、赠送及将外购的材料改变用途对外销售等，不计或少计应税收入；是否存在以货易货、以货抵债收入未记收入的情况 10. 是否存在开具不符合规定的红字发票冲减应税收入的情况：发生销货退回、销售折让，开具的红字发票和账务处理是否符合税法规定 11. 向购货方收取的各种价外费用是否按规定纳税

续表

税种	自 查 要 点
增值税	12. 设有两个以上的机构并实行统一核算的纳税人，将货物从一个机构移送到其他机构（不在同一县市）用于销售，是否做销售处理 13. 对逾期未收回的包装物押金是否按规定计提销项税额 14. 按照增值税税法规定应征收增值税的代购货物、代理进口货物的行为，是否缴纳了增值税 15. 免税货物是否依法核算：增值税纳税人免征增值税的货物或应税劳务，是否符合税法的有关规定；有无擅自扩大免税范围的问题；兼营免税项目的增值税一般纳税人，其免税额、不予抵扣的进项税额计算是否准确
企业所得税	1. 持有上市公司的非流通股份（限售股），在解禁之后出售股份取得的收入是否计入应纳税所得额 2. 企业取得的各种收入是否存在未按权责发生制原则确认计税问题 3. 是否存在利用往来账户延迟实现应税收入或调整企业利润 4. 取得非货币性资产收益是否计入应纳税所得额 5. 是否存在视同销售行为未做纳税调整 6. 是否存在各种减免流转税及各项补贴、收到政府奖励，未按规定计入应纳税所得额 7. 是否存在接受捐赠的货币及非货币资产，未计入应纳税所得额 8. 是否存在利用虚开发票或虚列人工费等虚增成本 9. 是否存在使用不符合税法规定的发票及凭证，列支成本费用 10. 是否存在不予列支的"返利"行为，如接受本企业以外的经销单位发票报销进行货币形式的返利并在成本中列支等 11. 是否存在不予列支的应由其他纳税人负担的费用 12. 是否存在将资本性支出一次计入成本费用：在成本费用中一次性列支达到固定资产标准的物品未做纳税调整；达到无形资产标准的管理系统软件，在营业费用中一次性列支，未进行纳税调整 13. 企业发生的工资、薪金支出是否符合税法规定的工资薪金范围、是否符合合理性原则、是否在申报扣除年度实际发放 14. 是否存在计提的职工福利费、工会经费和职工教育经费超过计税标准，未进行纳税调整 15. 是否存在超标准、超范围为职工支付社会保险费和住房公积金，未进行纳税调整；是否存在应由基建工程、专项工程承担的社会保险等费用未予资本化；是否存在只提不缴纳、多提少缴虚列成本费用等问题 16. 是否存在随便改变成本计价方法调节利润 17. 是否存在未按税法规定年限计提折旧；随意变更固定资产净残值和折旧年限；不按税法规定折旧方法计提折旧等问题 18. 是否存在超标准列支业务招待费、广告费和业务宣传费未进行纳税调整等问题 19. 是否存在擅自扩大研究开发费用的列支范围，违规加计扣除等问题 20. 是否存在扣除不符合国务院、财政、税务部门规定的各项资产减值准备、风险准备金等支出

续表

税种	自查要点
企业所得税	21. 是否存在从非金融机构借款利息支出超过按照金融机构同期贷款利率计算的数额，未进行纳税调整；是否存在应予资本化的利息支出；关联方利息支出是否符合规定
	22. 是否存在已做损失处理的资产部分或全部收回的，未做纳税调整；是否存在自然灾害或意外事故损失有补偿的部分，未做纳税调整
	23. 手续费及佣金支出扣除是否符合规定；是否将回扣、提成、返利、进场费等计入手续费及佣金支出；收取对象是否具有合法经营资格的中介机构及个人；税前扣除比例是否超过税法规定
	24. 是否存在不符合条件或超过标准的公益救济性捐赠，未进行纳税调整
	25. 是否以融资租赁方式租入固定资产，视同经营性租赁，多摊费用，未做纳税调整
	26. 是否按照国家规定提取用于环境保护、生态恢复的专项资金；专项资金改变用途后，是否进行纳税调整
	27. 境内企业向境外投资股东分配股利，是否按规定代扣代缴个人所得税
个人所得税	1. 检查以各种形式向个人支付的应税收入是否依法扣缴了个人所得税
	2. 为员工发放的年金、绩效奖金
	3. 为员工购买的各种商业保险
	4. 超标准为员工支付的养老、失业和医疗保险
	5. 超标准为员工缴存的住房公积金
	6. 以报销发票形式向员工支付的各种个人收入
	7. 车改、通信补贴
	8. 为员工个人所有的房产支付的暖气费、物业费
	9. 股票期权收入。实行员工股票期权计划的，员工在行权时获得的差价收益，是否按工薪所得缴纳个人所得税
	10. 以非货币形式发放的个人收入是否扣缴个人所得税
	11. 企业为股东个人购买汽车是否扣缴个人所得税
	12. 送给其他单位个人的礼品、礼金等是否按规定代扣代缴个人所得税
	13. 是否按规定履行全员、全额代扣代缴义务

三、税务自查报告

企业自查结束后，应形成自查报告，企业税务自查报告通常包含三部分内容。

（一）企业基本情况

其主要包括企业成立日期、法定代表人、经营地址、注册资金、经营范围、主营业务等信息，企业为增值税一般纳税人还是小规模纳税人。

（二）涉税情况

其主要包括企业自查期间的实际收入、税金、税负。

（三）自查结论

如果没有偷税漏税的问题，予以如实说明。如果确实存在，则按规定及时予以补税、补交罚款。

注意，报告中的解释内容一定注意要根据企业的实际情况和经营特点，不要为了解释而解释，如果书面解释不通，有可能会被税务机关稽查部门进行进一步的正式检查。

第三节　配合稽查：积极配合，避免抗拒

税务稽查分为选案、检查、审理、执行四个阶段（图 12-1）。对于被查企业，每个阶段的启动以其收到的税务文书为标志，不同阶段，稽查部门有不同的工作重点，企业应积极配合、避免抗拒、合规应对。

图 12-1　税务稽查流程

一、选案阶段

选案阶段，即税务稽查部门根据内部整理的案源信息，来确定稽查案源。

选案阶段，企业应高度关注当下稽查的重点方向，审视自身是否存在相应的问题和税务隐患。2024 年 2 月 29 日，国家税务总局官方网站公布龙年首批涉税违法典型案例 6 起，涉及未办理个税汇算补税、加油站、主播偷税、虚开农产品收购发票、小规模企业虚开发票、骗取出口退税等重点稽查行业和领域，代表了税务稽查方向。

二、检查阶段

如果企业被列入稽查案源，通常，企业会收到《税务检查通知书》《调取账簿资料通知书》《调取账簿资料清单》《提取证据专用收据》《询问通知书》《税收强制措施决定书》《解除税收强制措施决定书》等文书。

一旦企业收到《税务检查通知书》，意味着企业已经进入税务稽查流程的

检查阶段，税务稽查局有权采取实地检查、调取账簿、异地协查等检查手段，也有权采取强制措施。稽查局在实施税务检查过程中若发现涉嫌犯罪线索，可以将案件移送公安机关。

在检查阶段，企业需要做好如下工作。

（一）做好内部自查

在收到《税务检查通知书》后，企业应第一时间根据通知所示的时间阶段进行内部自查，明确该时间段内的票、账、税情况，固定好企业内部的合同流、业务流、发票流、资金流的四流证据链。

企业要充分认识到税务稽查的重要性和严肃性，不要抱任何侥幸心理，提前做好自查与相应准备。对企业存在的涉税问题，应该想方设法予以化解，以免造成严重的经济损失和不良后果。具体而言，在接受税务稽查之前，企业应结合自身生产经营特点、财务情况和纳税申报情况，依据相关法律法规，仔细排查可能存在的风险，积极做好自查自纠工作，尽量采取补救措施，对照上一节内容中的涉税风险点，提前排除有关涉税风险，以便轻松迎接即将来临的税务稽查。

（二）安排专人陪同

税务稽查是一项非常严肃的工作，企业不能敷衍了事，企业负责人应安排内部专业素养高和工作经验最丰富的人陪同税务稽查人员，从最专业的视角配合稽查人员，随时解答稽查人员提出的问题，切忌让那些没有相关专业背景和工作经验的人员陪同稽查，更不能由着自己的主观愿望去向税务稽查人员陈述事实，以免弄巧成拙，给企业带来不必要的损失。

（三）积极沟通、配合

面对税务稽查人员，企业相关陪同人员应做到不卑不亢，神态上不要紧张，要冷静对待。有理有节地对待税务稽查人员，要避免与稽查人员发生冲突。税务稽查中，应当及时与税务稽查人员沟通。对税务稽查人员询问的问题，应当及时予以回答，自己不清楚的地方不要随意答复，应当找有关人员核实后再做解释。

企业在税务稽查过程中，务必要做好配合工作。《中华人民共和国税收征收管理法》第七十条规定："纳税人、扣缴义务人逃避、拒绝或者以其他方式阻挠税务机关检查的，由税务机关责令改正，可以处一万元以下的罚款；情节严重的，处一万元以上五万元以下的罚款。"

　　企业即便是因不配合受到了处罚，该进行的稽查工作还是会照常进行。

（四）做好证据备份工作

　　在检查阶段，企业要做好相关证据的记录和备份工作，包括企业收到的各种文书，以及同税务稽查人员的沟通交流记录。做好证据备份，以应不时之需，如企业后续可能会提起行政复议、行政诉讼或者进行内部追责、外部追责等，备份的证据都将是重要依据。

三、审理阶段

　　审理阶段，被稽查企业通常会收到《税务事项告知书》。

▶【案例 12-2】

国家税务总局烟台市莱山区税务局第二税务分局税务事项通知书

程某某：

　　事由：对未申报收入补充申报。

　　依据：《中华人民共和国税收征收管理法》第二十五条、《中华人民共和国税收征收管理法》第四十条、《中华人民共和国税收征收管理法实施细则》第五十条、《中华人民共和国公司法》第二十条、《中华人民共和国企业所得税法》第五条、第六条

　　通知内容：

　　一、根据信访和 12345 投诉线索，×× 公司于 2023 年 3 月 13 日取得船员培训费收入 13 800 元，未进行纳税申报。

　　二、×× 公司已于 2023 年 7 月 6 日注销工商登记，注销前隐瞒船员培训费收入 13 800 元，未如实纳税申报。

　　三、经查询你在该公司认缴出资比例为 70%，你作为该公司法定代表人（控股股东），在填报《企业注销登记申请书》办理工商注销时签名确认无未结清税款，涉嫌虚假申报，骗取工商注销登记。

　　四、限你在收到本文书之日起 10 日内前往莱山区税务局，对未申报收入进行纳税申报并报送纳税资料，逾期不申报，将按《中华人民共和国税收征收管理法》相关规定采取强制措施。

　　你有陈述、申辩的权利。如对本通知不服，可自收到本通知书之日起六十日内依法向国家税务总局烟台市莱山区税务局申请行政复议；或者自收

到本通知之日起，六个月内依法向人民法院起诉。

国家税务总局烟台市莱山区税务局第二税务分局

当企业收到类似上述案例中的《税务事项通知书》的时候，意味着企业已经进入税务稽查流程中审理阶段的尾声，且税务机关认为被稽查企业有税收违法行为，应当作出税务行政处罚决定。

当企业收到《税务事项告知书》后，有两种处理方式。

1. 没有异议，等待处罚

如果对《税务事项告知书》没有异议，就等待《税务行政处罚决定书》送达，根据相关要求，在规定的期限内自行缴纳相关罚款、滞纳金，或接受其他处罚。

2. 如有异议，及时申辩

陈述申辩权是法律赋予被稽查企业的一种自我辩护的权利，以保障其有效维护自身合法权益，因此企业应当重视陈述申辩权利的行使。

通常情况下，被查企业都是在收到《税务事项告知书》之后才进行陈述申辩。在税务机关作出处罚决定之前，随时都可以进行陈述申辩。企业不仅可以在检查后对拟处罚决定进行陈述申辩，在检查过程中也可以对涉税问题进行陈述申辩。

被查企业如果对检查人员认定的某项违反事实有异议，应该当即提供不同的证据和依据，争取双方在将案件移交到审理环节之前就澄清事实，避免节外生枝和出现错案，给企业带来额外损失。

如果被查企业对既成偷税行为不是主观故意，也可以在陈述申辩的时候讲明情况，请求税务机关给予最低额度的罚款，以便争取将损失降到最低限度。

四、执行阶段

执行阶段，企业会收到《税务行政处罚决定书》、《税务处理决定书》、《不予税务行政处罚决定书》、《税务稽查结论》、《催告文书》（催告当事人履行义务，听取当事人陈述、申辩意见）、《暂缓或者分期缴纳罚款通知书》、《税收强制执行决定书》（经催告，当事人逾期仍不履行行政决定，且无正当理由的）等文书。

到了执行阶段，税务已经对企业的行为进行定性。如果企业仍有疑问，可以申请行政复议，也可向人民法院提起行政诉讼。

第四节　账务处理：稽查后的账务调整

税务稽查中发现的涉税问题，多数是由于纳税人账务处理不当引起的，在接到税务机关的税务稽查报告后，纳税人除了要接受相应的处罚事项，办理补税、缴纳罚款手续外，还要将涉税账务调整过来。将之恢复到正确的轨道上来，错在哪里，就在哪里进行纠正，消除一切账面上虚假和不实信息，真实地反映会计核算的情况，使调整账务后账面反映的应纳税额与实际的应纳税额相一致，也可避免今后再出现同类错误和涉税风险，使账务处理及纳税错误得以彻底纠正。

纳税人应该清楚，涉税账务调整是一项严肃的工作，为了保证其科学性、严肃性和准确性，纳税人在进行涉税账务调整时，需要遵循以下几个规则。

一、涉税账务调整需符合现行财税法规的相关规定

企业在涉税账务调整中所做的各项成本、费用的列支，以及收入的实现，必须按照会计制度、财务制度及税收法规的相关规定进行核算。只有按照有关法规、制度要求进行涉税账务调整，才能真正纠正其错误，反映企业的真实财务状况。

二、涉税账务调整要符合基本的会计原理

会计核算是一套严密的、科学的方法体系，运用科目、编制分录都有具体规则，纳税人不仅要在日常核算中按照其基本原理进行处理，在纠正错误、作出新的财务处理时也必须符合基本的会计核算原理，使账户之间的钩稽关系得到正确反映，保持上下期之间核算的连续性、完整性，确保账务调整的科学性、正确性。

三、涉税账务调整要从实际出发，讲求实效性

税务机关在税务稽查中发现的企业纳税问题，可能会涉及不同时期、不同类型、不同性质的账簿错误。纳税人在调账中要从实际问题出发，讲求实效。对于不同时间、不同性质的涉税问题，其调账的具体方法及繁简程度也不同。具体是采取直接调账法，还是在经计算分摊后进行调账，是只做一笔

会计分录，还是需要做几笔会计分录，要具体问题具体分析，使涉税账务调整更具针对性，也更行之有效。

企业涉税账务调整，不可盲目进行，可按照以下方法。

一、一般涉税账务调整法

一般涉税账务调整法分为三种：红字冲销更正法、补充登记调整法、综合财务调整法。

（一）红字冲销更正法

所谓红字冲销更正法，是指先用红字冲销原错误会计分录，然后再编制正确的会计分录的错账更正方法。这种方法适用于会计科目用错，或会计科目虽未错，但实际记账金额大于应记金额的错误账项。通常，在及时发现错误，没有影响后续核算的情况下多使用红字冲销更正法。

▶【案例 12-3】────────────────────

红字冲销更正

某市税务机关审查某机电企业的纳税情况时，发现该企业将自制产品用来建造固定资产，所用产品的成本为 60 000 元，不含税销售价为 100 000 元，增值税税率为 13%，企业账务处理为

借：在建工程	113 000
贷：库存商品	100 000
应交增值税（销项税额）	13 000

企业将自产的应纳增值税的货物用于非应税项目，视同销售货物计算应交增值税。此笔账的错误在于会计科目的运用虽正确，但多记金额。做账务调整分录为

借：在建工程	40 000（红字）
贷：库存商品	40 000（红字）

（二）补充登记调整法

此即通过编制记账凭证，将调增金额直接入账，将少计、漏计的金额重新补充登记入账的一种方法，以便更正错账。其主要适用于漏计或错账所涉及的会计科目正确，但核算金额小于应计金额的情况。

▶【案例 12-4】

账务补充登记调整

税务稽查局检查某企业的纳税情况时，发现该企业本月应摊销待摊费用 85 000 元，实际摊销 68 000 元，少摊销 17 000 元，企业的账务处理为

借：制造费用　　　　　　　　　　　　　　　　　　　　　68 000

　　贷：待摊费用　　　　　　　　　　　　　　　　　　　　68 000

企业的此笔账务处理所涉及的会计科目的对应关系没有错误，但核算金额少计 17 000 元，用补充登记法做调账分录为

借：制造费用　　　　　　　　　　　　　　　　　　　　　17 000

　　贷：待摊费用　　　　　　　　　　　　　　　　　　　　17 000

（三）综合账务调整法

该方法是对前两种方法的一种综合运用，适用于会计分录借贷方有一方科目用错，而另一方会计科目没有错的情况。正确的一方不调整，错误的一方用反方向冲销，使用正确科目及时调整。该方法主要用于所得税纳税审查后的账务调整，如果涉及会计所得，可以直接调整"本年利润"账户。

▶【案例 12-5】

综合账务调整

税务稽查部门经调查发现，某工程公司将专项工程耗用材料列入管理费用 76 000 元。

借：管理费用　　　　　　　　　　　　　　　　　　　　　76 000

　　贷：原材料　　　　　　　　　　　　　　　　　　　　76 000

上述会计分录借方错用会计科目，按会计制度规定，专项工程用料应列入"在建工程"科目。

调整分录为

借：在建工程　　　　　　　　　　　　　　　　　　　　　76 000

　　贷：管理费用　　　　　　　　　　　　　　　　　　　76 000

同样，如果以上所举例的错账是在月后发现，而企业又是按月结算利润的，则影响到利润的项目还应通过"本年利润"科目调整。调整分录为

借：在建工程　　　　　　　　　　　　　　　　　　　　　76 000

　　贷：管理费用　　　　　　　　　　　　　　　　　　　76 000

借：管理费用   76 000

  贷：本年利润   76 000

二、年终结账前查出错误的调整方法

如果是在年终结账前查出的错账，对于查出的错误问题要根据具体情况直接在当期有关账户进行调整。对于涉及实现利润数额的，可以直接调整"本年利润"账户的数额，使错误得以纠正。

▶【案例 12-6】 ————————————————————————————

年终结账调整法

税务机关在检查某零售企业第二季度的纳税情况时，发现该企业在 6 月份多转移了 25 000 元的销售成本。多转移销售成本，直接的结果就是减少了当期的利润，进而少缴了企业所得税。由于该问题是在年终前查出的，所以，该纳税人可以直接调整产品成本和本年度利润数额，调整会计分录如下：

借：销售成本   25 000

  贷：本年利润   25 000

在年终结账时，纳税人需要根据最终的账务情况来确认应缴所得税数额并及时申报缴纳企业所得税。

三、以前年度影响损益项目的调账处理

税务机关在年度中间的稽查中，发现纳税人以前年度会计事项影响损益的调整，涉及补退所得税的，应对以前年度的利润总额（或亏损总额）进行调整，通过"以前年度损益调整"科目进行账务处理。

▶【案例 12-7】 ————————————————————————————

以往年度损益调整法

税务机关经检查发现某建筑工程公司上一年度会计报表利润 300 万元，已按适用税率预缴所得税 75 万元（300 万元 ×25%）。但在税务稽查中，稽查人员发现，该企业将购置消防设备的 30 万元、修建围墙的 50 万元列入了"管理费用"中的"其他费用"，还将购买的一辆价值 20 万元越野车在"管理

费用"中列支。

面对这种情况，该纳税人应按规定补缴企业所得税，其会计处理如下。

（1）调整上年损益：

借：在建工程　　　　　　　　　　　　　　　　　　　　　500 000

　　固定资产　　　　　　　　　　　　　　　　　　　　　500 000

　　贷：以前年度损益调整　　　　　　　　　　　　　　　1 000 000

（2）计算补缴企业所得税：

借：以前年度损益调整　　　　250 000（1 000 000×25%）

　　贷：应交税费——应交所得税　　　　　　　　　　　　250 000

（3）实际缴纳所得税：

借：应交税费——应交所得税　　　　　　　　　　　　　　250 000

　　贷：银行存款　　　　　　　　　　　　　　　　　　　250 000

（4）期末将"以前年度损益调整"结转到"利润分配——未分配利润"：

借：以前年度损益调整　　　　　　　　　　　　　　　　1 000 000

　　贷：利润分配——未分配利润　　　　　　　　　　　　1 000 000

（5）期末将所得税结转到"利润分配——未分配利润"：

借：利润分配——未分配利润　　　　　　　　　　　　　　250 000

　　贷：以前年度损益调整　　　　　　　　　　　　　　　250 000

纳税人对上年度一些属消耗性费用的开支，应该就其应补退的所得税数额做"以前年度损益调整"账务调整，这类费用不会直接影响企业产品成本核算，即支即耗，账户无延续性，也不可以在相关科目中调整冲转。对这类消耗性费用的支出，属于上年的应调整补税，并将应补税款通过"以前年度损益调整"科目处理。